@ the USA

door: Petra Glorie

Omslag ontwerp: Petra Glorie
Foto's: Petra Glorie

ISBN : 978-90-816629-1-8

Aan alle lezers en lezeressen van mijn blog.

Hartstikke bedankt voor alle vaak trouwe
en oh zo leuk reacties op mijn blog.
Die hebben er zeker toe bijgedragen dat ik mijn blog
in de jaren steeds heb bijgehouden.

Veel plezier met het lezen van deze verhalen bundel!

Groetjes Petra

Inhoudsopgave

1. Miep

Nou vanochtend zijn we op pad gegaan voor een "wegwijsmiep". We hadden gisteravond op internet het model nog eens even zitten bekijken. Maar het zou allemaal vanzelf gaan met dit wegwijs wonder. De stekker in het aanstekercontact van de auto en rijden maar, aldus de fabrikant. Ja ja, eerst zien en dan geloven. De verkoper in de winkel herhaalde het verhaal van de fabrikant. Stekker erin en rijden maar naar de juiste plaats van bestemming. Zou het echt zo makkelijk zijn? Wij dus snel naar huis. Ron moest alleen via het internet een kaart downloaden en dan zou Miep het helemaal weten waar wij in het vervolg naar toe wilden. Knap van der he?

Het bleek trouwens, dat Miep doorgestudeerd had, want zonder dat wij het wisten toen we haar kochten, sprak ze vloeiend Nederlands. Dat zie je niet veel bij Amerikaanse Mieppen. Al moet ik zeggen dat ze het woord "Mile" met een raar accent uitspreekt. Het klinkt als "Meilluh". We moeten er elke keer om lachen als ze weer zegt hoe ver onze rit gaat worden. Maar nadat de kaart geïnstalleerd was, gingen wij op pad met Mieppie als reisleidster.

Vreemd genoeg bleef het stil in de auto.Misschien was Miep een beetje verlegen? Want wij kregen haar niet aan de praat. Waar we de hoek om zouden moeten gaan, hield zij gewoon haar mond. Het stond wel in het scherm, maar moest zij ons nou niet vertellen wanneer wij de hoek om moesten? Rare meid hoor die Miep. Je zou denken dat ze daar wel één of andere cursus voor gehad zou moeten hebben?

Hebben wij weer, zitten we met een verlegen Nederlands sprekende Miep, die haar mond gewoon niet open doet! Uiteindelijk na een paar keer stoppen en op diverse knoppen drukken en diverse GPS installeerknopjes, kwam ze los. Maar nu het leek wel of Mieppie snel wat anders wilde gaan doen en ons even snel de weg wees. Zij was al drie kruisingen verder dan dat wij waren met de auto. Van een verlegen Mieppie veranderd in een Speedy Mieppie. Niet te geloven. We dachten van alles. Zou de satelliet van slag zijn? Of waren de instellingen van de plaats aanduidingen niet goed? Het feit was wel dat wij mooi zaten met een "Superspeedymiep" die ons als een idioot de weg wees. Wij zouden als een soort van racemonsters met gevaar voor eigen leven (en dat van anderen) haar kunnen gaan volgen. Wat inhield door rode stoplichten en met 80 "meilluh" per uur door een woonwijk heen sjesen. Maar om nou op die manier op je plaats van bestemming te komen? Nee toch maar niet.....

Jeetje... En nou, dachten we? Da's balen. We waren er net zo blij mee dat ze eindelijk was gaan praten.... En de stemming in de auto begon langzaam aan weer iets te lijken op de keren dat ik weer de kaart op zijn kop had en we voor de zoveelste keer moesten omdraaien op een of andere weg. En net, toen Ron op het punt stond om Miep het raam uit te meppen, zag ze het licht. Of beter gezegd wij.....

Het bleek dat zij op een soort van demo mode stond en dat ze dan op een versnelde manier de weg alvast met je door wilde nemen. Dus toen wij bij demo voor nee kozen, deed ze het ineens een stuk rustiger aan. En in ene werd ze geweldig, deze Miep. Heel relaxed werd er twee "Meilluh" van te voren gemeld, waar we de hoek om moesten en waar we moesten gaan voorsorteren. Geweldig!!

Uiteindelijk hebben we vandaag vier mogelijke toekomstige huizen kunnen vinden dankzij Miep. Zonder **één keer** te keren. Wat een pret!!! Ze was maar **één** keer in de war geweest, maar dat was bij een nieuwbouw huis. Dat konden we haar niet kwalijk nemen toch? Verder was Miep super! Geweldig gewoon!

En zelfs in het donker vond ze ook weer de weg naar het appartement terug, zonder ook maar **één** keer te aarzelen, waar ik persoonlijk erg goed in ben. Er is alleen **één** maar…. Telkens als we bijna voor de deur van het ingetikte adres staan, zegt ze, "U bent aangekomen". Ik vraag me dan wel steeds af, hoeveel kilo?

2. **Alarmfase 1**

Vandaag zou ik weer naar de autodealers gaan. Niet om voor een auto te bekijken of er één te kopen. Dat hadden we vorig weekend al gedaan. Maar dit keer omdat de broer van een vriendin me had gevraagd voor een brochure van de Licoln Navigator. En zo ging ik vanmorgen daar voor op pad. De broer van die vriendin heeft in Nederland namelijk zo'n auto. Super voor hem natuurlijk om er ook de Amerikaanse brochure van te hebben. Het is tenslotte een echte Amerikaanse auto.

Dus begaf ik me naar de Licoln dealer of te wel in de leeuwenkuil. Want bij elke autodealer hier in de buurt komen de verkopers, als aasgieren op je af zodra je één stap op hun verkoopterrein zet. Soms met golfkarretjes of in ieder geval in een flinke draf. Ik moest iets verzinnen om die verkoperspraatjes een beetje te omzeilen. Vooral omdat ik deze klus alleen moest gaan klaren. Manlief kon niet met me mee vandaag. Dus was mijn plan van aanpak, dat ik zou vertellen aan de verkoper, dat ik over een paar dagen wel terug zou komen met mijn man. In de hoop dat dat de verkooppraatjes zou doen stoppen.

Eenmaal bij de autodealer heb ik eerst een rondje gereden langs hun rijen met autovoorraad. Beetje terrein verkennen en gevaar inschatten, zeg maar. Maar helaas, ik werd al direct vriendelijk toegeknikt in de auto, door de aanwezige verkopers die wachtende waren op klanten in hun golfkarretjes. Dus nee, ik stopte toch maar niet! Nee zeg, want dan kwamen ze natuurlijk vol gas op me afgesjeesd met hun golfkarretjes. En ja ik was nu ook al gesignaleerd. En ik dacht wat moet ik nou? En besloot om dan maar rechtstreeks de leeuwenkuil in te lopen. En heb de auto pal voor de deur geparkeerd. Snel uitgestapt en ben direct het gebouw in gelopen. Maar…., tot mijn verbazing kwam er niemand op me af. Hey, wat een geluk! Super taktiek. Ik kon op mijn gemakkie kijken welke brochure ik moest hebben.

Nou hadden ze dus ook een type auto genaamd Aviator en daarmee begon ik te twijfelen. Was het nou Navigator of Aviator? Weet je wat ik neem ze gewoon allebei gewoon mee, er is nu toch niemand. Maarja, mag ik die dingen zo wel mee graaien? En voor de zekerheid, toen ik met mijn folders naar buiten wilde lopen, vroeg ik toch nog maar even aan de receptioniste achter de balie naast de uitgang of ik ze zo mee mocht nemen. En toen gebeurde het. Ze keek op en keek me toch een partij verbaasd en verschrikt. En greep naar een soort van microfoon die op haar bureau stond. "Customer ALERT", galmde ze door het ding. En daarmee ook door het hele pand en alle andere intercom boxen. Die vast haar kreet ook over het gehele parkeerterrein galmde. Tot twee keer aan toe zelfs! Ik schrok me dood. Binnen twee tellen stonden er drie verkopers om me heen. Jemig, had ik het nou maar nooit gevraagd……. Nu was alarm fase 1 aangebroken onder de verkopers. Het leek wel of ik een auto wilde stelen. Zo snel waren die mannen er ineens. Vanuit het niets kwamen ze vandaan.

8

Uiteindelijk was het nog bijna een foto finish, maar ik werd door de eerst gearriveerde verkoper naar een tafeltje gedirigeerd. Met neergebogen hoofd, volgde ik hem. Natuurlijk moest de man weer van alles van me weten. En schakelde ik toch nog over op mijn gemaakte plan van aanpak. Ik vertelde heel quasi non-chalant dat ik een brochure voor mijn man op wilde pikken en dat hij over een paar dagen zelf kwam kijken. Hij keek me aan, maar nam er duidelijk geen genoegen mee. Want hij wilde wel weten wanneer mijn man dan precies wilde komen. En was ik zelf dan niet geïnteresseerd in auto's? Ik mocht er echt wel even in zitten hoor! "Zullen we even naar buiten lopen?", zei hij. Jeetje, dacht ik, dit gaat niet goed zo. Dus ik probeerde vol te houden. "Nee ik geef niks om auto's hoor. Mijn man komt wel terug". "Toch niet even naar buiten lopen voor de kleur dan?", zei hij. "Nou ok dan", zei ik. Als ik eerst maar weer buiten ben met mijn "boekies", bedacht ik me.

Eenmaal buiten vertelde ik hem dat mijn man echt terug zou komen en dat ik er snel weer vandoor moest. "Ja, maar we hebben nu een aanbieding en moest ik daar dan niet van weten?" "Nee, hoor echt niet. Vertel maar aan mijn man over een paar dagen". En eindelijk, hij was bereid me te laten gaan nadat ik voorzien was van zijn kaartje en dat we over een paar dagen, zeker naar hem moesten vragen, want hij kon super-deals sluiten! "Tuurlijk doen we dat", zei ik. En ik ging als een speer terug naar mijn eigen auto. Eenmaal veilig en met alle deuren op slot moest ik wel lachen om het "customer alert" verhaal. Gauw wegwezen hier, voordat iemand zich bedenkt om me met folders en zonder vervolg afspraak te laten gaan!

3. Geslaagd

Gistermiddag heb ik me gestort op de instructie folder van de DMV. (Division of Motor Vehicles) Het Amerikaanse CBR. In die folder staat wat je moet weten voor een test van de DMV om een Amerikaans rijbewijs te behalen.

Het belangrijkste om te weten is zo ongeveer, dat als je een stilstaande schoolbus voorbij rijdt, je 5 punten aangetekend krijgt op je rijbewijs en bij 7 punten heb je dikke kans dat je je rijbewijs kwijt bent. Niet doen dus.... Ook staat er precies in beschreven wat er gaat gebeuren als je gearresteerd wordt met een bepaalde hoeveelheid alcohol in je lichaam. Ook maar beter niet doen. Al met al gaat het veel om wat je vooral niet mag doen en wat de "schade" is als je het wel doet. Verder staan er een aantal verkeersborden in die je geacht wordt te kennen. En veel stof zoals waar de meeste ongelukken gebeuren en wat je in dat geval moet doen. Dus vanochtend ben ik naar het DMV kantoor gegaan. Anders dan in Nederland mag je daar zo binnen lopen, zonder afspraak of wat.

Eenmaal binnen in het kantoortje was het een beetje sombertjes. Het is er ook vaak enorm druk, maar niet vanochtend toen ik er was.Want toen ik binnen kwam had ik maar 1 persoon voor me. Ik ben wel es met Ron daar geweest om zo'n boekje op te halen en toen stond er een rij van heb ik jou daar. Maar nu was ik zo aan de beurt. Dus het begon goed, had ik het gevoel. Een DMV meneer riep me en ik mocht plaats nemen aan zijn bureau. Alle papiermassa leverde ik in en er volgde nog wat vragen over wat mijn achternaam nou werkelijk is. Want de meisjes naam en je aangetrouwde naam, levert hier toch wel vaak wat vraagtekens op aan de andere kant van het bureau. Maar we zijn er uitgekomen en voor ik het wist mocht ik in het apparaat wat op zijn bureau stond kijken. Zoiets als wij in Nederland bij de opticien hebben om je ogen te testen. En dit was dan ook een ogentest. Eerst zoals ik verwachtte toch allemaal lettertjes, zoals bij de opticien. Maar er onder stonden een aantal verkeersborden die ik moest zien te herkennen. En gelukkig, ik wist ze allemaal. Na nog wat vragen te hebben beantwoord over mijn lengte, kleur ogen en kleur haar, stuurde Meneer DMV mij naar een beeldscherm en ik moest plaats nemen achter het scherm waar mijn naam op klaar stond.

Duidelijke zaak. Ik nam plaats en begon aan de 25 vragen. Waarvan je er overigens 5 van fout mag hebben. Het is even goed de vraag lezen, maar ik hobbelde aardig door de vragen heen en pas bij vraag 19 had ik mijn eerste fout. De vraag ging over wat doe je als er een bocht aankomt. A. remmen, B. vaart minderen maar met een bepaalde vaart de bocht nemen of C. gas geven. Ik had dus voor B. gekozen..... Fout !! Remmen was het goede antwoord en dat word je ook gelijk medegedeeld op de computer. Jeetje, net nu ik bijna Game, Set and Match had zeg. Want bij 20 goede antwoorden was je geslaagd. Nog een herkansing dus voor nummer 19. En die ging over wat een veilige afstand was tussen twee rijdende auto's. Ook een beetje tricky vraag, want ze

beginnen met een x-aantal yards dan komt antwoord B met twee seconden en dan weer een bepaalde afstand voor antwoord C. Gelukkig had ik gelezen van de twee seconden. En ja, nog maar 1 vraag te gaan en ik was geslaagd voor het theorie gedeelte. Die vraag ging over de dode hoek bij een vracht wagen. Dat was een makkie en het beeldscherm ging nog net niet juichen, maar stopte wel meteen met vragen stellen en ik was geslaagd voor mijn theorie. En mocht ik me weer melden bij Meneer DMV.
Na weer een papierstapeltje vertelde hij me dat hij nu een stukje met me mee ging rijden. Dus op naar buiten. Hij vertelde dat ik in mocht stappen en het raam een beetje open mocht doen. Hmmm vond het wel vreemd, want hij stapte nog niet in. Maar wat bleek, hij ging mijn knipperlichten, remlicht en koplampen controleren. En die deden het gelukkig allemaal. Toen stapte hij in en vertelde dat als ik het "safe" genoeg vond, ik achteruit de parkeerplek mocht verlaten. Jeetje wat een raar idee zeg, weer zo'n iemand naast je die vertelde hoe je moet rijden en wanneer links en wanneer rechts. Moest eigenlijk een beetje aan Miep denken toen hij zei ga hier rechtsaf. En verwachtte eigenlijk een "Milluh" telling van hem. Maar die volgde duidelijk niet bij de DMV meneer. Hij was politiek correct bezig en meer dan het nodige kwam er niet uit.

Maar eenmaal aan het rijden kwamen er toch wat vraagjes van hem. Met name over Nederland waarop hij vertelde dat zijn buren van de overkant ook Nederlanders waren. Alleraardigste mensen, zei hij. Tuurlijk zijn ze dat, het zijn Hollanders, dacht ik. Maar zei heel tactisch, "Oh, wat leuk zeg....." En zo babbelden we over de verschillende culturen en over de landen waar meneer DMV was geweest. Uiteindelijk mocht ik in een woonwijk straatje keren en daarna een stukje achteruit rijden, waarbij ik op mijn weghelft moest blijven. Dat ging allemaal vlotjes, want er was echt nergens verkeer te bekennen. En na een paar keer een stopbord met bij behorende stop en een holletje naar beneden, stonden we al weer voor het DMV kantoor. Ik mocht de auto parkeren en volgde meneer DMV naar binnen. Maarja, hij zei maar niks. En ikke, die wilde toch wel weten hoe ik het er vanaf gebracht had, kreeg het warm. Eenmaal binnen liep hij richting zijn bureau en ik volgde hem maar braaf. Maar nee hoor, hij liet nog steeds niks los. Eenmaal weer zittend achter zijn bureau, zei hij mompelend. "You're driving was fine". "Ok", zei ik, maar dacht ben ik nou geslaagd of niet? Daarna mompelde hij verder: "OK, that's fifteen dollars". Oh, ik mocht betalen?..... En keek hem waarschijnlijk iets te verbaasd aan en toen zei hij, "Ja we zijn al aan het betalen toe gekomen". "Maarre....", vroeg ik, "ben ik dan geslaagd?" "Yes Mam", zei hij. Yipppppiiieeee!!! Poehee, dat was toch wel een opluchting. Ik denk dat het rijden misschien hooguit 10 minuten had geduurd, maar het was toch wel weer een poosje geleden dat ik examen had gedaan. Maar het was goed gegaan. Meneer DMV verwees me naar een ander bureau en ik mocht daar in een stoel plaats nemen. Het bleek dat dit de "pasfotomaak-afdeling" was. Even een vriendelijke lach en 2 minuten later had ik mijn rijbewijs in mijn handen. Goh....... dat is toch wel eventjes anders dan in Nederland, niet waar?

4. Het begin is er....

Onze eerste echte "Eigen-huis-en-tuin" ervaring in Amerika. Het is duidelijk..... Bij de "Gamma" hebben ze hier toch net wat andere gewoonte-tjes en ideeën. Het doel was een mooi vlak plateautje voor, jawel, het is heus.... een jacuzzi. I.p.v. de vakantie hebben we besloten om ons vakantie budget bij de aanschaf van een bubbeltjesbak te leggen. Maar zo'n ding moet op een vlak stuk staan en dus was er werk aan de winkel. Er waren meerdere opties. Eerste was het door een ander aan te laten leggen. Maar zeg nou eerlijk, een vlak stukje in de tuin, dat moet niet zo moeilijk zijn toch? Een beetje Hollander heeft zijn oogjes open gehouden tijdens "Eigen-huis-en-Tuin" en draait voor zo iets simpels zijn hand niet om en gaat ala "Rob en Nico" te werk. Dus optie 1 viel af.
Daarna optie twee.Dit was een houten deck, waar je hem dan op zet. Nou hebben we daar totaal geen ervaring mee, dus die optie viel al snel af. Want als die niet helemaal goed in elkaar zat zagen we ons al door het deck heen zakken met bubbels en al.
Derde optie was een straatje aan leggen, maar was ook wel weer een hoop werk en vierde optie, onze gekozen optie, was een vloer storten van cement. Hier zie je dat dus veel vaker en dus leek ons een goede optie...
Dus een frame maken en uitgraven, want er moest toch wel een lading cement in voor een stevige dikke vloer. Omdat onze tuin een tikkie vals plat is zeg maar, was het aan de ene kant wat meer nodig om uit te graven dan aan de andere kant. En al die droge weken, maakte het scheppen er niet veel makkelijker op.De grond was bikkelhard, maar "Rob en Nico" waren vast in gedachte bij ons.

Daarna de latjes netjes "level" maken en toen kon het grind er in. Dat is wel weer handig als ze om je heen nog aan het bouwen zijn, want achter onze tuin lag nog een berg grind wat we mochten gebruiken.
Tevens ijzer er in om het geheel een soort van te verbinden en op naar de Home depot, c.q. de Amerikaanse Gamma, voor cement. Het bleek dat we iets van 35 zakken cement nodig hadden. Oei, dat was wel erg veel. En al die zakken moesten ook nog aangemaakt worden en waarschijnlijk zou het eerste stuk al lang en breed opgedroogd zijn als wij nog aan de andere kant cement aan het maken waren. Dus of dit nou de goede manier zou zijn?

In de Home Depot zijn ze hier altijd heel behulpzaam en nu ook weer. Soms tikkie langdradig, maar erg behulpzaam dat zeker. De verkoper kwam naar ons toe en vroeg of hij ons kon helpen. En Ron vertelde dat hij 35 zakken cement nodig hadden. "Where is your truck?" vroeg de man, die Mister Kemper heette. "Uhhh, nou we wilden ze in twee keer komen ophalen". En weer zei hij, "Where is your truck?" "Nouw", zei Ron, "we hebben een heeeeele grote Chrysler Pacifica...."

De man trok een gezicht of wij niet helemaal wijs waren. De Pacifica is natuurlijk een personen wagen en zeker geen pick-up truck, welke je hier toch wel een beetje moet hebben als je aan het "Rob en Nico-en" bent. Bovendien raadde hij ons gelijk af om het straatje met cement te gaan doen. Veel te veel werk en bovendien bijna niet te doen met het mengen van zoveel zakken.

En Mr. Kemper had eigenlijk ook wel gelijk en zagen wij het meng gedoe met al dat cement niet zo zitten. Mister Kemper speelde dus "Rob en Nico" tegelijk. Bovendien gaf hij ons de raad om een deck te maken. Makkelijker zei hij. En zo hield hij nog zeker wel 10 minuten een pleidooi. Maarja van houten terrassen hebben wij Hollanders niet zo veel kaas van gegeten, zeg maar. Althans, wij hebben het Rob en Nico nog nooit zien maken in "Eigen-Huis-in-Puin". En daarop bedankten we mister Kemper hartelijk voor zijn uitgebreide advies en verlieten zonder cement de Home Depot. Uiteindelijk,......,. zijn we hierna naar de Lowes gereden. De concurrent van Home Depot. Misschien dat we daar een leuk ander plan tegen kwamen. En na wat rond gekeken te hebben, besloten we daar toch maar om er "een gewoon straatje" van te maken. Gewoon lekker hollands, zandbedje, tegeltjes er in. En in plaats van 35 zakken cement, 35 zakken zand, 32 stenenrandjes, 49 tegels en een berg spierballen erbij. "Where's our truck, wanneer je hem nodig hebt?"

Het was echt een getil en gesjouw dat we ons toch wel vaker dan we wilden achter ons hoofd krabden of we misschien het toch maar beter wel door iemand hadden moeten laten doen. Die 32 stenen randjes hadden we ook gelijk bij de Lowes meegenomen. En hier tevens erg behulpzame mensen. "Hoeveel heeft u er nodig?", "32?", " En in 1 keer, maar liefst!". Jeetje, de verkoper schrok er gewoon van en kwam later met een collega en een vorkhefttruck weer terug. Grof geschut dus. Ron en ik moesten wel een beetje lachen en konden ons dit tafereel bij de Gamma in NL dus echt niet voorstellen. Daar hadden ze gewezen van hier liggen ze en als u ze wilt hebben kunt u ze zelf inladen en graag snel wat we gaan zo sluiten! Bij de Lowes hier niets van dit alles en wij konden ons naar de kassa begeven en deze "Rob en Nico" zouden de randjes naar onze auto brengen, met de vorkhefttruck! Een kwartier later kwamen zij bij onze auto aan en trokken zij samen de werkhandschoenen aan. Er viel een ijzige stilte en als twee chirurgen legden ze de 32 randjes in onze "Pacifia-truck" Wat een service!
Eenmaal thuis, geen vorkhefttruck, die ze naar de tuin bracht, maar de oerhollande "pak aan, hou vast", mentaliteit! Nu nog mooi en recht op in het vierkantje, wat ooit het straatje moest worden. Maar het is ons gelukt. Daarna zijn we hier bij de Home Depot het zand gaan halen. Hopende de aldaar werkende Mister Kemper, die ons het advies voor het deck gaf, niet tegen te komen. Dus karretje al mee naar binnen en snel een berg zakken zand er op gegooid en naar de auto. Daarna uitladen en weer terug voor de volgende berg. En net toen we naar de kassa liepen, kwam hij aangelopen. Mister Kemper....
"So you've decided to go voor de pavement" Ja, ja, zeiden we. "Heeft u nog hulp nodig om het in uw "truck" te laden? Vroeg hij? Nee hoor, komt helemaal

goed hoor Mister Kemper........ Hij glimlachte lief, maar dacht volgens mij, wat een eigenwijze Hollanders.......
De volgende dag de tegels gaan bij dezelfde Home Depot halen. Dit keer moesten we op de tuinafdeling zijn. Zelfde aanpak gehanteerd. Kar al mee naar binnen en de tegels er op en snel weer naar buiten. Wij zijn dat wachten en de rustige aanpak van alles ook gewoon niet gewend. Het is echt goed bedoeld, maar het is geen leuke klus, dus dan maar snel.... Bij de tweede lading straat tegels kwamen we er een paar te kort. En moesten we nu echt naar een verkoper toe. En ja hoor, de bekende vraag, "Where is your truck?". Die staat buiten op de parkeerplaats, vertelde Ron koelbloedig. We leerden snel. Nou dan kom ik ze zo met de heftruck naar uw truck brengen..... Rekent u maar al vast af..... Het gezicht van de man toen Ron al de tegels aan het inladen was in onze personenauto en hij met zijn vorkhefttruck aan kwam rijden, sprak boekdelen..... Maar meneer, we hadden u toch kunnen helpen? Heerlijk, maar het is zo ontzettend wennen. Je kan het je echt niet meer voorstellen in Nederland. Hoe kunnen wij Nederlanders daar toch zo in verschillen? Afijn de buit was binnen, nu weer een keer, hopelijk de laaste keer, alles uit de auto slepen en dan er een straatje er van zien te breien.....

Gelukkig ging dat geroutineerd. Dat hadden "we" vaker gedaan zeg maar! Lekker vertrouwd en diverse keren door Nico op tv uitgelegd, dus kat in het bakkie. Of in dit geval de tegels op hun plekkie. Daarna de rand om de bestrating weer ingezaaid met gras en verse aarde zie daar het begin van de hottub plaats is er.

Nu nog op pad voor een electriciën die voor ons de 230 volt aan gaat leggen, i.p.v. de gebruikelijke 110 volt. En natuurlijk gaan we op Jacuzzi jacht. Er zijn hier verschillende winkels, die hottubs verkopen. Maar dat is voorlopig, waarschijnlijk de makkelijkste klus!

5. Snelle Connor !!

Degene die onze hond Connor een beetje kennen, zullen vast al vraagtekens hebben bij het kopje van dit verhaal. Onze Connor is namelijk eigenlijk niet vaak snel te noemen. Hij slaapt en snurkt overal. En graag veel en vaak, zeg maar. Bij de cursus behendigheid die we met hem gedaan hebben, had hij ook al heel snel door dat als je de latjes bij de sprongetjes er af stoot, je als hond niet meer hoeft te springen. En daarna ook gewoon als een klein tankertje door het parcoursje liep. Connor is van het knuffelaars soort. Wil graag (en veel) aandacht. Een goedaardige sul, die liever een tukkie doet, dan in beweging komt. Maar vandaag ineens niet. Ik was nog even bij de nieuwe schutting in de tuin bezig en de hondjes waren ook lekker buiten. En toen zag ik Connor als een speer voorbij komen rennen. Hmmm, beetje vreemd?

Stacey, onze andere hond, stond er ook van te kijken. En bleef naar Connor staan kijken. Twee tellen erna kwam hij weer voorbij sjesen, maar nu de andere kant op. Hij hield er ook nog eens gekke huppel op na. Moest er om lachen. Wat een lekkere dreutel is het toch, dacht ik nog. En terwijl ik dat dacht, kwam hij het terras op gerend en sprong er met de zelfde vaart er weer van af. Het leek wel of hij, op zijn Hollands gezegd, een peper in zijn reet had!

Toch maar eens even kijken bij hem. Dus ik riep hem en hij kwam gelijk op me afgesjeesd. Met dezelfde gang als hij ervoor had gedaan. Ik aaide hem en zag het daarbij direct. Hij had vast met zijn luie kont in een mierennest gelegen. En die mieren zijn hier helemaal niet lief. Dat had ik van de week zelf ook ondervonden, toen ik in het gras zat en op mijn hand visite kreeg van twee mieren. Fire ants hier genaamd. En die bijten je namelijk gewoon waar je bij staat. En Connor zat nu dus aan de voorkant helemaal onder. Vandaar die spontane renneigingen van hem. Hij keek me ook echt met zo'n blik aan van "Vrouwtje help, ze pesten me!". En had echt medelijden met hem.

Heb zo goed als het ging de meeste mieren van hem proberen af te krijgen. Maar hij bleef zeer beweeglijk en durfde dus niet meer in het gras te liggen. En nam een noodsprong op ons ligbedje. Zo van hier kunnen ze me vast niet meer pesten. Heb hem toen nog maar eens overal nagekeken en op zijn rechterpootje zaten de meesten. Wat een gedoe!! Gelukkig kreeg ik ze er redelijk snel van af. En heb naderhand op zijn voetzooltjes maar wat cortisone zalf gesmeerd tegen de jeuk En toen werd hij weer een beetje rustig. Wat een vette pech voor Connor, met zijn billen in een nest "fire-ants" gaan liggen. Kan er niks aan doen, maar moest er toch erg om lachen. Het is ook zo'n lieve sukkel en het was een komisch gezicht om hem zo door de tuin te zien huppelen. Ach gossie.....

6. "Mike" dag

Had gisteren afgesproken met drie "Mike's". De eerste was Mike van het bouwbedrijf van ons huis. Bij de oplevering van ons huis hadden we een aantal ramen met krasjes ontdekt en die zouden vervangen worden. En volgens afspraak zijn er al een aantal vervangen, maar er was er nog 1 te gaan. Of eigenlijk twee want dit raam bestaat uit twee ramen. Mike zou eigenlijk al donderdag middag komen, na twee uur. En donderdag middag om half vijf nog steeds geen Mike. Om vijf uur stond hij aan de deur en vertelde dat hij om twaalf uur langs was geweest, maar dat ik niet thuis was. Tja, dat klopte. "Na tweeën Mike, weet je nog?" "Oja, dat is waar.... Nou morgen ook goed?" "Wel ja, Mike", zei ik.

Rond half negen zou hij er zijn. Helaas niet helemaal waar, want om half negen geen Mike. Maar het maakte nu niet zo uit, want ik had vandaag nog afspraken met twee andere Mike's. De tweede Mike zou namelijk om negen uur komen. Dit was Mike de electriciën. Die de 230 volt voor ons bubbelbad kwam aan leggen. En die was op tijd. Ik liep nog even mee, want Ron had mij instructies gegeven die ik vooral duidelijk moest maken. Het bleek overigens, dat deze Mike zelf al snel weer weg ging en twee andere, niet nader bij naam genoemde mannen achterliet. Voor de eenvoudigheid van dit verhaal zal ik ze maar geen Mike noemen. Afijn die gingen aan de slag. En om 10 uur stond Mike nummer 3 aan de deur.

Deze Mike was van Pest Control. En is een heel aardige Mike. Hij is altijd heel vriendelijk en vertelde bij zijn eerdere bezoek hele verhalen, terwijl hij ons huis voorziet van een goedje dat de spinnen en ander gespuis buiten moet houden. Of in ieder geval een niet zo heel erg lang leven te geven. Dit keer had hij belangrijk nieuws. Hij was vader geworden ! Zo leuk hoe hij vertelde over zijn 1 maand oude zoontje. Later ging hij zelfs twee foto's van hem halen om hem aan mij te laten zien. Super trots was hij. Rond half elf ging deze Mike er weer vandoor.
Inmiddels tikte de tijd door en tegen half twaalf nog geen Mike van de ramen. De twee electriciteits mannen waren nog wel steeds aan de gang. Dus heb toen toch maar even gebeld. Ja, da's waar hij zou komen voor de ramen...... Over drie kwartier, was ik dan nog thuis? Ja Mike ik ben dan nog thuis. Inmiddels waren de electriciteits mannen rond een uur of twee klaar en vertrokken met stille trom, maar nog geen Mike nummer 1 te bekennen. Half drie kwam hij. Duidelijk meer dan drie kwartier, maar vooruit. Hij ging in ieder geval gelijk aan het werk. En voor ik het wist was het oude raam er uit, terwijl ik even buiten met de buurvrouw stond te kletsen. Dat ziet er goed uit, dacht ik nog. Eindelijk klaar met die ramen. Hoe fout kon ik denken. Want toen ik even daarna naar binnen liep, kwam Mike nummer 1 al naar me toe. Het spijt me, het raam is geleverd in een verkeerde maat. Ik ga de oude weer terug plaatsen.... Pfffff, dit is al de derde keer of zo. De eerste keer besteld zonder

roedes in het glas, de tweede keer ook in een foute maat en nu dus weer. Snap niet dat hij niet eerst het raam even nagemeten had voor hij de ramen er uit had gehaald en dus nu ook weer terug moest plaatsen. Ik keek naar het open stuk waar eens ons raam zat. En vergeleek de ramen. Zo anders van maat zagen ze er eigenlijk niet uit. Dus ik stelde nog voor, dat het misschien zou kunnen dat de ramen onderling verwisseld moesten worden. Dus onder boven en boven beneden. "Hmmmm, tjsaa, zou het?....Misschien wel een goed idee om dat te checken," zei Mike. Daar had hij nog niet aan gedacht en zou dat toch nog even na gaan kijken. Een stemmetje in mijn hoofd zei dat ik dat wel een enorme suffe move zou vinden, maar hield wel wijselijk mijn mond. Want ja, hoor, zowaar er paste er toch wel 1...... Oei, Mike nummer 1 toch!

Al met al moest Mike er zelf best om lachen dat hij niet gezien had dat dat ene raam niet voor boven was, maar voor het onderste gedeelte van het raam. Je moet ze soms even helpen niet waar? Maar hij kwam zeker voor het bovenste raam wel weer een keertje terug, zei hij, als het nieuw bestelde raam in de juiste maat binnen zou zijn. Misschien dat hij het voor de kerst klaar had nu. "We wachten af Mike", zei ik....... "Prettig weekend". En mijn vrijdag was inmiddels ook voorbij, het was tegen vijven toen hij weer weg ging. Lang daagje met al die Miken zo hoor....

7. Geduld is een schone zaak...

De afgelopen dagen was het vooral weer veel wachten en wachten..... De monteur van de vaatwasser zou "proberen" om "misschien" langs te komen. Die twee woorden in 1 zin, gaven me niet veel hoop. Na maandag al een dag gewacht te hebben, waarbij hij pas 's middags langs kwam. En waarna de vaatwasser het 's avonds gewoon weer niet meer deed. En dinsdag een dag gewacht te hebben en hij helemaal niet kwam opdagen. Nu woensdag ook wachten. Had 's morgens al wel gebeld of hij misschien een iets betere planning kon geven wanneer hij van plan was te komen. Dat was moeilijk en druk, druk druk... Dus vroeg ik: "U heeft het waarschijnlijk zo druk dat het vast 's middags wordt?" "Ja, ja denk het wel hoor". Met de kans onze vaatwasser nog een dag langer niet werkende te hebben ben ik toch op pad gegaan omdat ik wat dingetjes moest regelen. Moest naar het postkantoor en de bank en nog meer van dat soort ongein. Bovendien heb ik een afwijking, dat als ik perse thuis moet blijven, ik dan juist allemaal dingen wil gaan doen. En als ik geen afspraken of zo heb, ik het heerlijk kan vinden thuis. Raar is dat toch. Maar gistermiddag rond half vier kwam hij dan uiteindelijk. En heeft alles nagemeten, maar de "vitale" onderdelen van de vaatwasser leven nog. Het is waarschijnlijjk de computer die op hol geslagen is. En hij gaat daar een nieuwe versie van bestellen. Heb wel gevraagd naar de "geheime"code van de vaatwasser die hij gebruikte om de vaatwasser te deblokkeren. Het ding gaat namelijk steeds op een soort van algehele stop. Blokkeert alles volledig en houdt er dan mee op. Waarna ik alles met de hand ga afwassen.

Nou die code die kreeg ik wel van hem. En nu kan ik hem zelf deblokkeren met de geheime code. Men drukt op: Heated/dry -normal - heated/dry - normal en dan 2x cancel. Is dat wat? Mijn vaatwasser heeft gewoon een pincode! Ongelooflijk. Wat speciaal! Dat kunnen niet veel mensen zeggen denk ik.

Al met al dacht ik dat ik wel een poosje moest wachten tot hij het bestelde onderdeel zou hebben. Maar hij verwachtte hem morgen middag al of anders vrijdag. Oh nee, weer wachten tot hij langs komt. Geduld is in dit geval wel letterlijk een schone zaak.

8. En daar was Mike weer....

Eergisteren stond er weer opeens een raam naast de garage deur. De vierde keer dat dit had plaats gevonden. Had met Mike afgesproken dat als het allernieuwste raam bezorgd zou zijn, ik hem weer zou bellen. Dus zo gezegd zo gedaan. Ik belde vanmorgen vroeg en hij wist me inmiddels al bij mijn voornaam.
"Hi Petra", antwoordde hij enthousiast. "Hi Mike", zei ik. "Ze hebben het raam bezorgd hoor". "Mooi", zei hij. "Dan kom ik gelijk vanmiddag langs". "Na de lunch?" vroeg ik nog maar even voor de zekerheid. "Ja, na twaalf uur". "Dat is afgesproken, Mike" en ik hing weer op. Dus ben ik mijn boodschapjes gaan doen en om klokslag twaalf uur was ik thuis. Wist eigenlijk helemaal niet hoe laat er hier nou geluncht wordt. Of in dit geval in de bouw in Amerika. En heb daarna gewacht en gewacht. Tegen half vier had ik toch wel zoiets van hij zal toch niet weer voor twaalf uur langs gekomen zijn, net zoals de vorige keer. Zal je net zien. Zit ik te haasten bij het boodschappen en nu uren te wachten. Al met al ging het wachten toch nog snel want ik had nog even met een vriendin zitten skypen en daarna lekker in het zonnetje gezeten met de hondjes in de tuin. Het was begin november maar nog heerlijk weer.

Even voor vieren was hij daar dan toch. Mike en zij twee ledig gereedschap. Ik heb altijd zoiets van een monteur c.q. manusje van alles, komt met een lading gereedschap. In ieder geval met zo'n werk koffer. Maar nee Mike niet. Mike komt altijd met zijn boormachine en zijn kitpistool. Daar doet hij hier in huis vaak al zijn repareer klussen mee! Nou niet helemaal waar, want hij had nu ook zijn meetlint bij hem. Deze keer had hij van zijn vorige raamervaring geleerd en ging nu eerst meten voordat hij het raam er uit haalde. En hij vertelde dat hij "dacht" dat het dit keer ging lukken. Als hij iets mededeelt, bouwt hij altijd een soort van back-up voor hem zelf in. Zodat de ander hem niks kwalijk kan nemen achter af waarschijnlijk. Grappig hoe hij dit toch altijd doet.
Hij is overigens heel vriendelijk hoor. En altijd geïnteresseerd hoe het nou toch met ons gaat in dit verre land. En of we het een beetje kunnen wennen. Kortom hij is best gezellig, maar persoonlijk had ik toch wel stilletjes aan de hoop dat dit de laatste keer wachten op Mike zou zijn vandaag. En wie weet zou het gaan lukken. Want er klonken opgewekte klanken vanaf de overloop waar het te vervangen raam was. Dus ik had goede hoop. En na een krap half uurtje kwam hij diezelfde overloop naar beneden en vertelde dat het gelukt was dit keer. Yeah!! Eindelijk, wat een heugelijke dag !!! Alle ramen met krasjes waren nu vervangen. Mike zelf was ook opgelucht en wenste mij een weer heerlijk weekend toe. En ik hem ook. We waren beiden blij dat we deze ramenepisode achter de rug hadden.

9. **Ik heb 'em ontmoet....**

Afgelopen weekend is rustig voorbij gegaan. We hadden op zaterdag de eerste buurtvergadering. Begon om 11 uur 's morgens en om half twaalf klaar. Lekker snel vergaderen, daar hou ik wel van. Graag to the point. Komt denk ik door mijn Rotterdamse achtergrond. Geen woorden, maar daden. En graag duidelijke taal. En dat was inderdaad het geval. Punt voor punt de mededelingen en de vragen en daarna allemaal weer naar huis. Nou is er nog maar één straat in onze wijk dus nog weinig mensen die mee komen vergaderen. En er was geen echt schokkend nieuws, behalve dat er nog zo'n 150 huizen bij zullen komen. Dus we zullen nog heel wat buren erbij gaan krijgen en ook nog wat getimmer moeten aanhoren de komende tijd. Wel is het zo dat de uitbreiding vooral aan de andere kant van de weg zal zijn en daarmee zal het getimmer iets gedempter overkomen. Wat wel gunstig nieuws was, is dat ze bij dit volgende stuk ook een gezamelijk zwembad gaan bouwen. Lijkt mij persoonlijk wel een prettig iets niet waar?

Wat mij wel erg opviel bij deze vergadering is, dat onze wijk zoals ik al zei, nog maar uit één straat bestaat. En de vergadering was aan het einde van deze straat. En nou kwamen de mensen van het begin van de straat met de auto naar de andere kant van de straat. Echt, nou ben ik niet zo van de vooroordelen, maar nu had ik toch zoiets van jeetje..... Dat kleine stukje? Maar alsof het de gewoonste zaak van de wereld was. Er waren er ook die wel kwamen lopen hoor, dus niet gelijk alles over 1 kam natuurlijk, maar toch.....

Vandaag ben ik ook nog even naar Crossroads geweest. Het is half november en de winkels puilen uit met kerstspulletjes. Dus ben ik natuurlijk bij de verschillende kerstafdelingen van diverse winkels wezen kijken. Terwijl ik in 1 van die winkels was, stond er een wat forse oudere man naast me met grijs haar en een grijze baard. Hij begon zo maar in ene tegen me te praten en vertelde dat hij vond dat ze zulke leuke dingen in deze winkel hadden voor de kerst. Ik was het helemaal met hem eens en wilde hem dan ook gelijk geven. Maar toen ik hem aankeek, zag ik het meteen..... Wat leek die man op de kerstman zeg. Echt!!!
Ook van die kertsmanachtige tinkelende ogen en het typisch vriendelijke baardgezicht. Ik moest eigenlijk wel lachen om mijn vergelijking, maar het was echt frappant. Toen ik dan uiteindelijk over mijn vergelijk heen was en hem terug antwoordde was hij was echt heel aardig. Vast een opa of zo en zou zeker zo voor kerstman door kunnen gaan. Verderop in een ander pad kwamen we elkaar weer tegen. Knikten vriendelijk en gingen weer verder op onze kerstsnuffeltocht. In het tweede pad, we werkten zeg maar allebei averechts de paden af, kwam hij naar me toe. Hij vroeg of hij me een kaartje mocht geven. "Ja hoor", zei ik, en hij gaf me zijn kaartje en wenste me een "Merry Christmas", met zijn ook nog eens echte kerstman stem. "Bedankt hoor", zei ik, "U hetzelfde!" En daarop liep hij het pad weer uit. Kijk ik daarna op het

kaartje, staat er een telefoonnummer op en zijn naam Tim. En dat hij ook daadwerkelijk te huur was als kerstman. Nooit geweten dat de kerstman Tim van zijn voornaam heette. Want ik weet het zeker, dit was vast "De Enige Echte"!

10. **Reanimatie der coniferen**

Een poosje geleden hebben we flink aantal coniferen gekocht voor in de achtertuin. En die werden daarna al gelijk gratis bezorgd. We hebben ze bij een plaatselijke kwekerij gekocht. En de eigenaar kwam ze een half uur na aankoop al met zijn vrouw bezorgen. Ze zijn inmiddels ook alle 60 stuks gepland, wat nog een hele klus was. Want de grond waar ze in moesten was bikkel hard. Ron had er zelfs een speciale grondboor voor gehuurd bij de Home Depot. Maar die klus was uiteindelijk toch maar mooi geklaard. Maar vanmorgen werd ik wakker met allemaal rode bultjes op mijn rechterhand. Ze jeukten en moest gelijk weer aan gisteren denken......
Want twee weken geleden zei Ron toen we in de tuin waren, het lijkt wel of die coniferen geel werden. Wel nee, zei ik, dat lijkt maar zo en verbeelde me ook echt dat ik niet zag dat ze geel werden. Ik wilde het gewoon niet zien. Het was zo'n werk geweest om die dingen te planten en ze moesten het gewoon gaan doen. We hadden al dat werk toch niet voor niks gedaan voor een beetje groen in de tuin. Afijn het werd deze week toch echt wel duidelijk dat het wel zo was en Ron jammer genoeg gelijk had, helaas. Ze werden stuk voor stuk, allemaal geel.

Maarja waar kwam het nou door? Ron kende iemand die vroeger tuinman was geweest en vroeg van de week aan hem of hij iets zou kunnen bedenken waardoor onze coniferen geel werden. Afijn hij wist misschien wel de reden. En al gauw kwam er een groot verschil tussen Amerika en Nederland naar boven. Er zijn er wel meer natuurlijk, maar deze hadden wij dus verkeerd ingeschat. We hadden anti-worteldoek in de nieuwe perkjes gebruikt en dus ook onder de coniferen. Nu is het zo dat in Nederland dat doek zuurstof doorlaat. Onder de Amerikaanse versie duidelijk niet. Dus onze "lieve" conifeertjes waren langzaam aan het verstikken. Arggghhhh. Bij nader onderzoek bleek ook dat de aarde er om heen aardig verzuurd was en vervangen moet worden en nog snel ook. Bij alle 60 !!!

Nou was het van de week lekker weer hoor, maar bere koud, maar deze reanimatie poging moest dus wel snel gaan gebeuren. En "zuster Petra" heeft zich dus dinsdag ontfermd over een zestig tal stikkende coniferen. Op der knietjes en op een koud grondje met een schaartje om het worteldoek weg te knippen en een schepje om de houtsnippers en de verzuurde grond weg te halen. Heb dinsdag 24 coniferen kunnen reanimeren in drie uur tijd, daarna was ik half verdoofd van de kou. Woensdag zou ik verder gaan met mijn hulpdiensten. Ware het niet dat ik woensdag behoorlijk wat spierpijn had en mijn algehele gesteldheid door de kou van die dag ervoor niet opperbest was.

Maar de rest van de coniferen schreeuwden om reanimatie, dus 's middags begonnen en was net klaar toen Ron van zijn werk thuis kwam. De hulporganisatie was voldaan, maar vandaag werd ik wakker met een bebulte rechterhand. Want de coniferen hadden een soort van allergische reactie op mijn hand veroorzaakt. De bobbels zullen hopelijk morgen een stuk minder zijn. Wellicht was dan de rest van mijn lichaam ook weer een beetje bij gekomen en bij gekomen van de kou. Als die boompjes nou ook maar weer hun groene kleur terug krijgen!

11. **Mustangs**

Ron wilde altijd al naar Detroit naar de autoshow al daar. En die is altijd in het begin van het jaar. Ron is dus wat je zegt echt een autoliefhebber en dat is DE carshow in Amerika natuurlijk. Maar elke keer gekeken voor vliegtickets, maar op de 1 of andere manier kwam het er niet van en nu is de show al in Detroit al aan de gang. Dus hebben we zaterdag onze eigen autoshow gehouden hier. We zijn naar de Ford dealer geweest, waar ze Ford Mustangs hebben.

Maar eerst nog even naar de Suzuki dealer. Want daar had hij iets voor uitgeprint. Je moest een kaartje daar laten invullen en dan kreeg je bij de Shell $ 25,- aan benzine. En de Suzuki dealer zit vlak bij de Ford Dealer, dus gelijk maar "even" doen. We vonden het trouwens wel leuk om naar de Suzuki dealer te gaan. In Nederland heb ik een tijdje in een Suzuki Jimny gehad. Zo'n hoog leuk autootje waar het kapje af kan. En nu stond de nieuwe Suzuki Grand Vitara er dus die wilden we wel "even" gaan bekijken.

Toen we het parkeerterrein op reden, kwam er al een verkoper naar ons toe gevlogen en we zaten nog in onze eigen auto! Oeps, dat beloofde niet veel goeds. Maar koelbloedig stapten we uit. Althans eerst Ron en die kreeg al gelijk een hand van deze meneer en daarna kwam hij op mijn deur afgelopen, dus ik ging ook een hand krijgen. Dat was zeker. "Hi, my name is Palmer, and what are you guys looking for, may I ask?", zei Palmer om maar gelijk met de deur in huis te vallen. Of eigenlijk de deur in de auto te vallen, want ik zat nog half in mijn auto. Dit was een plakker, ik hoorde het meteen en ik had gelijk. En voor we het wisten waren we in een nieuwe Vitara aan het proefrijden. Leuke wagen hoor, lekker sportief, maar die verkoper..... Op een gegeven moment zei hij. "Mevrouw drinkt u water?" Ik zat achterin en hij was de Vitara aan het sturen. "Ja ik drink wel water", zei ik. En vroeg me af waarom hij dit wilde weten. "Ook uit flesjes?", vroeg hij daarna. "Ja zei ik ook uit flesjes", zei ik. "Grote of kleine", flesjes vroeg hij daarna. Waar gaat dit over dacht ik nog, maar gaf beleefd antwoord. "Grote en kleine flesjes", zei ik. "Zie je ik wist het", zei hij zowat juichend. "Ik dacht al meteen deze mevrouw is een waterdrinker en mevrouwtje, dan hebben we DE oplossing voor u, want in deze Vitara blijven uw waterflesjes gewoon staan en vallen ze nooit meer om". Ik voelde een vervelende opmerking opkomen borrelen bij mezelf, maar hield mijn mond. Alsof ik de wagen zou kopen om de waterflesjes houder... zucht. Het was duidelijk, hij had me ingeschat in de blonde vrouwtjes categorie en ik bedacht me dat we dat maar zo moesten houden en hield me zelf behoorlijk blond gedurende de rest van zijn verdere aanwezigheid op deze zaterdagmorgen. Nadat Ron ook in deze auto mocht rijden op de terugweg, gingen we zijn kantoor binnen en kregen we de hele riedel. Het was toch DE auto die we altijd al wilden hebben en wacht even ik haal mijn baas wel voor jullie erbij. De standaard preek speciaal voor ons dit keer. Maar.... hij vulde ook het blaadje in voor de $ 25,- tanken bij de Shell. We waren pas de tweede die daarmee gekomen zijn, zei hij. Waarschijnlijk was Ron's collega de eerste.

Want die had Ron getipt over deze actie. En had er bij gezegd, dat het allemaal zo gepiept was. Maar na zijn bezoek aan deze dealer hadden ze vast een vergadering gehad en besloten dat ze die mensen toch echt wel een proefrit moesten laten maken. En wij waren de eerste gelukkigen! Joepie.... Dat "even" bij de Suzuki dealer langs, konden we wel vergeten. Al met al zijn we weer een ervaring rijker en is het ons gelukt om de showroom te verlaten zonder een auto te hebben gekocht.

Toen naar de Ford Dealer een klein stukje verderop. Ron wilde wel heel graag proefrijden in een Mustang. Zelf vind ik vooral het geluid van de Mustang heel mooi. Bij ons verder in de straat rijdt de buurvrouw er in één en dat geluid.... heel mooi. Maarja je zal zien, bij de Suzuki dealer wordt je bijna ontvoerd en tot een proefrit gedwongen, maar met de Mustangs zullen ze vast niet zo happig zijn.
Wij het parkeer terrein op. Er stond ook nog de nieuwe Ford Explorer, dus daar begonnen we mee. Natuurlijk ook hier ging het verkoperalarm af en direct waren we weer het haasje. Maar deze viel mee. Al moest ik wel lachen. Hij vroeg namelijk waar we vandaan kwamen halverwege ons gesprek over de Explorer en wij vertelden dat we uit Nederland kwamen. En toen zei hij, nou jullie zullen het vast niet geloven, maar hij kwam helemaal uit Florida. "Toevallig he?" zei hij. "Ja erg", zei ik, en in mijn gedachte naarstig zoekend naar enig vergelijk.

Maarja, deze man was wel aardig. Een rustiger soort verkoper en een stuk minder opdringerig. Daarna vroeg Ron of ze ook Mustangs verkochten. Waarop een volmondig ja volgde. De verkoper liep voorop en wij volgden. En toen kwamen we bij zo'n 8 of 10 Mustangs. Er stond een mooie zwarte bij, met lichte bekleding. En na even er omheen gelopen te hebben vroeg Ron of hij mocht passen. Ron is vrij lang en past niet overal zo maar in. Maar deze ging goed. Het was echt een hele mooie auto.

En toen kwam de vraag zomaar, vanuit de verkoper zelf. "Wilt u er misschien een stukje in rijden?". Nou, zei Ron, als u het niet erg vindt?". Nee natuurlijk niet en ging snel de sleutels halen en binnen een zucht was hij weer terug. Ik vertelde hem dat ik wel bij de parkeerplaats bleef wachten zodat hij met Ron kon gaan rijden. Nee, geen sprake van, en ik moest mee en hij ging op de achterbank. Maar, zei ik, die achterbank is toch heel klein. Geen probleem hoor, zei hij. En frommelde zich op de achterbank. Zowat half dubbel gevouwen, met zijn been overdwars. En ik frommelde mij daarop voorin. Want omdat hij achter me zat kon de stoel niet meer naar achteren. En zaten mijn knieën in het dashboard. Afijn, alles over voor een proefrit van Ron in een Mustang!

Vanaf de parkeerplaats gingen we de highway op en Ron reed heel rustig. En toen we een eindje gereden hadden kwam er geluid van de achterbank naar voren toe. Het was de verkoper. Oja hij zat er ook nog in. "Meneer, ik vind het

echt niet erg hoor als u de wagen even echt wil uittesten. Ga gerust uw gang".
Met andere woorden, "planken" maar hoor! Nou dat had Ron goed gehoord en
was helemaal in zijn hum. Het was echt heel leuk, dat dat ook zo maar mocht.
Dat geluid van die wagen, zelfs ik vond het super. Weer terug bij de dealer
geen verdere pusherige verhalen en haalde voor ons een brochure en we waren
weer vrij om te gaan en staan waar we wilden. Leuk!!!! Zo kan het dus
ook.......

12. William

Vandaag was het behoorlijk druilerig weer. Vieze miezer. Ook dat hebben we hier soms. Ben wel weer wezen zwemmen vanochtend. Waar ik eigenlijk wel heel erg gelachen heb. Ik had al verteld dat het krulspelden gehalte in de ochtend aquarobicsgroep erg hoog is. Om de één of andere reden verzamelen hier de heren en dames op leeftijd zich in mijn aquarobic uurtje. Daarbij is het een feit dat deze watergegolfde dames koppies proberen om hun haar droog te houden bij het uurtje watersporten. En daar wordt door de juffen ook rekening mee gehouden. Bij de meeste oefeningen wordt ook medegedeeld dat deze oefening onder water gedaan moet worden en "No splashing please". En dat werkt altijd prima eigenlijk en het publiek is blij.

Zelf heb ik altijd halverwege de neiging om even mezelf te dompelen. Even afkoelen of zo. Weet eigenlijk ook niet waarom ik dat doe, maar mijn haren blijven nooit droog. Afijn ik dwaal af. Vandaag kwam er 5 minuten na het beginnen van de les een jongen van een jaar of 12 met zijn vader binnen. De jongen, van het ietwat gezette soort, dook met een grote plons het water in en pa nam plaats in een stoeltje en ging behoorlijk anoniem een boekje lezen. Michelle, die vandaag les gaf, was weer lekker pittig aan de gang. En in het begin stond de jongen achter me, maar ik zag hem zo naar voren gaan met de oefeningen en weer naar links en toen weer naar rechts. Het hele zwembad door dus. En hij hield niet echt rekening met de "personal space" van de medezwemmers. Die daarop een tikkie geirriteerd omkeken als hij bijna in hun nek hing.
Uiteindelijk kreeg Michelle hem ook in de gaten en riep de jongen bij haar en vroeg zijn naam. "William" heette die. "William, my friend" zei ze, "blijf jij maar naast me staan", zei ze lachend. Maar ik had al gezien William had veel, heel veel ruimte nodig. En vooraan, in het ondiepe, staan de meeste krulspelden. Die het zwaar te verduren hadden met "William". Hij deed nou niet echt de oefeningen zoals ze hoorden. In totale onschuld, dat geloof ik zeker. Dus ik kreeg steeds meer binnenpretjes om de zure gezichten om hem heen. Heerlijk. Ik vond "William" helemaal geweldig. Elke keer als Michelle een oefening uitlegde, vroeg hij "Like that?". En deed zijn best om iets te doen wat een beetje leek op wat Michelle deed. En dreef daarna weer het hele zwembad door.
Waarna Michelle weer zei "William, my friend, come back please...." en William weer terug zwom. Vaak met een lekker spetterende borstcrawl. Ik vond het prachtig om te zien. De jongen ging helemaal op in de les. Telde hardop mee met de oefeningen en had het reuze naar zijn zin. Heerlijk.

En toen kwamen we bij de TaeBo oefeningen. Je moet dan een soort van kickboxstoten geven in het water. Met je benen maar ook met je armen. 1 keer naar links en 1 keer naar rechts. En normaliter dus ook onderwater. Maar William zette het op een boxen "ala Mohammed Ali" en zette met een rotgang het water in beweging, niet te geloven. Niks geen spetters, hele golven gingen er over de krulspeldkapsels heen. En niet 1 keer, hij ging door en begon al te tellen. Totale chaos in het zwembad! Maar ik, ik had dikke pret! Proestte het bijna uit van het lachen.

Tot dat Michelle, een paar keer heel hard "William" schreeuwde en hij uit zijn routine geschreeuwd werd. En er een schamele "Oh sorry", uitkwam, na het zien van zijn gemaakte schade. Beteuterde gezichten van de krulspelden waren het resultaat. En ik moest zo lachen.... Geweldig.... Wat een heerlijke knul die William. Hoop dat hij er volgende keer weer is!!! Het maakt het er wel een stuk leuker op......

13. Lucky

Vandaag kwam er bezoek uit Nederland. Welke we vanaf het vliegveld zouden ophalen. Maar voordat we naar het vliegveld gingen zijn we eerst nog uit eten geweest. We waren namelijk ook op die dag van aankomst 10 jaar getrouwd. En dat ben je per slot van rekening ook niet elke dag, niet waar? De keuze was gevallen op Lucky 32. Vind dit altijd een leuk restaurant en je kan er erg goed eten. En bovendien ligt het op de route naar het vliegveld. We waren er wel wat vroeg, zodat we ruim op tijd bij het vliegveld zouden kunnen zijn. En daarom kregen we gelukkig al snel een tafeltje en we maakten we snel onze keuze op het menu. En voor we het wisten had ik mijn salade al geserveerd gekregen. Dit is bij dit restaurant altijd inclusief bij een hoofdgerecht. Hierop werd de tafel, zoals we inmiddels wel gewend zijn, snel afgeruimd.

Maar na een half uur was er nog geen hoofdgerecht. En dat is hier toch echt wel uitzonderlijk. Meestal zit ik nog aan de salade en komt het hoofdgerecht al. Maar uitgerekend vanavond niet. Net nu we niet zoveel tijd hebben. Dus toen de serveerster ons drinken kwam bijvullen vroeg ik of ze kon vertellen hoe lang het nog kon duren. Nouja vertelde ze, mijn man had zijn steak graag doorgebakken en dat duurde op hun grill altijd wel even. Ok, zei ik en maakte me toch wel een beetje zorgen en hoopte dat het niet al te lang zou gaan duren. Ron en ik zaten nog te grappen dat het een beetje begon te lijken op Nederland. Daar kan het af en toe ook zo lang duren eer je je eten krijgt. Waarschijnlijk moesten ze het vlees nog halen bij de supermarkt welke om de hoek zit.

We zijn duidelijk al helemaal gewend zijn aan de Amerikaanse manier van uit eten gaan. Geen getreuzel graag. En terwijl wij dit zaten te bepraten stond er ineens een meneer aan onze tafel met onze nieuwe drankjes. Had hem helemaal niet zien aan komen. Maar hij richtte zich direct tot Ron. "Meneer het spijt ons zeer dat wij u zolang hebben moeten laten wachten. Daarvoor onze welgemeende excuses. Er is geen enkele reden dat u zo moest wachten en daarom willen wij u aanbieden dat wij uw rekening betalen. Gaat u daarmee accoord?". "Uh ja", zei Ron stamelend. "Dank u zeer, meneer en ik ga zorgen dat voor u beiden het hoofdgerecht er zeer snel aankomt". En met de zelfde stille trom vertrok hij daarna weer.
Ron en ik keken elkaar aan en vroegen ons allebei af of hij nou echt net verteld had dat hij onze rekening ging betalen? Ok, we moesten lang wachten, maar zo lang was het nou ook weer niet. We begonnen eigenlijk dus te twijfelen of we het wel goed gehoord hadden. Het zou overigens wel een heel lief 10-jarig huwelijks kadootje zijn geweest. En eigenlijk geloofden we dat toch niet. We waren in Nederland wel anders gewend en hadden veel erger meegemaakt. Zo hadden we een keer met de kerst ergens buiten de deur gegeten, waar het echt een eeuwigheid duurde voordat er wat te eten kwam. Geloof dat we toen meer

dan een uur tussen de gangen hebben moeten wachten. Dat was pas erg en daarbij vergeleken was dit niks. Maarja als hij Ron's eten nu gratis aanbood? Wie zijn wij om te weigeren?

We besloten maar af te wachten hoe het verder zou gaan en inderdaad al snel erna kwam ons eten. Het was echt heel lekker. We werden hierna bediend door een andere ober dan het meisje van hiervoor. En hij was uiterst correct tegen ons. Toen we klaar waren kwam de andere meneer weer en bood Ron nogmaals zijn excuses aan en dat we niks hoefden te betalen. Zelfs mijn eten en de drankjes ook niet. De meneer hoopte ons een andere keer weer te mogen verwelkomen en kon ons verzekeren dat we dan de service kregen die we mochten verwachten. Hij vroeg ons of hij ons nog een dessert of een koffie aan kon bieden? Jeetje, dit was toch wel echt super service zeg. We stonden helemaal verbaasd. Maar voor dessert hadden we nu echt geen tijd meer voor, we moesten naar het vliegveld. En we bedankten hem beleefd. Daarna stonden we op en liepen naar de deur en daar stonden een aantal personeels leden en ook zij knikte beleefd en wenste ons een goede dag. Nou toen we buiten stonden waren we helemaal perplex. Was dit nou zojuist echt gebeurd? Nou ja, hebben wij even een lief huwelijks kadootje gehad vandaag van Lucky 32!

14. Cocoon op de vroege morgen

Vanmorgen ben ik wezen zwemmen. Nou ga ik normaal naar het aquarobic,
maar vandaag was er een Tai-Chi/yoga les. Ik had dat al es vaker gedaan en
dat is behoorlijk stretchen. En ontdekte toen spieren waarvan ik niet meer wist
dat ik ze had.... Alleen had ik dit keer les van "Barbie" en niet van Michelle.
Michelle vind ik altijd leuk. Ze kan je goed motiveren en je gaat altijd net iets
harder bij haar. In tegenstellng tot Barbie. Barbie heet eigenlijk helemaal geen
Barbie. Maar ben haar echte naam spontaan vergeten. Vandaar dat ik haar
Barbie noem. Ze lijkt eigenlijk ook niet op Barbie, behalve dat ze blond is.
Maar als Barbie zou praten, zou ze praten zoals haar.

Op vrijdags geeft ze sinds kort ook de aquarobic lessen. En dan gooit ze er
steeds een vreselijk overdreven WHoooWHoooo doorheen. Iets te hard en te
regelmatig... De meeste mede-aquarobicers kijken ook spontaan een andere
kant op als zij gaat "whhhooooo-en". Ze komt ook niet helemaal "echt" over.
Niet gemeend en al helemaal niet spontaan, zeg maar. Ze zal best aardig zijn,
maar het loopt niet zo. Ik weet niet, krijg er een beetje kippevel van. Afijn
terug naar vandaag. De Tai-Chi les met Barbie als lerares. Het viel me op dat
er nu echt alleen maar krulspelden aanwezig waren. Ik ging het zwembad in en
voelde me in de film Cocoon beland. Echt! Deze bezetting was ver boven 70
vandaag....... Dat beloofde wat. Stiekum hoopte ik dat William binnen kwam
huppelen, maar dat was ijdele hoop. Barbie zette een winkelcentrum muziekje
op en ze begon de les. Twee stapjes op zij. Eeeeeeeeen, tweeeeeeeeee. Als of
er een slowmotion ingezet was. Oefff dit werd een hele lange les. Bij Michelle
was het ook een rustig tempo, maar gebruikte je wel je spieren. En voelde je
dat je bezig was. Het was alsof Barbie er een boek over gelezen had, maar nog
nooit gedaan had. Er was geen spatje enthousiasme te herkennen, dus laat
staan iets van een Tai Chi passie. Doe je armen van links naar rechts, fluisterde
Barbie met ineens toch wel een speciaal "Tai chi stemmetje". Alsof ze zo van
een 06 lijn kwam. Huh??? waar is Whhooowhoooo Barbie nou? Ze stond op
de kant de slowmotion stapjes voor te doen. Oh wat erg dit. Dit ging ik niet
vaker doen zeg. Als ze nog zachter en monotoner gaat praten en lopen val ik in
slaap. Maar toen kwam de volgende oefening waarbij je je handpalmen tegen
elkaar moest duwen en daarna boven je hoofd moest houden. Geen goed plan
vonden de krulspelden, want dan waren je handen nat en vielen er druppels op
je hoofd. Dus verzon Barbie een soort schud beweging waarbij eerst het water
van de handen afgeschud werd en daarna pas boven je hoofd. Neeeee toch?
Het is echt heel belangrijk je haar droog te houden (ahum). En dus werd er de
hele les al het water van de handen afgeschud. Denk dat meneer "T. Chi" in
een deuk zou hebben gelegen als hij ons zo al handen schuddend zou zien in
het zwembad. Halverwege de les was het de bedoeling dat we een lichtelijke
knoop legden in onze armen. De oefening had een naam en leek op een japans
zoutje. Maar mij lukte het niet en de bij krulspelden al helemaal niet. Dat is

wel weer prettig van zo'n bezetting, als het je niet lukt ben je zeker niet de enigste. Behalve onze armen in de knoop, moesten ook gelijktijdig je benen in de knoop. Dat was echt te veel gevraagd voor de deelnemers en Barbie vond dat ze op de kant uitleg moest geven. Dus allereerst haar armen in de knoop en daarna haar benen. Maar ze viel steeds om! Tot drie keer aan toe begon ze serieus aan die oefening. Volledig in trance en met een stalen gezicht. Ik kon er niks aan doen maar ik kreeg zowat de slappe lach. Het lukte haar echt niet! De bedoeling was dat ze stil stond, maar ze hupte steeds en viel gewoon echt om. Ze ging dus na poging nummer 4 snel het water weer in en ineens, zomaar uit het niets, was daar de andere Barbie weer. "Whooooowhooooo" riep ze keihard. Ik schrok er gewoon van. Maar Barbie was duidelijk blij en waarschijnlijk opgelucht. Want in het water ging het wel bij haar. Ja duh....., niemand kon controleren want haar benen deden onder water. En inmiddels waren de krulspelden door haar harde luidde kreet uit de Tai-Chidroom geschreeuwd en werd het verder niet veel meer. Behalve dan de stapjes naar links, rechts, achter en voren. Heb na de les dus maar baantjes gezwommen om toch de nodige beweging te krijgen. Volgende keer maar gewoon weer aquarobic....

15. Ieks

Kwam er vanmorgen vroeg achter dat ik me denk ik maar ga opgeven voor de Olympische zomerspelen en dan bij het hoogspringen. Of bij de brandweer, als noodsirene, dat is ook nog een optie. Ik ontdekte vandaag zowaar verborgen talenten bij me. Nooit geweten dat ik zo hoog kon springen en zo hard kon schreeuwen. En dat alles ook nog gelijktijdig. Wat gebeurde er?

Van de week had ik een nieuw schoonmaak goedje gekocht waar hier veel reclame voor gemaakt wordt. "Easy off Bam", heet het. Wat een soort van Vanish is zoals in NL. Je kan het overal voor gebruiken en op de oprit hadden we wat bruine roestplekjes. En hoopte die er hier mee af te krijgen. En al gelijk bij de eerste poging bleek dat dit spul hartstikke goed werkt. En zo had ik zondag heel de op rit bewerkt. Geen bruine roest plekje meer te vinden. Even spuiten met Easy off Bam en de tuinslang er op en foetsie! Maar omdat het begon te regenen, had ik de fles snel in een zijvakje van het oprolapparaat van de tuinslang gezet. En snel de slang op gerold en ik was naar binnen gesjeesd.

Vanmorgen zag ik ineens dat die fles daar nog steeds stond en dacht die zal ik gelijk even mee naar binnen nemen.
Dus in 1 beweging pak ik die fles bij de spuitknop en loop al weer door. Maar het voelde zo vreemd, dus ik kijk. En zie ineens dat ik een gif groene kikker vast had in mijn handen. Iekssss!!!! Het beest had precies dezelfde knal groene kleur als de spuitknop van de Easy off Bam. Ieksssss 2..... en daarop volgde mijn enorme sprong en nog enormere gil van achter uit mijn keel. Mijn hemel..... ik schrok me echt drie keer in de rondte. En gooide die kikker in een zwaai ver bij me vandaan. Gatverdamkes......, glibber en glad en jakkes nog es aan toe.

Als ik iets eng en griezelig vind, zijn het wel kikkers. Gewone huis-tuin-en-keuken kikkers al. Ze springen te hoog en te vaak. En hebben enge ogen. Maar deze, deze zag er behalve het bovenstaande ook nog eens vreselijk gevaarlijk groen en sneaky uit. En gedroeg zich al net zo. Een beetje gaan zitten op die groene bovenkant van die fles. Durft tie wel. Moest er al helemaal niks van hebben als ik hem in het wild had gezien op een boom of zo. Maar nu had ik hem zelfs nog vast gehad!

Zag dat de fles "easy off Bam" ook nog lag bij te komen op de grond. Die was uit het zijvakje gevallen na mijn misgreep. En lag eenzaam op de grond. Ook compleet in shock.... Die kikker had vast gedacht dat is een lekker ding die spuitkop, precies mijn kleur! En ik had hem dus zomaar uit deze droom geschreeuwd zo vroeg op de ochtend. Het leven is zwaar, voor een groene kikker, een fles Easy off Bam en voor mensen die niet van kikkers houden.

16. Beardie Summer Bounce

Vanmorgen vroeg op pad naar Midland, NC, waar de Summer Beardie Bounce was vandaag. De Beardie bijeenkomst werd georganiseerd door de Carolinas Bearded Collie club. En deze bounces zijn vaak bij iemand thuis. Nu dus bij een lid in Midland. En eenmaal daar zagen we wat een mooie en grote tuin deze mensen hadden. Twaalf acres en dat alles in een mooi glooiend groen gebied, met een meertje, zwembad en een groot afgezet veld voor de schapen. Aangezien Beardies van nature herders zijn, zouden de aanwezige hondjes vandaag ook onder begeleiding gaan schapendrijven. Dat beloofde dus veel leuks.

Na het besnuffelen en het verwelkomen, op naar het veld met schapen. Onze hond Connor heeft voorheen wel eens schapen gedreven, maar is Oost-Indisch doof in een veld met schapen. Vergeet compleet zijn omgeving bij het zien van schapen en wil alleen nog maar schapenjagen. Dus wist nog niet of dat wat zou worden vandaag. Stacey, onze andere hond, die even goed een herdershond is, vindt schapen weinig interessant en gaf nu dan ook weinig sjoegen aan de wollige beestjes. Maar voorlopig waren we toch niet aan de beurt en gingen er eerst andere Bearded Collies aan het drijven.

Het was leuk te zien hoe de verschillende honden reageerden.
Sommigen hadden gelukkig ook dezelfde tactiek als Stace. Wat inhoud, vooral de andere kant op kijken dan waar de schapen zijn. Als jij geen schapen ziet, dan zien de schapen jou ook vast niet. Werkt altijd perfect bij Stacey. Connor daarentegen had inmiddels wel door wat er op dat veld aan de gang was en kreeg al een lichte vorm van bitterballen, die doorgroeide tot kroketten, in zijn oren.

Licht stuiterend en luid blaffend stond hij bij het hek. Hij wilde ook schapenjagen! Dus ik dacht, ik ga hem even afleiden met een balletje, kan hij zich daar op afreageren. En dat werkte en ik maakte hem uit het zicht van de schapen, om de hoek los. Zodat het spelen wat makkelijker ging. In de tussen tijd kwam er een andere Beardie in het veld en ik zag dat hij behoorlijk fel was zo om het hoekje. Eén schaap uit de kudde, had dat ook door en rende ineens dwars door het hek heen en verkoos de vrijheid. Maar de Beardie ging er ook achter aan, gevolgd door nog een Beardie genaamd Brooks.

En terwijl ik nog dacht snel Connor vast maken, had die allang het losgebroken schaap gesignaleerd. En nam een spurt van heb ik jou daar achter schapie aan. Ik probeerde nog te roepen, maar Connor zag zijn kans en sjeesde zonder enig besef van mijn geroep achter schaap aan. En dan, dan heb je pas door hoe groot 12 acres zijn. Vooral als over die acres een schaap rent met drie Beardies schapenjagend achter hem aan.

Oh jeetje, ik en Ron dus ook in de sprint, maar zo snel zijn wij nou ook weer niet als we moeten schapendrijven. Zit duidelijk niet in ons instinct. Rennend en puffend kwamen dan toch bij het eind van de acres en de Beardies weer in zicht.

En na 11,5 acres, vlakbij het meertje, zie ik twee Beardies. Connor, die blijkbaar ineens zijn bitterballen kwijt was en zomaar uit zichzelf naar me toe kwam, met een hevig kwispelende staart. Zo van dit is leuk vrouwtje, mag ik nog een keer? Wat vette pech voor hem was, want hij mocht helemaal niks, behalve gelijk weer aan de riem! En Brooks was er ook bij, die Ron daarna goed vast hield. We misten dus nog 1 beardie en 1 schaap. Het baasje van die nog vermiste Beardie kwam ook al aan gerend samen met de baasjes van het schaap. Eenmaal dichter bij het meertje, bleek dat de laatste Beardie in het meer terecht was gekomen, naast het schaap...... Oepsie.... Beardie was er zo uit, maar schaap was een ander verhaal. Die was inmiddels loei zwaar van het water.

Met veel gedoe, gepriegel en getil hebben Ron en het baasje van het wollige beestje, het schaapje weer op het droge gekregen. In deze zin letterlijk bedoeld. Beestje was natuurlijk hartstikke geschrokken, maar had er gelukkig niks aan over gehouden en werd terug gebracht naar de wei.

Ach gossie.... hoe kan zo'n schaap het timen om, als er 20 Bearded Collies in je tuin aanwezig zijn, te ontsnappen? En echt, volgens mij zag ik bij Connor een big smile van oor tot oor. Want die wilde echt nog wel een keer met zijn twee kameraadjes achter het schaap aan. Leuk vrouwtje!

17. **In den lengte of in den breedte.....**

Gisteravond had ik een zwaar ernstig "blond" moment. We wonen nu een jaar in dit huis en toen we hier kwamen wonen wilde ik heel graag een boxspring bed. Je weet wel zo'n groot fluffy "prinses-op-de-erwt" bed. Maar we waren nog net hier en nog niet helemaal op de hoogte van alle Amerikaanse bedmaten. Afijn, wij een King size bed gekocht. De naam zegt genoeg, dacht ik. King zal wel Big zijn. Afijn bed wordt bezorgd en man lief gaat de eerste nacht slapen en hangt met zijn voeten buiten boord..... Oeps... Toch niet zo big? Maar ja groter is er hier niet. Al hoorde ik later van California King. Te laat, want onze King was inmiddels al een feit.

Maarja, Ron is zo ongeveer twee meter lang, maar zelfs voor mij met mijn 1,85 m was het krap aan. Het was echt een beetje knullig en moest dat natuurlijk elke keer van hem horen. Want we hadden een bed van 2.20 m lang uit NL en die staat nu op de logeerkamer. Maar ja, je wilt "prinses-op-de-erwt" of niet.......

Afijn, gisteren was ik in de tuin aan het onkruid wieden geweest en het was snikkie heet. Dus plofte nadien op bed (overdwars) met de "woei" die boven bed hangt op zijn hoogste stand om wat af te koelen en bij te komen. En ik denk ineens goh wat ligt dat lekker........ En ga nog es even goed liggen.... en ik heb zelfs nog ruimte over bij het voeteind?
Hmmm, wat vreemd.... En ben gaan meten en kwam er nu, na ongeveer een jaar achter dat het matras al die tijd verkeerd om op ons bed lag. Echt, waar.... Het is toch wat?

Die mannen die het matras kwamen brengen hebben het er op gelegd en wij hebben er verder nooit meer naar gekeken..... Erg he? Gewoon een jaar mijn man met zijn voeten buiten boord laten slapen en steeds gezegd niet zo zeuren Ron, ik kan er ook niks aan doen. Het is echt een King size bed!

We hebben er gelukkig om kunnen lachen gisteravond. En dit ga ik natuurlijk nog jaren aanhoren van hem. Daar kan ik wel op rekenen. Nu snap ik trouwens ook dat het niet een "Amerikaans" gebruik is om de handsvaten van het matras aan het voet- en hoofdeinde te doen. Vond dat al zo on-ergonomisch.....

Vreselijk, er komt echt een dag dat ik blond wakker word! Niet verder vertellen hoor, ha ha ha....

18. Lucky me...

Zaterdag avond zijn we met vrienden bij een Italiaans restaurant gaan eten. En ik had, zoals vaak, de Pollo Rosa Maria besteld. Daar zit ook een salade of soep bij en dit keer had ik gekozen voor de spicy lentl & sausage soep. Hij was erg lekker, maar zag dat er nog hele laurierblaadjes in zaten. Nou die had ik mooi op het randje gelegd, want dat leek me nou niet zo heel lekker eigenlijk. Bij dit restaurant zijn ze wel altijd snel van de "borden-weghaal", zeg maar. Nu ook weer. En stond er ineens een man naast me die mijn soepbord wilde pakken. "Ohhhhh", zei hij en wees naar mijn bord. Ik keek hem een beetje verbaasd terug. "You are so lucky", zei hij. En begon een heel verhaal over hoe de soep gemaakt werd. In een hele grote pan met alle ingredienten en met in die hele grote pan 5 laurier blaadjes. En ik had er daar nu 2 van op mijn bord. Niet 1, maar zelfs 2! Moest er een beetje om lachen want hij vond het wel erg interessant geloof ik. Hij vertelde dat ik echt in de loterij mee moest gaan spelen en dat dit echt heel bijzonder was. Dus ik zei tegen hem, dat ik dacht dat hij me eigenlijk nu kwam vertellen dat ik door die laurierblaadje een gratis dessert zou krijgen. Zomaar als een geintje. Nou, dat vond hij eigenlijk een heel goed idee, tuurlijk krijgt u een gratis dessert. "Huh???", hij meende het echt. Lucky me !!!
Conclusie van dit verhaal is dus wel dat wij dit heel goed in onze Hollandse oren hebben geknoopt. Volgende keer gaan wij niet meer naar Carrabbas zonder laurierblaadjes zelf mee te nemen en die op ons randje van het soepbord leggen......

Zondagmorgen had Ron afgesproken met collega's om wat te gaan toeren met de motor. Je ziet hier dus echt mensen in korte broek met t-shirt op een motor rijden. Griezelig vind ik dat. Maar mijn man is slim en stapt goed 'ingepakt' op de motor. Mede door mijn constante herinnering hier aan. Dus leren motorbroek, leren laarzen, handschoenen en motorjack aan. Al met al lekker warm, maar wel zo veilig niet waar?

Omdat de vochtigheidsgraad nog steeds lekker laag was en ik nu deze morgen voor mezelf had, besloot ik ter plekke om met de honden naar Lake Pine te gaan. Even een rondje om het meer lopen. Bedacht me, dat ik ook mijn "sport tenue" aan kon doen, dat als ik zin had om te gaan joggen dat dat kon. Zo gezegd zo gedaan. En nadat de hondjes gesnuffeld hadden aan het begin van de wandeling, ben ik met ze gaan joggen. En dat ging helemaal zo slecht nog niet. Ze vonden het harstikke leuk en keken steeds naar boven. "Van goh vrouw, wat gaan we hard he?" Na even zo gelopen te hebben, ben ik weer gaan wandelen. Even weer de hartslag naar beneden. Zodat ik daarna weer verder kon. En achter me hoor ik de voetstappen dichterbij komen van een hardloper en voor me zie ik ook een hardloopster. Want ondanks dat het kwart over negen was op zondagmorgen was het behoorlijk druk. Dus ik denk stap even opzij met de honden, zodat er genoeg ruimte is op het paadje.

En beiden hardlopers me kunnen passeren. En dat......, dat had ik beter niet kunnen doen! Want ik stapte verkeerd en struikelde en voor ik het wist lag ik op mijn knietjes in de greppel naast het paadje, hi hi hi..... Met aan een kant Connor die dit geen leuk grapje vond en een Stacey half over me heen hangend die het wel leuk vond dat vrouwtje nou ook es mee ging snuffelen. Maar er hingen ook twee andere hoofden over me heen. Lucky me! Eén van de vrouwelijke hardloopster en één van de mannelijke hardloper. Duidelijk twee 'hard-core joggers', zeg maar. Te zien aan hun ervaren schoenen, tenue en bezweette hoofden. Omdat ik de 'greppel-positie' al beschamend genoeg vond zei ik snel: "I'm fine", met een beleefd knikje er bij. In de hoop dat ze heel snel verder gingen rennen en ik mij op mijn gemakje weer op het paadje kon gaan proberen te begeven. Maar de mannelijke jogger, nam daar duidelijk geen genoegen. "Sta eerst maar eens op", zei hij. "Dan zullen we wel zien of je 'fine' bent".

Oei.... een strenge hardcore jogger. Hij deed me aan mijn gymleraar van vroeger denken. En hij stak een hand uit naar me. Wel heel attent natuurlijk. Mijn knie deed behoorlijk zeer, maar dat liet ik natuurlijk niet merken. Moest even tot mezelf komen, maar greep wel zijn hand.

En zowaar ik stond en ik zei: "No really, I'm fine". In middels kreeg ik van de vrouwelijke jogster een mobieltje aangereikt. "Je mag hem gebruiken hoor, bel maar wie je wilt". Wat ontzettend aardig en attent van haar. "No, I think I can walk", zei ik. "Nou, laat maar es even zien dan", zei de mannelijke gymleraar. Ik moest lachen en zei dat ik nog even moest staan voordat ik kon lopen. "Zie je nou wel", zei hij. En ze bleven dus bij me staan en waren niet van plan om maar één stap verder te gaan joggen.

Toen ik even zo gestaan had, ging het wel wat beter met me en zei dat ik me echt wel wat beter voelde en dat ik rustig aan door zou lopen naar de auto. En toen.... toen na nog een keer "sure?" te hebben gevraagd gingen ze allebei verder.

Toch wel heel netjes van hen. Had ze vast helemaal uit hun ritme gehaald, maar ze bleven vast beraden bij me. Heel lief!

Daarna ben ik wat rustiger aan door gelopen. Mijn knie lag open en mijn enkel was lichtelijk beurs. Het plaatje zou compleet zijn geweest als ook mijn kinnetje geschaafd zou zijn. Want zo kwam ik vroeger als kind ook vaker thuis. Ik ben en blijf gewoon kleine Petraatje......

En al terug lopend moest ik eigenlijk wel lachen in mezelf. Ik, die er op sta, dat Ron zich helemaal inpakt als hij op de motor stapt, kom half gehavend thuis strakjes, na een rondje met de hondjes. Het ongeluk zit in een klein hoekje. Het gaat nu wel weer met mijn, inmiddels blauwe, voet en mijn geschaafde knie. Het is wat beurs, dat wel. Maarja, dan moet je ook niet in een greppel gaan liggen!

19. Sirene

Woensdag zijn mijn moeder, die op het moment hier op visite is, de hondjes en ik naar Wilmington geweest. Wilmington ligt aan de kust en op ruim twee uur rijden bij ons vandaan. Toen we bijna in Wilmington waren, waren er wegwerkzaamheden en was de maximum snelheid op de weg 55 mile. Nou hebben wij zo'n radar detector in de auto en dat is ook helemaal legaal in North Carolina. En dat apparaat ging in eens enorm af. En even daarna zag ik een politie wagen aan de kant staan. Duidelijk dat hij de snelheid van de passererende auto's aan het controleren was.
Ik wist dus echt zeker dat ik niet harder dan 55 reed op dat moment, vooral omdat dat apparaat zo aan het piepen was gegaan. En had daarop keurig 55 gereden. Ik keek in mijn spiegeltje en zag dat de zwarte auto achter me met grote snelheid op mij afkwam. Ojee, dacht ik, die is het haasje. En ja hoor even erna gingen de sirenes van de patrouille auto aan en in volle vaart kwam de politiewagen de weg op. Maar de zwarte wagen achter me slaat ineens af. Er was daar een afrit op de snelweg. En laten wij nou ook zo'n soort gelijke auto hebben... En die politiewagen loeide nu lekker door en kwam achter mij aan. Huh???? Ikke...? De koplampen van de politie wagen werden steeds groter in mijn spiegeltje. Dus aan de kant maar.

Had mijn rijbewijs en verzekeringspapieren al gepakt, maar was echter helemaal verbouwereerd dat ik nu werd aangehouden. In mijn spiegeltje zag ik dat het een enorme grote politieagent was. Niet dat dat uit moet maken, maar de man had denk ik een nek van 30 cm breed en gezicht op oorlog, zeg maar. Ik had mijn raampje al open en mijn handen op het stuur. Zo had ik dat geleerd uit het boekje van de DMV. Hij liep op onze auto af en kwam naast de wagen staan. "Morning Ma'am, you were speeding!", waren zijn eerste woorden. Even twijfelde ik of ik tegen hem in kon gaan, maar ik was zo boos en hij keek me zeer streng aan. Ik was helemaal niet aan het 'speeden'. Die man die achter me reed, die andere zwarte auto was aan het speeden geweest. Maar leg dat maar es uit. Lekker zeg, heb ik weer! Een dubbelziende politieagent.
Toch wilde ik duidelijk maken dat ik echt 55 reed en die andere zwarte auto te hard reed. En zoiets vertelde ik hem. Even was hij stil en zei toen, "Jullie waren allebei aan het 'speeden' ". Fijn dacht ik, hij was het niet met me eens. Wat nu? Ik hield verder maar wijselijk mijn mond. Veel discussie is niet mogelijk met Amerikaanse agenten en ik wilde hem zeker niet boos maken. "Waar gaat u naar toe?", vroeg hij allerminst vriendelijk. "Naar het strand met mijn moeder en de hondjes". En op 1 of andere manier klonk dat ineens zo kinderlijk en meelijden wekkend. Maar het was echt de waarheid. "Waar kom je vandaan?", vroeg hij daarna nog onvriendelijker. "Nederland, meneer", zei ik . Helemaal in de war was ik er van. Maar dat bedoelde hij dus duidelijk niet. Hij wilde weten waar ik woonde. Dus ik vertelde hem mijn woonplaats daarna. Miste nog net de spotlight bij zijn vragen, maar het was een echt verhoor. "License and registration please", riep hij als of ik boef nr. 1 was. Maar op die vraag was ik voorbereid, want die had ik al in mijn hand.

Daarop liep hij met mijn rijbewijs en verzekeringspapieren terug naar zijn auto. Het duurde gelukkig niet zo lang eer hij terug kwam. Ik zag hem zijn hoed weer op doen in de auto en met ferme passen kwam hij weer naast mijn auto staan. "Ma'am, I'll let you go with a verbal warning!!!" But no more speeding Ma'am.". "Okay sir", zei ik. Pfffff, wat een opluchting. Ik kreeg een waarschuwing, maar geen bekeuring. Ik was allang blij, maar eerlijk vond ik het echt niet. Vraag me dan ook af of ze met z'n radargun ook het kenteken registreren. Want met een beetje pech was ik het haasje geweest en niet die andere zwarte wagen achter me die op slinkse wijze ineens de weg afging. Afijn met een diepe zucht toch weer verder richting Wilmington. Waar het gelukkig, zonder een speeding ticket, veel beter vertoeven was!

20. Terug uit Poland

Vanmorgen weer sinds lange tijd naar de sportschool. Eerst op de treadmill gegaan. En eigenlijk viel het niet tegen, want ik kon zonder veel moeite 5 minuten hard lopen. Dat had ik veel erger verwacht. Dus 5 minuten hard en daarna 2 minuten rustig en weer 5 minuten. Tot 20 minuten. Ik zag ook dat ze een aantal nieuwe apparaten hadden. Een stuk of 6 nieuwe loopbanden, met gevaarlijk uitziende schermen en veel knopjes. Niet helemaal geschikt voor Petra ben ik bang. En een heel nieuw apparaat genaamd de "Wave". Althans dat stond op de poster die er schuin achter hing. Die moest ik even van me zelf proberen. Het voelde als een soort van schaatsen en dat voelde ik in mijn billen zeg! Maar wel leuk en weer es wat anders. Daarna omkleden en douchen en het zwembad in.

En ik wist ineens weer hoe de samenstelling van de aquarobics groep was. En volgens mij was het krulspeldgehalte in die paar maanden tijd flink gestegen. Eenmaal in het water kwam er een vrouw die ook altijd meezwemt naar me toe en vroeg me, "Hi Petra, how was your time in Poland?". En ik moest zo lachen.... Ze bedoelde het goed hoor en ze is een schat, maar ze had zich ietsjes naar het Oosten vergist. "Hi Nancy", zei ik, "I think you mean the Netherlands?". "Oh, yeah right sweetie, The Netherlands of course". Ze vertelde me gelijk dat we een nieuwe juf hadden vandaag. Karee was haar naam en vorige week had ze haar eerste les gegeven. En.... nou komt het belangrijkste, ze had een 'Radio with her'. 'With lots of crap music in it'. Oh, zei ik,en ik moest lachen. En zei tegen haar dat het me eigenlijk wel leuk leek om op muziek te zwemmen. Ja, maar van die opzwepende muziek dat vond ze nou maar zo, zo. En ik moest weer lachen. Kortom ik had mijn binnenpretjes voor die ochtend dus al weer gehad en keek uit naar Karee. Die ik eigenlijk al meteen leuk vond. Het was een lekker pittig typje en de krulspelden waren helemaal van slag van haar. Want ze deed hele andere dingen dan onze andere juffen. Zoals een 'squat' in het water. Niet leuk natuurlijk, want dan wordt je haar zo maar ineens nat als je met je billen naar achteren buigt. En het ging allemaal loeisnel op die opzwepende muziek.

Halverwege de les kwam de vraag van een stel watergolfjes of de "music iet wat minder 'loud' kon". Ze konden haar en zichzelf niet meer verstaan. En dit met een gebarende hand achter hun oren en hun hoofd schuin. Geweldig, ik moest zo lachen. Maar Karee was doortastend, "Je hoeft ook niet te luisteren, kijk maar naar mij en doe me maar na". En de radio ging niet zachter. Niks kletsen, zwemmen was het motto van de dag. Ik vond het een heerlijke les en bij de cooldown ging 'eindelijk' de opzwepende muziek uit. Er klonk een zucht van verlichting. Wat Karee niet ontging en stelde voor dat zij nu dan zelf maar een liedje moesten zingen wat ze wel leuk vonden.

En dat deden ze! Alsof er ineens een heel koor in het zwembad stond zo zongen ze. En wel het vaderlandslievende "America the Beautiful". Kippenvel kreeg ik er van.... Het klonk echt mooi.

Daar stond ik dan als nuchtere Hollandse, die het Wilhelmus maar half kent. Karee de nieuwe juf deed ook even hard mee en het klonk echt prachtig. Vol overgave zong iedereen in het zwembad mee. Zo mooi toch weer en toch ook weer zo apart zo op een maandagochtend bij de aquarobics!!!

21. Giving Thanks, Thanks giving!

Gisteren was het Thanksgiving. De dag die de meeste Amerikanen met hun familie en vrienden doorbrengen. In de loop van de dag was ik ook uitgenodigd om bij vrienden te komen eten. Natuurlijk met traditionele kalkoen. Die overheerlijk was! Voor mij de eerste keer kalkoen op deze manier eten en ik vond het erg lekker. Vond persoonlijk de gravy erg lekker. Had het eigenlijk het idee dat ik dat niet zo lekker zou vinden, maar dat was dus helemaal niet zo. Het smaakte erg lekker en ik kan wel aan deze Amerikaanse traditie wennen eigenlijk. Het is zo anders dan met kerst, waar kado's een beetje de overhand hebben gekregen. Dit gaat om het kleine en het mooie eren. En ik vond het leuk om het kalkoen gebeuren nu eens 'echt' mee te maken.

Hoe anders is het de dag na Thanksgiving. Dat is namelijk "Black Friday". Op thanksgiving zelf ligt er op de deurmat een super dikke krant. Nou ja de krant zelf is niet zo dik, maar alle reclamebladjes die daar bij zitten doen hem uitpuilen. Donderdag 's morgens heb ik die blaadjes dan ook op mijn gemakje uit zitten pluizen. En dit jaar, in tegenstelling tot vorig jaar, heb ik alles wat ik leuk vond op een a4-tje geplakt. Zodat het geheel wat meer te overzien was. Daarbij, er bij geschreven in welke winkel en hoe laat deze winkel zou openen. Die openingstijden zijn schrikbarend overigens..... Want de eersten zouden al om 5 uur in de ochtend open zijn. Ik had me voorgenomen om niet de wekker te zetten. Maar als ik wakker zou zijn, dan ging ik mijn bed uit. En natuurlijk werd ik vroeg wakker. Even voor half zes was het en dacht nog heel even 'wel of niet' gaan. En uiteindelijk werd het wel. Even snel met de hondjes naar buiten en om zes uur stond ik voor de deur bij de Staples. Er stond al een rij van zo'n 35 mensen. Nog niet zo heel erg schokkend eigenlijk. Alhoewel het was pas 6 uur, dus eigenlijk wel misschien? Later op tv zag ik dat mensen bij sommige winkel de dag er voor er al waren gaan liggen. En dat er zo'n 400 mensen in de rij hadden gestaan bij een Walmart hier in de buurt. Oeps... dan viel dit dus wel heel erg mee. Terwijl we nog even moesten wachten, kregen we buiten alvast een plattegrond van de winkel met nummers erop ingetekend. En die nummers correspondeerde met nummers van de aanbiedingen. Dus je kon alvast je route in de winkel uit stippelen. Hoe slim van de mensen van Staples. Er was een webcam in deze winkel in de aanbieding voor 10,- dollar. Dezelfde die we al hebben, maar daar hadden we 59,- dollar voor betaald. Dus wel aantrekkelijk. Bovendien had Staples een aantal aanbiedingen waarbij de artikelen dan gratis waren. Zo was er een stekkerdoos, met bliksembeveiliging en een laminator. Je moet het product wel betalen en je krijgt er dan bonnen bij die je in moet sturen en dan krijg je binnen een aantal weken een cheque thuis en die kun je bij je bank inleveren en heb je dus het product helemaal gratis. En ik merkte later dat je dat bij Staples gewoon heel 'easy' ("That was easy" is hun slogan hier) op het internet kon doen, dus dat is alvast gedaan. Verder had ik daar nog 60 DVD's die je gebruiken kan om te branden voor 3,- en een hele goedkope memory stick gekocht. Al met al leuke dingen voor de mens.

Daarna door naar de Radio Shack. Daar had ik ook een paar dingen gezien, waarvan ook één met een mail in rebate. Zoals dat dan genoemd wordt. Ook die was er nog, dus snel betalen en door naar de Home depot. Ik had heel tactisch de winkels uitgekozen, want deze drie zitten vlak bij elkaar en vlak waar wij bij wonen. Ja, het is nog niet zo makkelijk dat Black Friday shopping gedoe!
Bij de Home Depot hadden ze een nepperd kerstboom met 400 lichtjes voor 30,- en de mail in rebate was ook 30,- dollar. Dus ook voor noppes uiteindelijk. Toen ik hem zag dacht ik nog van zal ik het doen? Want het was niet echt een beauty eigenlijk. Maarja die 400 lampjes deden het hem. Later dacht ik nog wat loop je nou te teuten, hij is gewoon gratis en dan ook nog commentaar hebben? Het was duidelijk ik had het verhaal van de dag ervoor toch misschien niet goed meegekregen. Thanks Giving Petra! Of te wel giving thanks voor de gratis kerstboom! Alhoewel dit meer een materiele giving thanks was natuurlijk. Maar het gaat om het idee.
De dames bij de Home Depot waren uiterst vriendelijk. Ik had ook nog wat witte kerststerren die in de aanbieding waren mee genomen en ik kreeg een brede en wel gemeende glimlach van de cassierre. Waarschijnlijk zag ze mijn twijfels over de 'ugly' kerstboom, maar besloot me te verzekeren dat ik zeker een 'really good deal' te pakken had. Jaha, "think vooral thanks giving for free".
Daarna door naar Circuit City. Op de één of de andere manier zeg ik altijd Short Circuit. Wat kortsluiting betekent. Maar de naam Circuit City blijft gewoon niet hangen bij me. Weet niet wat het is. En eigenlijk vind ik Best Buy ook een fijnere winkel, maar die hadden niet een hele goedekope DVD-brander in de aanbieding. Dus ik had gegokt op Short Circuit. Oh nee, Circuit City. En wel de nieuwe vestiging in Apex. Ik dacht namelijk slim te zijn en te hopen dat niet veel mensen wisten dat deze pas geopend was. Nou dat was ijdele hoop, want toen ik aankwam rijden was er bijna geen parkeerplek te vinden. Let wel dit was vijf over zeven 's morgens! Eenmaal binnen hoorde ik het trieste nieuws van een zeer jonge en gestresste verkoper dat de DVD recorder van 57,- dollar alllllaaaaaang uitverkocht was. Helaas, dan maar snel vragen of de SD kaart van 1GB er nog was. Ook weg.... vertelde hij met een neptriest gezicht en de DVD's om te branden, ook foetsie "M'am". Nou dit was niet echt een geslaagd bezoek en niet lang daarna was ik ook foetsie uit de Short Circuit.

Dan snel door naar de Target. Daar had ik ook wat gezien, maar dat was ook al "Sold out". Het bleek al snel dat ik mezelf in drieën had moeten splitsen, zodat ik overal vroeg aanwezig was geweest. Maar ik had mijn kerstboom en webcam, niet waar? Kwestie van prioriteiten stellen op de dag na Thanks Giving.

44

Daarna door naar de Lowes, deze winkel zit net als de Target zit op het zelfde winkelcentrum. Daar hadden ze amaryllissen en mooie kerstkransen van vers groen en een verse guirlande voor 7,- dollar. Voorheen maakte ik die in NL zelf, maar voor 7 dollar kun je niet gaan staan ploeteren. Gun de Lowes ook wat niet waar. Giving thanks you know!

De mannen op deze afdeling hadden het niet zo druk. In de Lowes was er een run op het gereedschap en (nog) niet op het kerstgroen. Dus twee bediendes kwamen me met raad en daad bijstaan. Morgen zal dat al een heel ander verhaal zijn. Ik zag namelijk vanmiddag al aardig wat auto's met een kerstboom op het dak rijden en ook hier in de straat zijn al wat huizen versierd met lichtjes. Leuk!!! Hier mag dat al.... en niemand die je een boze "het-moet-nog-sinterklaas-worden"-look geeft. Want die boot die vaart niet deze kant op namelijk.

Met het kerst groen van de Lowes door naar Linen and Things en ook daar de op mijn beplakte a4-tje staande superaanbieding was 'sold out'. Maar.... hier deden ze aan rainchecks. Dat wil zeggen een tegoedbon, dat je het kan kopen voor die aanbiedingsprijs als ze weer voorradig zijn. Ik moest mijn gegevens achter laten en dan word ik zelfs gebeld als het binnen is. Dat is nou nog eens service. Afijn..... het was kwart voor negen en ik was uitgeshopt. Zo, dat vroege opstaan zorgt wel voor een hele lange dag zeg.
Bij thuiskomst al het moois aan de hondjes laten zien, want Ron was in die week in Nederland. Die alles bekwispelde alsof ik een hele grote prijs mee naar huis had genomen. Heerlijk die vrolijkheid van de vierbeners. Maandag kunnen we weer met de tweevoeter babbelen. Tot die tijd bieden zij mij zeker een luisterend oor en brengen ze veel gezelligheid hier in huis. Al is het maar het besnuffelen van al die tasjes en dozen. Misschien waren zij zelfs blijer met mijn aankopen dan dat Ron wellicht zal zijn. Denk misschien wel zeker. Hoor het hem al zeggen. "Nog een kerstboom erbij?"....

22. Beauty and the beast

En dan heb ik het over mijn twee kerstbomen. De ene is schitterend mooi vol en de andere is een tikkie kalig. Maar kwa lichtjes is het omgekeerd. De ugly tree had de lichtjes er al in en dat maakt hem prachtig. Als het donker is, dat wel.

De beauty boom heeft nu ook lichtjes. Heb het uiteindelijk voor elkaar gekregen. Was een beetje vergeten dat ik vorig jaar lichtnetten had gekocht en die kan je zo in de boom werpen zeg maar. Alhoewel, je moet wel kijken hoe je werpt natuurlijk. Want de eerste worp viel verkeerd uit. Ik had drie netten voor de boom. Ja echt zo groot is het ding. En hier in Amerika kun je die netten heel makkelijk aan elkaar doorklikken. Er zit 'mannetjes' en een 'vrouwtjes' stekkers aan. Maar nu had ik het eerste net met het mannetje boven in de boom gedaan, maar stopcontacten zitten veelal beneden door ons huis natuurlijk. Pas bij de tweede worp merkte ik dat het niet in elkaar paste zeg maar. Dus net nummer 1, die ik net zo keurig gedrapeerd en verdeeld had, kon er weer uit. Om echt vrolijk van te worden.

Trouwens de ugly boom en zijn 400 lichtjes was zo in elkaar gezet en van vorige lichtjestrauma's heb ik geleerd om voor het optuigen de lichtjes te checken. En die gaven geen pukkel. He getverre.... ook niet om vrolijk van te worden. Ik dacht toch niet dat ik al die 400 lampjes even ging aandraaien he? Had nog wel meer te doen vandaag. Zat me al bijna te bedenken om de gratis boom weer in zijn gratis doos terug te doen en me met ugly tree te melden bij de klanten service van de Home Depot. Zie je wel, er zit altijd een addertje onder het gras bij zo'n gratis boom. Die lichtjes doen het 1 dag of gewoon helemaal niet en daarna mag jij naar de Home Depot voor 400 nieuwe lampjes. Grrrrrr.... Ik liep nog wat te foeteren en aan stekkers te duwen en te trekken en nog eens wat foeteren. Tot ik een helder moment kreeg en me bedacht om de stekker eens in een ander stopcontact te stoppen. Ja, ja, ik heb ze niet vaak die heldere momenten, maar wel meestal op de kritieke momenten zoals bij een '400-stuks-lichtjes-drama'. En zowaar....... de lampjes straalden er op los bij een ander stopcontact! Ohhhhh wat een genot. En dat allemaal gratis! Wat blijkt er stond in de meterkast een knopje verkeerd van de electriciteits groep van buiten. Ook helemaal zelf ontdekt vanmorgen. Het bleek dat ik echt scherp was en dat moeten we maar flink benutten. Alhoewel ik ook die mannetjes, vrouwtjes fout maakte in de beauty boom. Dus die scherpte viel eigenlijk reuze mee. Kreeg vanochtend dus ook echt een beetje het national lampoon's gevoel. Je weet wel van die film met Chevy Chase. Prachtig stukje met die kerstverlichting die de stroom van een halve stad wegneemt. Afijn, heb nu nog de kerstballen in de beauty boom te gaan en alle buiten verlichting. Gelukkig is het heerlijk weer hier, dus wilde toch morgen eerst voor het buiten gebeuren gaan. Het is 21 graden en een stralend zonnetje. Ideale weer om een echt kerstgevoel te krijgen (NOT). Maar je hoort me niet klagen. Ik geniet er mooi van.

23. Poging nummer twee voor de BB

Al had ik nog niet verteld over de eerste poging, maar het lijkt een beetje op het vla verhaal. Die meer dikke pudding werd dan vla. Maar dan een verhaal over de BB. Mocht je nu denken was is een BB? Nou het is een bitterbal. Toen Ron in Nederland was ben ik gaan proberen of het mij zou lukken om die zelf te maken. Vlees klaar gemaakt en de volgende dag de ragout gemaakt. Ook die was mooi gelukt. En tot dat moment nog geen enkel probleem. Hierna moet je de ragout een uur of 2 in de koelkast laten opstijven en dat had ik gedaan, zelfs 4 uur, maar het bleef een drap.

Resultaat? Ik probeerde ballen te maken en had een soort van 10 dikke ragout vingers en alles plakte aan elkaar. Mijn vingers aan vingers en daarna aan mijn handen. Alles plakte, behalve de ragout aan de ragout. Daarna nog wat met bloem geprobeerd en eigeel...... Eén groot drama. Poging 1 dus mislukt..... Keuken ook één grote bende natuurlijk. Stel je het beeld voor van de kok in de muppetshow. Kneudenbreuden met wat bloem. Herken je het plaatje?

Afijn ik had zoiets dan gaan we voor de rest van ons leven maar bitterballoos door het leven. Er zijn ergere dingen, kan ik me zo bedenken. Afijn inmiddels is Ron van de week thuis gekomen en hij had op het internet gelezen van een bedrijf genaamd Mr. Kroket. En dit was DE uitkomst. Hier kon je dus kroketten bestellen EN frikandellen. Ware het niet dat we maar geen bericht kregen van ze op onze email. Waarop ik gebeld heb naar het vermelde telefoonnummer op de website en Mvr. Kroket nam op. Het was een hele aardige vrouw die me gewoon in het Nederlands kon uitleggen waarom er geen reactie kwam. Ze waren net een maand draaiende geweest met hun bedrijf en toen brak de gekkekoeienziekte uit. En de import van Nederlands vlees werd gestaakt en zo ook de activiteiten van hun net nieuwe bedrijf. Afijn om een lang verhaal kort te maken, er vielen geen kroketten meer bij hun te bestellen.

Maar toen ging toch het bitterballen virus weer kriebelen. Inmiddels had ik nog een ander recept gekregen van een vriendin voor ragout en bitterballen. Alles was precies het zelfde als het recept dat ik eerst had gebruikt maar, hier stond bij...... de ragout laten stijven op een plat bord. Hmmm, misschien ging dat dan wat beter? Nou nog 1 keertje dan..... en zo waar de ragout kreeg de vorm van een bitterbal nu! Daarna door het eigeel en de bloem en paneermeel. En klaar waren onze BB's!
We hebben ze nog niet gegeten, want in onze 'vetpot' zit geen vet. Doe ik eigenlijk uit voorbehoud van mezelf, want geen vet, is niet gebruiken. Snap je em? Maar voor de Bitterballen moeten we maar een keer een uitzondering maken. Ben benieuwd hoe ze zullen smaken. Maar heb het gevoel dat er een soort van Petraboom is ontstaan. Als in navolging van de 'Kwekkeboom'!

24. **Not so lucky....**

Vandaag beloofde eigenlijk een heel saai daagje te worden. Gewone huishoudelijke klusjes stonden er op het schema. The usual zeg maar, niet echt veel blogwaardigs. Tot ik in de mail keek rond een uur of 1 's middags. Het was een mailtje van Judy van de **Carolina Beardie club**. Er in vroeg ze of ik bij een Bearded Collie wilde gaan kijken die in een asiel in Chapel Hill zat. Zij had contact gezocht met het asiel maar kreeg niet veel info los van de mevrouw die daar over ging.
Het is namelijk zo dat als het een Bearded Collie is ze wellicht bemiddeld kan worden door de Amerikaanse Bearded collie Club. Zij hebben namelijk een **herplaatsings fonds** zodat Beardies in nood geholpen konden worden. En voor ik er erg in had, had ik terug gebeld naar Judy. "Natuurlijk, ga ik naar dit hondje kijken. Je hoort van me". En zo zat ik een half uurtje later in mijn auto op weg naar dit asiel.

Het was zo'n 40 minuten rijden en in die 40 minuten ging er van alles door me heen. Ik weet maar al te goed dat ik hier eigenlijk helemaal niet goed tegen kan. Zou zo alle hondjes die er zitten in mijn auto willen doen en allemaal tot in den treure willen verwennen. Maar dat ging niet gebeuren hield ik me voor. Ik kan dit heus wel hoor en moest dit verhaal gewoon heel nuchter bekijken. Ja, ja, nuchter... (NOT). En hoe dichter bij ik bij het asiel kwam, hoe moeilijker ik het eigenlijk vond. Hoe zou het er aan toe gaan in Amerikaanse asiels. Ik kreeg een beetje het beeld voor me, van wat je in de films er van ziet. Zo'n lange gang, met links en rechts hokken en blaffende honden. Nou......, zo erg zal het heus niet zijn. Gelukkig wist Beatrix, onze nieuwe 'weg-wijs-miep'de weg prima te vinden. Bea woont tegenwoordig in onze nieuwe auto. Waarschijnlijk wist je dat niet, maar Bea doet stemmetjes en echt waar, ze zit nu in onze auto. Met een volledig tikkie bekakt ABN wijst ze in onze Amerikaanse auto ons perfect de weg. En maar goed ook, want ik was er helemaal niet bij met het opletten met de weg. Mijn gedachten waren bij "Lucky", zo heet dit hondje namelijk. En dacht bij mezelf dat ze helemaal niet zo lucky was als ze in het asiel zat op het moment.

Eenmaal bij het asiel zag ik al snel dat dit niet 1 van de gezelligste plekjes moest zijn. Al helemaal niet voor een hond, laat staan een Beardie!! Voor me liep een gezinnetje de deur door naar binnen. Bij het naar binnen lopen hoorde ik al gelijk het geblaf van de honden. Oh......, dit viel al niet mee en ik stond nog maar bij de balie. De mensen voor me werden te woord gestaan en ik wachtte dus nog even terwijl ik gelijktijdig alles in me op stond te nemen. Het geblaf knaagde op een vreselijke manier aan me. Vooral aan mijn geweten. Plots hoorde ik daar een "Can I help you?" op een niet al te vriendelijke toon. Alsof ik speciaal naar hier was gekomen om vandaag eens even lekker deze mevrouw te gaan pesten. Ik stelde me zelf voor en dat ik namens de Bearded Collie club hier was om naar Lucky te komen kijken. "De wat voor club?", vroeg ze alsof ze opperhoofd nummer 1 was. Ik herhaalde mijn verhaal nog

een keer. "De border collie? Die is allang weg hoor", zei ze nog opperhoofdelijker. "Nee mevrouw, sorry ik kom voor de Bearded Collie", zei ik. "Nou die zijn ook al allemaal weg!", zei ze. "Allemaal?", vroeg ik en waarschijnlijk deed mijn gezicht een nog groter vraagteken doen voorstellen. "Ja allemaal weg", herhaalde ze alsof ik dom, doof en blind tegelijk was. Dit ging een moeizame bevalling worden, dacht ik bij mezelf. Ik probeerde rustig te blijven en vertelde dat er op het internet nog een Bearded Collie stond. "Nou, ga dan zelf maar kijken hoor", zei ze met een diepe zucht. En wuifde met haar linker hand naar een deur waar ik naar toe moest lopen. Terwijl ik aanstalten maakte om die kant op te lopen riep ze me nog even na dat ik vooral geen enkele hond aan mocht raken!! Nog iets harder dan dat ze al die tijd al deed. Ik liep de deur door en het was dus mooi wel zo he. Net als in de film. Links en rechts verblijven met hondjes die blaften en je aanstaarden. Het leek wel of ik in slowmotion de gang door liep. Vreselijk vond ik het. Elke stap duurde minstens een minuut. Het voelde alsof ik door een pad met stroop liep. En dat mijn voeten lood weegden. Hok 1: links en rechts geen Beardie. Hok 2: links en rechts geen Beardie. Wel lieve Labradors en andere trouwe honden ogen die me aankeken. Oei oei, dalijk is ze echt al weg. Maar na nog wat hokken zag ik haar liggen. Op een honden stretchertje opgerold met haar kopje op haar voorpoten. Naast haar zat een greyhound die blafte alsof zijn leven er vanaf hing. En wellicht was dat ook wel zo.....
Lucky was niet blij om me te zien. Ze deed dan ook net of ze me niet zag. Ik ging op mijn hurken zitten. En even ging haar kopje omhoog. Kijkend wat ik ging doen. De Greyhound hield gelukkig daarop op met blaffen.... Ik praatte tegen haar, maar haar kopje ging weer plat. En haar oogjes keken me wazig aan. Oh, dit was zo triest. In eens bedacht ik me de honden snoepjes die ik in de gauwigheid in mijn broekzak had gestopt. Ik hield er even 1 door het gaas. Het kopje ging weer omhoog, maar ze ging niet opstaan. Ik praatte nog een keer, maar kreeg geen contact. Ik dacht nog hoe die van mij gereageerd zouden hebben op die snoepjes en stelde me een heel ander beeld voor.
Toen bedacht ik om het snoepje door het gaas te laten vallen een beetje haar richting uit. En dat had resultaat. Heel snel stond ze op nam het snoepje en ging weer terug op haar stretchertje. In het voorbij gaan zag ik dat haar tepels opgezet waren en toen ze het snoepje op had ging ze daar aan likken. Het leek net of ze puppen had gehad eigenlijk. Na nog een snoepje gegeven te hebben, die ze liet liggen besloot ik om me weer bij het opperhoofd te melden. Ik vroeg haar of ik een stukje met haar mocht lopen. "Waarom?", vroeg ze. "Nou om te kijken hoe ze zich gedraagd en om haar wat nader te bekijken". "Nou dat deden ze niet, behalve als ik van plan was om haar te adopteren". Ik werd een beetje boos van al dat kribbige gedoe. Ik kwam hier om de hond te helpen en niet om haar persoonlijk dwars te zitten. En ik zei dan ook dat ik kwam om de hond meer mogelijkheden te bieden voor herplaatsing. "Nouwwwwww als dat zo is, dan had ze een papier nodig van die club waar in stond dat ik gemachtigd was om dat te doen". Goeie genade, wat een mens zeg. Ik begon langzaam aan te begrijpen waarom er zoveel hondjes zaten. Echt veel moeite voor ze deed ze niet. Althans niet vandaag. Misschien had ze een rotbui

vandaag, maar ik hoopte dat ik wat voor Lucky kon betekenen. Nou zei ik, geef dan maar zo'n papier voor adoptie, als dat de enige manier is. Ik wil graag deze hond wat beter bekijken. "Nee", zei ze. "Want u gaat deze hond niet adopteren, dat heeft u net zelf gezegd". Goeie genade..... Ik moest iets verzinnen. "Is er niet een mogelijkheid dan dat ik met een medewerker van u deze hond bekijk. Die medewerkster houdt de hond dan vast of aan de riem en ik loop er alleen maar naast en raak haar niet aan?". "Nee, daar hebben we geen tijd voor", zei ze. Het was duidelijk, ze ging niet mee werken. En ik dacht aan Lucky. Ik moest haar helpen. Met dit opperhoofd, die nu van mij de bijnaam cipier kreeg, zou zij echt niet snel een ander gezellig baasje vinden, volgens mij. Ik probeerde daarna allemaal vragen aan cipier te stellen zodat ik wat meer van Lucky te weten zou komen. Dus ik vroeg hoe ze hier terecht was gekomen. Het bleek dat ze door Animal control bij een huis was weggehaald tesamen met haar 6 pupjes en een Border Collie. Dat had ik dus net goed gezien, ze had inderdaad pupjes gehad. De pupjes en de Border Collie waren herplaatst, maar moeders dus nog niet. De mensen bij wie ze woonden hadden vrijwillig afstand van hen gedaan. Persoonlijk denk ik dat de situatie niet goed geweest moet zijn anders komt animal patrol niet bij je in huis kijken, maar dat was zomaar mijn idee. Ik vroeg nog hoe oud ze was en of ze alle inentingen en onderzoeken gehad had. "Ze was helemaal in orde hoor", werd me medegedeeld. Als laatste vroeg ik nog of ze bereid waren om met de Bearded Collie club samen te werken en gelukkig zei ze "Dat zou heel fijn zijn". Maar erg hoopvol daarin was ze niet. Want ze had al es gebeld naar een soortgelijkige club en die hadden geen plaats gehad. Hmm, zou haar vriendelijkheid daar vandaan gekomen zijn dan. Afijn ik vroeg of ik nog een keertje bij haar kon kijken en na een diepe zucht en bij hoge uitzondering mocht dat. "Maar niet aanraken!!!". "Nee oke mevrouw". Lucky lag nog net zo als even daar voor. En al weer geen reactie van haar. Ze leek een beetje in een roes. Het is dus echt zaak dat ze snel uit deze situatie komt en dat ze bij kan komen van het pupjes krijgen en weer even lekker hond kan zijn. Ik heb daarna gedag gezegd tegen het opperhoofd en ik liep naar de auto. En op mijn weg er naar toe voelde ik een traan biggelen over mijn wang. Zo triest.... Eenmaal in de auto volgden er meer. Ik heb op mijn mobieltje Judy gebeld en alles verteld. Nu maar hopen dat ze snel een stel fijne baasjes gaan vinden en Lucky daar weg kan. Zou een prachtig kerstkado voor haar (en ook voor mij) zijn.

Toen Judy de dag er op belde naar het asiel, bleek Lucky te zijn geadopteerd. Wat natuurlijk heel goed nieuws was. Alleen was het van tijdelijke duur. Want drie maanden later kreeg ik een telefoontje van Cindy van de Carolinas Beardie club. En zij vertelde me dat er in hetzelfde asiel in Orange County twee Bearded Collies zouden zitten nu. Ze vertelde me de beschrijving van 1 van de honden en dat klonk bekend. En het was ook bekend. Want na het zien van de foto's via de email, zag ik dat 1 van de hondjes Lucky was. Ze was terug gebracht door haar nieuwe eigenares, een studente. Zo triest.... Ze had besloten om niet meer voor haar te kunnen zorgen. Maar het werd nog erger.

Als ze voor het weekend niet opgepikt werd, kreeg ze een spuitje. Iets waarvan je in Nederland niet van hoort. Maar hier zijn veel asiels die op die manier werken. Ook die dat bewust niet doen hoor, maar dit asiel dus helaas wel. En nu was er nog een andere Beardie in het zelfde asiel. En Cindy vroeg me om voor de Beardierescue te kijken of hij een Beardie was. Dus met een heel nuttig doel ben ik weer naar het asiel gegaan. Toen ik aankwam lagen de papieren voor Milly, want zo heette Lucky nu, al helemaal klaar. Hoe anders kan het allemaal gaan?

En de vrouw die toen zo moeilijk deed, was nu de vrolijkheid zelve. Ik bedacht me nog even snel hoe die verandering had kunnen gebeuren, maar beter zo dan de manier hoe ze zich de vorige keer gedroeg. Al snel wees ze me op de andere Beardie en of ik die ook niet wilde bekijken. Er werd een medewerker op geroepen en hij liep met me mee naar zijn hok. Door twee gangen met honden moesten we weer. Nog steeds harstikke moeilijk vond ik. Maar ik was nu duidelijk meer voorbereid op wat ik moest verwachten. Ik keek niet op zij deze keer, maar naar de rug van de man die voor me liep. Maar het geluid, lees geblaf, vond ik nog steeds heel moeilijk om te horen. Niet aan denken Peet, dacht ik. Doorlopen.... En na twee deuren en nog een smalle gang stond ik voor het hok van de Beardie.

Het was duidelijk dat hij een Bearded Collie was. Wel groot, maar een echte reu. Hij was wat schuw, maar mijn snoepje hielp hem een beetje naar me toe te lokken. Hij at het snoepje niet, maar likte eraan. Ik kon hem even aaien en in zijn ogen kijken. Hij was wat terughoudend en duidelijk onder de indruk van alles wat om hem heen gebeurde. Het was ook wel een luid kabaal en geblaf. Na nog even bij hem gezeten te hebben ben ik terug gelopen naar de balie en ook zijn papieren werden in orde gemaakt. Hij moest alleen nog wel gemicrochipt worden. In de tussentijd kon ik even met Milly wandelen en haar naar de auto brengen. Milly was echt zo ontzettend veranderd. Ze was heel wat kilo's aangekomen. Heeeeeel wat. Ze had gewoon een hele brede rug gekregen. De vrouw bij wie ze geleefd had, had haar in ieder geval goed gevoerd. Destijds had ze ook net een nestje gehad en misschien woog ze daarom toen wel minder. Ook was ze destijds behoorlijk terughoudend naar mij. Maar vandaag niet meer, ze wilde zelfs spelen met me. Wat een verbetering zeg! Ze was echt een heel vrolijk hondje nu. Wat ontzettend leuk. Ze wilde ook zo de auto inspringen. Ware het niet dat haar brede rug in de weg zat! En dat zou eigenlijk een spuitje moeten gaan krijgen. Pfff, je moet er niet aan denken.

Ik heb haar de auto ingetild en ben daarna voor de andere hond naar binnen gegaan. Het bleek dat ze hem niet langs de hokken kregen en uiteindelijk is hij via een achteruitgang uit het asiel gekomen. Toch wel heel triest allemaal. Hij heeft een hele geschiedenis die hij met zich mee draagt, denk ik. Daarna gingen ze hem chippen en mocht hij na het tekenen van de papieren ook met me mee. Dit ging nu zoveel makkelijker dan de vorige keer, toen die vrouw van het asiel zo ontzettend moeilijk deed. Het waarom van toen, begrijp ik echt niet. Het leek net een heel andere vrouw. Maar niet klagen, genieten er nu

maar van en snel de hondjes hier weg zien te krijgen, bedacht ik me.
Buiten was de andere Bearded Collie wat vrijer dan in het asiel, maar hij was toch behoorlijk terughoudend. Voor hem had ik een bench op de achterbank gezet. En daar ging hij eigenlijk heel gemakkelijk in en ging liggen en vond het allemaal best.

Beiden hondjes dus in onze auto en de rit moest naar Mocksville, naar een dierenarts die ook een pension heeft en waar ze beiden kunnen blijven, zonder de angst van spuitjes en tot er een baasje gevonden is. Die kosten voor deze opvang worden door het herplaatsings fonds van de Amerikaanse Bearded betaald. Zo goed!!
Het was een rit van zeker twee uur. Best een behoorlijk eindje. En ik vroeg me af of ze het beiden wel zo lang zouden volhouden. Want wat moet zo'n hondje allemaal niet denken. Niemand die hen duidelijk maakt waar ze naar toe gaan en is helemaal afhankelijk van de twee bener die hen nu weer ergens anders mee naar toe neemt. En dan ook in de auto nog wel en nog zo'n eind. Maar wonder boven wonder deden ze het allebei heel goed. Milly bleef gewoon op der gemakkie naar buiten zitten kijken. Alles vond ze interessant. Het reutje was in de bench gaan liggen en staarde een beetje voor zich uit, maar was hartstikke rustig. Wat een voorbeeldige hondjes zeg! Tijdens die twee uur bedacht ik me dat het reutje helemaal geen naam had. Hij was als een zwerfhondje binnengekomen. En het meisje wat hem aangenomen had, vertelde dat hij ontzettend vervild was en eigenlijk alleen nog maar "matten" had als vacht. Zijn ketting was helemaal met zijn vacht verweven. Zo triest zo'n verhaal. Ze was een poos met hem bezig geweest en hij was heel lief geweest. Ik hoop dan ook dat hij een baasje gaat vinden die hem met geduld weer een heerlijk leven kan geven.
Maar eerst een naam. In de auto bedacht ik me dat Riley wel lekker klonk. En eenmaal bij de dierenarts aangekomen, had ik het er met de assistente over en ook zij vond dat Riley een goede naam voor hem was. En nu gaat hij de boeken in als een "Riley". Voorlopig blijft dit tweetal nu bij de dierenarts en gaat Beardie rescue op zoek naar nieuwe baasjes voor ze.

NB
Voor Milly zijn uiteindelijk nieuwe baasjes gevonden. Ze woont nu aan de kust in Georgia. Heb gehoord dat het hele actieve en hondlievende baasjes zijn en die is dus 'mooi met der billen in de boter gevallen'. En dus doet haar eerste naam "Lucky", haar toch nog een beetje eer aan.
Ook voor Riley kwam er een nieuw baasje. Een die veel geduld en liefde te geven had. Zijn vacht is weer mooi lang en klitvrij. En het gaat goed bij zijn nieuwe huis. Riley doet met zijn baasje mee aan een gehoorzaamheidstraining. Hij heeft nog veel te leren, maar is zeker weer het vertrouwen in de mens aan het terug winnen.

25. Fitness Perikelen

Onder het motto, "Waar spieren zitten, zit geen vet" ging ik van de week op pad voor een "buikspier-train-apparaat-geval". E.e.a. daar in die regio van mijn lijf, het meeste vet zit en ik de boel daar wel eens wakker wilde schudden. Van het kijken naar het tv programma de **Biggest Loser,** heb ik geleerd dat spieren meer calorieën verbranden dan vetweefsel. Nou had ik dat zelf natuurlijk ook wel kunnen bedenken, maar daardoor is het zo dat sommige mensen meer kunnen eten dan andere mensen. Die mensen hebben gewoon meer spieren en verbrand het eten sneller. Vandaar nu op pad voor een buikspier apparaat. Voorheen op de sportscholen in Hellevoetsluis en Zierikzee hadden ze van die dingen. Maar hier op deze sportschool doen ze er niet aan. En met zo'n ding bedoel ik een beugel met een kussentje voor je hoofd, zodat ik niet de kracht uit mijn nek haal, maar.... uit mijn buikspieren.

Eerst naar **Dick's.** DE bekendste sportzaak hier. Op de een of andere manier had ik in mijn gedachte dat zo'n "buikspier-train-apparaat-geval" ongeveer 25 dollar zou kosten. Waarom, weet ik eigenlijk niet. En eenmaal in de winkel was het best even zoeken tussen al het fitness apparaat geweld, maar daar zag ik hem. Hij heette hier de "ab-toner" en dat klonk heel wat duurder dan de naam die ik hem steeds gaf. Maar helaas stond er op het rek geen prijskaartje. Hmmmm, iets in me zei dat ik niet moest na denken en gewoon de ab-toner in mijn karretje moest stoppen en dat ik daarmee klaar was. Maar mijn Nederlandse 'ik' won de innerlijke strijd en ging met doos naar een verkoper toe. De man, flink gespierd en duidelijk strak afgetraind, zag me waarschijnlijk al van verre aankomen en trok ook een blik van "Mevrouwtje, hoe heeft u al die jaren zonder dit geweldige apparaat kunnen leven?". Gelukkig zei hij dit niet, maar ging hij voor mij de prijs navragen. Hij kost 39,95 dollar zei hij snel, toen hij klaar was met het navraagtelefoontje. Oeps... dat was toch iets meer dan mijn 25,- dollar die ik in gedachte had. Ok, bedankt zei ik en legde de doos weer in mijn kar. En liep verder de winkel in.
Binnen in mij was de innerlijke strijd weer volop aan de gang. Wel kopen, niet kopen..... Ter afleiding liep ik nog even naar de Crocs slippers en paste een paar. En inmiddels was het in mijn verstand duidelijk geworden dat de Nederlandse 'ik' had gewonnen. Deze "ab-toner" ging hem toch niet worden. En zo onopvallend mogelijk liep ik terug naar de stelling waar ik de ab-toner vandaan had. Natuurlijk nauwlettend gevolg door de ogen van de afgetrainde verkoper van zojuist. He jakkes, wat ben ik ook een zeikerd. Maar ik zette hem netjes terug in het vak en liep de Dicks weer uit zonder een abtoner.

En dat terwijl ik hem wel ernstig nodig had! Schuld gevoelens alom natuurlijk, eenmaal in de auto. En ik kom me het gezicht (en gezucht) van de afgetrainde verkoper helemaal inbeelden. Maar toen kreeg ik het idee om ook even bij de Target te gaan kijken. Dus even snel naar binnen gewipt. En ook hier veel fitness attributen en gelukkig, ze hadden hem hier ook. En wel voor het luttele bedrag van 19,95 dollar !!! Zo was ik even blij dat mijn Nederlandse 'ik' gewonnen had, zojuist. Ik had er nu zowaar twee voor de prijs van 1.

Nu was het zaak om niet al te opvallend bij de kassa te komen. Want in de snelligheid had ik natuurlijk geen karretje gepakt en liep dus met een grote doos onder mijn armen, waar een levensgrote foto op stond van wat er in zat. En ja hoor, ik was nog niet net het pad uit of verkoper nummer 1 gaf me een "veel-succes-ermee"-blik. Ik knikte beleefd terug en glimlachte flauwtjes en versnelde mijn pas een tikje. Halverwege kwam ik een mevrouw tegen die me ook al zo vriendelijk toe lachte. Hmm, hier zat ik helemaal niet op te wachten.

Snel naar de kassa was mijn doel. Maar in eens bedacht ik me dat ik van de week in de "1-dollar"-hoek van de Target ook wat fitness spulletjes had gezien dus daar ook nog even snel kijken. Het was nu trouwens wel heel duidelijk wat mijn plannen waren. Ik stond met een "buikspier-train-apparaat" onder mijn arm te snuffelen in de bakken met gewichtjes en fitness DVD's. Gelukkig was er hier niemand die me er op aan sprak. Eenmaal uitgesnuffeld en met gewichtjes en een DVD meer trachtte ik een kassa uit te zoeken met iemand er achter die geen commentaar zou geven. Ik zag een jong meisje en sloot aan bij haar kassa. Ze kwam quasi ongeinteresseerd over en dat had ik nu net nodig. Er was 1 iemand voor en ik wachtte geduldig. Totdat de oudere mevrouw van de kassa ernaast me zag wachten en me bij haar riep. Zij had niks te doen, dus kom maar hier "honey".

Ja, het zou ook onbeleefd zijn als ik haar geste niet zou aannemen. Dus schoof ik op naar haar kassa. Maar ze had niet alleen niks te doen, ze zat ook niet verlegen om een praatje, dat bleek al snel. Ik legde de spullen op haar kassaband en liep gelijk door naar het pinapparaat. Maar ze had het al heel snel in de smiesen. "So, it looks like someone is getting busy?", zei ze luid en duidelijk. "Yeah, yeah", zei ik. "New years resolutions huh?", vroeg ze me. Ja, ik moest inderdaad beamen dat het dankzij mijn goede voornemens was al deze fitness aankopen. "Wel dear, you and my husband both", zei ze. En ze begon me toch een partij te "naggen" over haar man. Over de koekjes die hij stiekum at en dat hij alsmaar voor de tv zat. En in de tussentijd werd er niks gebliept op die kassa van haar, dus ik wachtte geduldig en luisterde naar haar pleidooi. Uiteindelijk kwam er een eind aan haar verhaal en begon ze te bliepen. Ik kon er niks aan doen, maar moest zo lachen en had ook een beetje medelijden met haar man. Na het betalen wenste ze me vooral veel "goodluck". Alsof ik het, net als haar man, ontzettend nodig had. Gelukkig zaten mijn nieuwe aankopen nu inmiddels in een alles verhullende plastic zak en voelde ik me een stuk opgeluchter. Ik denk dan ook dat ik voorlopig aan haar en de afgetrainde verkoper van de Dick's zal denken als ik met het trainen van mijn buikspiertjes bezig ben. Inmiddels is dit alles een paar daagjes terug en is de "ab-shaper", volop in gebruik. Natuurlijk hartstikke spierpijn, maar ik weet weer dat ik buikspieren heb. Nu nog zorgen dat ze die calorïen gaan opeten!

26. Gepiep

Vandaag was de temperatuur lekker, maar veel wolken en dus geen echt weertje om buiten te zitten. Wel om buiten te lopen. Vandaar dat ik met de hondjes naar Lake Pine ben geweest. Terwijl ik de parkeerplaats van Lake Pine in mijn vizier kreeg, schoot het me weer te binnen. Het was Martin Luther King day vandaag en waren er veel mensen vrij. En die hadden vast allemaal hetzelfde plan gevat als ik. Lekker wandelen rondom Lake Pine. De parkeerplaats was dan ook helemaal vol en er stonden zelfs auto's langs Lake Pine drive geparkeerd. Gatsie, dat wordt zoeken naar een parkeerplekje. En ik nam me zelf voor dat ik één rondje zou doen op de parkeerplaats en als ik geen parkeerplek zou vinden dan zou ik naar het meertje bij ons oude appartement rijden om daar dan te gaan lopen. Maar zowaar, ik was nog niet net begonnen en er kwam een auto een parkeervak uit draaien. Mazzeltje zeg, snel parkeren dan maar.

Maar met het vinden van een plekje was de drukte nog niet weg. Er waren veel mensen. Wandelaars, joggers, fietsers, skaters en wat al niet meer. Ook erg veel mensen met kinderen. Die hadden natuurlijk ook vrij van school. Kinderen reageren altijd heel enthousiast op onze honden en willen ze graag aaien. Is natuurlijk hartstikke lief en leuk, maar ik stelde me al in op een niet zo effectieve wandeling vandaag. Onze hondjes vinden kinderen ook heel leuk en willen hen ook graag ontmoeten. Vooral bij het horen van de vrolijke stemmetjes van de moeders. Voordat ik de parkeerplaats eenmaal af was had ik dan ook al twee kinderen voorgesteld aan Stacey en Connor. Nou nu dan toch op pad?

Ik merkte dat de joggers ook wat gestresst waren van al die drukte en hindernissen die ze moesten ontwijken. Zo ook ons drietjes. Eenmaal aan het wandelen was er achter ons een meisje met een roze fietsje met zijwieltjes en incluis roze fietshelm. Zij had ook een soort van bel in de vorm van een piepertje aan haar stuur. Na één keer "gepiept" te hebben gingen alle alarmbellen bij onze stappers af. Dat klonk wel heel veel als 1 van hun speeltjes. Waar komt dat geluid vandaan? Connor liep ineens letterlijk achterstevoren. Het meisje zag de reactie van hen en piepte er daarna flink op los. Connor vond daarop die fiets en het meisje echt wel super interessant en wilde niet meer in de vooruitstand. De moeder van het meisje liep er naast en zei twee keer niet doen, maar het meisje piepte er gewoon flink op los.

Hmmmmm, ik voelde een klein "ergertje" op komen en besloot maar even stil te staan en hen op die manier voorbij te laten gaan. Als het piepertje voor ons liep gingen we in ieder geval weer de juiste richting uit met de honden. Al piepend passeerden ze ons. De moeder een beetje flauw lachend met een blik van nou zeg die honden van u luiseren ook niet. En ik dacht, net als uw roze fietsende meisje, mevrouw! En wilde Connor op dat moment influisteren "Pak die pieper!". Maar hij pikte mijn virtuele gedachtes niet op en daarom glimlachte ik maar flauwtjes naar die moeder terug. Daarna zette we de achtervolging in. Zeker 2 minuten, want toen besloot de moeder een pauze in te lassen en op een bankje te gaan zitten. Oh ja fijn, kunnen we nog een keer langs het piepende vehicle. Connor had inmiddels zijn vizier verscherpt en wist nu precies waar het geluid zat, namelijk op het stuur. Na wat vermanende woorden deed hij geen hap naar het piepding op het stuur, maar volgde netjes. Het meisje op de fiets vond het niet krijgen van aandacht niet leuk en mopperde wat tegen moeders. En ging nadat wij gepasseerd waren nog gefrusteerder op haar stuur rammen. Waardoor er nog meer hoge geluiden geproduceerd werden. Fijn zeg en ik hoopte dat moeder nu wel wat zou zeggen, maar nee hoor geen reactie. Grrrrr........

Met twee stuiterende honden trachtte ik door te lopen, maar echt makkelijk ging het niet. Uiteindelijk werd het gepiep wat zachter, nadat ik wat verder was gekomen. Maar niet lang erna hoorde ik het geluid weer sterker worden en Connor hoorde het ook. En nu, nu blijf ik stil staan totdat ze uit ons gehoorsveld zijn hoor. En al piepend kwam het roze geheel weer voorbij fietsen. Moeder wandelend in het kielzog, duidelijk niet op de hoogte van mijn ergenis. Ik kreeg er nu geen glimlach meer uit en draaide me om richting bos en liep het gras verder op en daar... daar zat een hele grote roofvogel op een tak. Ook vast geinteresseerd in het voorbij komende gepiep. Hij zat achterste voren, maar draaide zijn kop helemaal om. Het was een prachtig gezicht. Die ogen duidelijk zoekend en wat een snavel!

Stiekum hoopte ik dat de vogel van de tak af zou vliegen en in een duikvlucht het piepding van het stuur af zou plukken.... Maar hij bleef jammer genoeg zitten. Weet zeker, met die flinke snavel had hij zo het piepding kunnen ontmantelen. En vroeg me af of de moeder dan wel in actie zou komen? Maar die had de hele vogel niet gezien natuurlijk. Had wel wat geweest zeg. En ik fantaseerde nog even verder nu ik toch moest wachten. Gelukkig had ik nu wel een mooi uitzicht tijdens het wachten. Toen het piepje zachter en zachter klonk zijn we weer doorgelopen en ging de wandeling gelukkig een stuk beter en was het ondanks al de hindernissen toch weer even lekker om om lake pine gewandeld te hebben.

27. Voor de vogeltjes

Na het zwemmen wilde ik nog even boodschapjes gaan halen en vandaar even naar de Kroger. Ik kwam aanrijden en dacht wat is het druk? Maar toen viel het kwartje, op dinsdag krijgen senioren in deze supermarkt 5% korting op hun boodschappen. Druk dus! De paden waren vol met langzaam bewegende karren. Weer wat geleerd, voortaan op dinsdag de Kroger vermijden. Want normaal staan er bijna geen rijen bij de kassa, maar op deze dinsdag mooi wel. Ik sloot aan en bedacht me ineens dat ik vogelzaad nodig had. De vogels vinden het voer wat in het vogelvoeder ding zit erg lekker en is al helemaal opgegeten. Ik weer uit de rij en naar de dierenafdeling.
Snel een zak met "wild bird" voedsel in de kar gegooid en weer aangesloten. De rij schoot maar niet op en om me heen hoorde ik al aardig gezucht en gekreun. Uiteindelijk kwam er een inpakster bij en daarna ging het wat sneller. En niet lang erna was ik aan de beurt. Alle spullen op de band gezet en terwijl de mevrouw achter de kassa alles aan het scannen is, zegt ze opeens, "Volgens mij is de zak met vogelvoer ergens stuk". En schuift hem door aan de inpakster. Waarop de inpakster hem omhoog tilt en ter hoogte van haar gezicht houdt en zegt, "Bedoel je deze?". En terwijl ze dat zegt, barst de zak nu echt open en gutst het vogelzaad de zak uit en de hele kassa incluis band ligt onder het vogelzaad. Ik moet me echt inhouden om niet heel hard te gaan lachen..... Want de kassajuf was alles behalve blij en haar gezicht sprak boekdelen.

En de twee collega's krijgen daarop ook een discussie. "Ik zeg niet voor niks, de zak is stuk!". ""Ja maar je zei toch niet waar?". Afijn de hele scanbeweging van de verdere boodschappen was tot een complete stilstand gekomen. Boos schreewde de kassamevrouw door de intercom. "We need a vacuum, ASAP!". De inpakster deelde zachtjes mede dat zij dacht dat deze stuk was. Nou toen werd de kassamevrouw nog pissiger. "En wat nu dan ????....". Ik kreeg een beetje spijt dat ik me op het laatst bedacht had nog even snel dat vogelzaad te pakken. Want dat "even" kon ik wel vergeten. "Heb je niet een plumeau?", vroeg de inpakster. Waarop de kassalady door de knieen ging en alle laatjes en deurtjes begon open te trekken onder de kassa en de band. En zowaar, ze had er één. Ongeveer 5 centimeter groot met allemaal veertjes, volgens mij daterend uit het jaar 1922.
Ze hield hem voor haar gezicht, keek er even scheel naar en gaf een zucht en begon te aaien over de kassa en verdere kassa onderdelen. Achter me zag ik de mensen als een speer uit mijn rij vertrekken. En ik dacht ook bij me zelf dit gaat een langdurige zaak worden. Ook had ik al snel door dat ze serieus te werk ging, want elk korreltje moest namelijk weg. En dat ging wel even duren. Toen uiteindelijk de antieke plumea alles op een hoop geveegd had, moest alles op haar hand. En handje voor handje verdween het vogelzaad in de prullenbak. Heel zachtjes vroeg ik of ze misschien aan iemand wilde vragen of ze een nieuwe zak wilden pakken of zou ik dat zelf even gaan doen? Er volgde een geirriteerde blik mijn richting uit, "No mam, please don't you do

anything". Ojee, ze vond me duidelijk medeschuldig en even daarna werd er door de intercom gebruld "Help needed at register 1". Gelukkig kwam er al snel een meisje aan gelopen en ik vertelde welke zak het moest zijn en wees naar de kapotte zak. Het meisje deed één stap in de richting van de zak en de kassalady brulde "Don't touch it!!!". Waarop het meisje terug deinsde en snel de winkel inliep. Natuurlijk kwam ze terug met de verkeerde, was te verwachten. Gelukkig had ze het bij poging nr. 2 goed gegrepen. "Just put it in the cart. I don't wanna see it any more!!", riep de kassalady.

Inmiddels waren er nog een stuk of 30 korrels op de band en het eind was gelukkig in zicht. Die laatste korrels liet ze dan nu over aan de inpakster. En zowaar........ het bliepen ging weer verder. Bij het betalen zag ik ineens weer een moeilijk gezicht. "U had toch geen Kroger kaart he?". "Uh jawel, die heb ik wel"."Ohhhhhh", zei ze. En het was duidelijk ik was echt niet haar favoriete klant vandaag. En weer galmde er door de intercom, "Help needed at register 1". En de hulp kwam weer aangesneld. Poehhh, wanneer mocht ik nou weg, dacht ik bij mezelf. De dame die nu aan kwam lopen was gelukkig wat sneller en vroeg me met haar mee te lopen. Ik kreeg van haar het verschil in prijs al snel terug en inmiddels waren ook al mijn boodschappen ingepakt. Wat een zware bevalling was dat zeg! "Have a nice day mam", kwam er ietwat geforceerd nog uit bij de kassalady. En ik wenste haar het zelfde en moest eigenlijk erg lachen, maar durfde het mooi niet!

28. Mosley

Vanmiddag rond een uur of 1 stond de postbode aan de deur. Een pakje!!!
Leuk, leuk, leuk!! Het was een pakje uit Voorhout met veel nieuw leesvoer
voor ons tweetjes en paaseitjes, Stroopwafels, zwart-witjes, lekkers voor de
honden en 2 DVD's met Nederlandse Cabaretiers! Om helemaal blij van te
worden! Dus nadat ik het uitgepakt had dacht ik even kijken wat de postbode
nog meer voor post had. En ik liep via de garage naar buiten naar de
brievenbus. En terwijl ik de oprit afliep kwam er een dolle hond op mij
afgerend. Oeps.... En het was niet een kleintje ook. Ik stond even stil, maar
veel tijd had ik niet. Maar het bleek dat hij goede bedoelingen had. Hij was
gewoon ontzettend enthousiast en kwam even een knuffel halen en was
gewoon de vrolijkheid zelve! Hij rende na mij begroet te hebben onze garage
in en snuffelde alles af.

Ik probeerde te herinneren of ik die hond hier al eens eerder in de buurt had
gezien, maar kon het zo snel niet bedenken. In zijn snuffeltoer zag ik wel dat
hij twee penningen om had en ik probeerde hem mee te krijgen onze tuin in.
En dat lukte. Daar vervolgde hij zijn snuffeltoer en ik probeerde hem te
paaien, zodat ik zijn penning kon lezen. In mijn eerste poging had hij heel
andere plannen en sprong hij vanuit stilstand zo over ons muurtje bij het terras
heen. Jemig wat een energie had deze hond! Wel een lieverd hoor maar
helemaal hyper. Inmiddels hadden onze schatjes het ongeleide projectiel in
onze tuin ook gezien en juichde hem van achter het raam luidkeels toe. Chaos
compleet.
Ik liet hem dus maar even in de tuin en ging naar binnen om snoepjes te
pakken om hem zo te lijmen. Eenmaal binnen waren Stace en Connor niet bij
de deur naar buiten weg te slaan natuurlijk. Dus mijn tocht naar buiten ging
iets moeilijker dan naar binnen. Maar het was me gelukt!
De snoepjes methode werkte overigens perfect en als een mak hondje kwam
hij naar me toe gelopen bij enig zicht op lekkers. Daarna kon ik zijn penning
lezen. Ik weer naar binnen voor de telefoon te halen. En had daarbij ook gelijk
wat te eten voor hem mee naar buiten genomen.

Het telefoonnummer op de penning was niet zo heel goed te lezen, maar ik
kreeg wel contact maar helaas was er een antwoordapparaat. Ik sprak in dat ik
waarschijnlijk hun hond hier had. Maarja, de hond had zoveel energie, ik wist
niet of hij wel zo lang in onze tuin te houden was. Wat was nou verstandig?
Moest ik hem hier houden? Maar dat hield in dat ik er bij moest blijven.
Maarja, hoe laat zouden die baasjes thuis komen? Het was nog maar vroeg in
de middag. Stel dat ze pas om 6 uur thuis komen, zit ik hier 5 uur in de tuin?
Daarna kreeg ik ineens door dat de andere penning niet alleen een
entingspenning was, maar dat er ook een nummer van de dierenarts van de
hond op stond. Ik gebeld en de hond stond inmiddels lekker te smikkelen.

Gelukkig waren al zijn gegevens wel bekend bij de dierenarts en het bleek dat de hond Mosley heette en in de wijk tegen over onze wijk woonde. Ze gaf me het adres en het telefoonnummer. Daarna ben ik een riem gaan pakken en de autosleutels. Ik dacht dan rij ik er even heen. Maar 'Mosley' had andere plannen! Met geen paard de auto in te krijgen. Ik probeerde hem te tillen, maar ook dat vond Mosley geen goed plan. Dus....., mijn jas maar aan gaan trekken en met de benenwagen die kant op dan. Terwijl ik al even op weg was, bedacht ik me dat de baasjes waarschijnlijk niet thuis zouden zijn, anders hadden ze de telefoon ook wel opgenomen. Nou ja, ik had mijn mobiel bij en zou nog wel kijken. Eenmaal bij het adres stond er wel een auto op de oprit en had stiekumpjes hoop en belde aan. Ik hoorde binnen nog een hondje blaffen. Mosley vond het allemaal wel leuk en begon te kwispelen. Duidelijk dat hij thuis was. Maarja de deur bleef dicht. Hij keek me nog eens aan van zeg, doe de deur dan open! Maarja Mosley, ik zou het graag voor je willen, maar dat ging niet gebeuren geloof ik. Dus ik maar weer gebeld naar het telefoonnummer. Weer het antwoord apparaat. Ik ingesproken dat ik nu bij hen voor de deur stond en dat ik het adres van de dierenarts had gehad. Maarja wat nu? Ik besloot hem dan maar weer mee naar huis te nemen, maar bedacht me dat ik ook even in de achtertuin kon kijken. Want hij moest toch ook ergens vandaan zijn gekomen, niet?

En ik zag een lange lijn liggen in de tuin. Mosley dook gelijk het deck op en duwde zijn neus tegen de schuifpui aan. Duidelijk dat hij thuis was. Dus besloot ik hem maar aan te lijnen en hem daar te laten. En ik liep de oprit weer af en belde het nummer nogmaals om te vertellen dat ik de hond in de achtertuin aan de lijn had gedaan. Echt leuk vond ik het allemaal niet en mijn geweten knaagde flink. Waarom was hij dan eigenlijk buiten en dat andere hondje binnen? Op de oprit zag ik wel de krant liggen. Hmmm? even kijken welke datum er op stond. En de krant was van vandaag. Maar een stukje verderop lag ook de krant van gisteren. Goh....ik leek Sherlock Holmes wel.

Zou Mosley dan al twee dagen buiten hebben gezeten? Tsja, je weet het niet he? Kan ook zijn dat ze gewoon twee dagen de krant niet hebben opgepikt. Ik bedacht me toch maar weer even terug te lopen om te kijken of hij wel water had. En ik zag een vies bakje staan met een klein laagje water, maar dat was bevroren. Tsja wat nu. Ik zag wel de tuinslang en een emmer. Dus die maar even gevuld voor hem. En dat vond hij geweldig, want hij dook er met zijn lieve neus gelijk in. Jeetje, vond het toch wel weer moeilijk om hem daar achter te laten, maar waarschijnlijk wist Mosley niet beter dan zo te leven.......

Eenmaal aan de trippel terug naar huis, kreeg ik een steeds naarder gevoel. Waarom zouden mensen hun hond nou twee dagen buiten laten. En waarom was er nog een ander hondje, maar wel binnen? Afijn mijn fantasie sloeg op hol en bedacht de vreselijkste dingen. Er zal toch niemand ziek geworden zijn daar binnen in dat huis of nog erger..... iets naars gebeurd zijn. He jakkes..... heb ik weer hoor. Ik ben met dat soort dingen altijd zo impulsief.Voor

hetzelfde geld zat ik midden in een CSI aflevering. En overal mijn vingerafdrukken en tig berichtjes op het antwoordapparaat. Lekker slim weer. Sorry meneer agent, ik heb alleen maar aan de tuinslang gezeten voor water voor de hond? Ja ja, dat zal lekker geloofwaardig over komen. Pfffff.....
Eenmaal thuis belde ik Ron, nog niet vertellende van mijn vreemde gedachtes. Nou dat gaf me ook veel hoop, want hij zei gelijk dalijk ligt er iemand dood in dat huis, na het horen van mijn verhaal. Waarom denk ik daar nou niet aan als ik zoiets ga doen. Ik ben echt een tuthola die daar dus helemaal niet over nadenkt. Bedacht me na het ophangen van de telefoon of we eigenlijk wel een goede rechtsbijstand hadden en of ze hier ook een vrouwenvleugel zouden hebben ;-) Tjemig.....

Nouja, even wat anders doen maar. Computeren!! Dat helpt altijd heel goed bij mij om de zinnen te verzetten. Vrij snel kwam er een vriendin op de Skype en ik moest even mijn verhaal kwijt en vertelde van Mosley. En ook zij kwam met dezelfde gedachtes als Ron. Ja jeetje...... en ik werd er een beetje peuneveu van. Ik probeerde alleen maar een goede daad te verrichten. Als de politie dat nou ook maar geloofde. Ik bedacht me of iemand me had zien lopen met Mosley en eigenlijk was dat wel het geval. Zij zouden vast voor me willen getuigen dat ik echt met de hond had gelopen! Maarja, de beelden van de vrouwenvleugel werden me steeds levendiger..... Ik nam me voor om toch maar weer even te bellen 's avonds als ik nog niks van de baasjes gehoord had. Want als er dan nog niemand thuis was, kon ik altijd nog bedenken wat ik ging doen. Zelf de politie bellen misschien? Vond het ook zo rot voor de hondjes dat ze zo alleen waren. En misschien wel twee dagen al?

Maar...., om vier uur ging de telefoon. Het was het baasje van Mosley. Klonk gelukkig helemaal niet 'dood' en eigenlijk zelfs niet eens een beetje ziek. Hij was heel aardig en bedankte me tig keer dat ik Mosley thuis had gebracht. En vond het zo fijn dat er een hondenliefhebster was die aan de hond gedacht had. En dat Mosley sinds kort uitgevonden had hoe de lijn van zijn riem af kon. En verontschuldigde zich nog een keer of 10. Nou ja zeg, was ik even blij! En de beelden van de vrouwenvleugel vlogen zo uit mijn gedachtengang. Goed he? Wat een opluchting toch weer. Maar, ik denk wel dat ik Mosley hier nog wel eens zal zien. Volgens mij vond hij het eten errug lekker en ook het rennen door onze tuin met alle ballen en speeltjes was geloof ik ook wel naar zijn smaak. We zullen zien!

29. **Kalf**

Gisteravond had Ron het idee gevat om bij de Home Depot "wat" houtsnippers voor in de tuin te gaan halen. Nou dat "wat', resulteerde uiteindelijk in 70 zakken en we moesten zelfs de truck van de Home Depot huren om het bij ons thuis te krijgen. Want 70 zakken is een hele pallet. Die truck kun je voor anderhalf uur huren, dus het was zaak, om eenmaal thuis alles weer snel uit te laden. Gelukkig viel het mee en waren de houtsnipperzakken kurkdroog en dus niet zo zwaar. Dat scheelde een hele boel gewicht. Al met al hadden we nadat alles er uit was nog 30 minuten over om de truck terug te brengen. Dat haalde we netjes op tijd. Dit gedeelte was gelukt, nu strakjes nog alle snippertjes op de juiste plek in de tuin zien te krijgen. Dat is zeker ook een hele klus. Maar dat was voor later. Eerst weer met onze eigen auto richting huis.
Inmiddels was het al donker en op de terugweg naar huis, net voor de ingang van onze subdivison, midden op de kruising, rende er een beest de weg over. Twee glisterende ogen keken in de koplampen van onze auto. Het leek wel een hert, maar zag er heel anders uit. En even daarna zagen we dat het een Deense dog was. Twee tellen later stond hij naast onze auto en keek via het ruitje aan Ron's kant zo even de auto in. En toen zag ik dat dat de hond was van het eerste huis in onze wijk. Die hebben zo'n Deense dog. Hij was helemaal de weg kwijt en liep maar heen en weer. Inmiddels stonden er heel wat wagens stil op de kruising en ook achter ons. Ron stapte uit de auto en in de hoop dat hij zijn beiden handen inclusief alle 10 vingers heel zou houden. En probeerde de hond te pakken te krijgen. Gelukkig kwam de hond enthousiast op Ron afgerend en kon hij het 'kalf' daarna snel pakken. Maar de hond was alle behalve rustig en was vooral heel groot en heel sterk. Ik ben daarna de wijk in gereden en bij die baasjes aan gaan bellen. Maar het duurde en duurde. Geen gehoor. Jeetje, wat nu? En ik zag ineens een klein jongetje op de overloop zitten. Hij keek me aan en ik zwaaide naar hem en hij schoot daarop weg. Vast geleerd dat hij niet naar vreemde vrouwen mag terug zwaaien en vooral de deur niet mocht open doen. Heel verstandig, maar daar schoot ik niks mee op.

Hmmmm toch nog maar een keer bellen? En weer duurde het en duurde het. Inmiddels zag ik Ron vanaf de overkant van de weg een beetje paniekerig zwaaien. Dat zag er niet goed uit. Ik keek nog even naar binnen wat te doen. En ineens zag ik een man aankomen lopen. Op zijn dooie gemakkie. Gelukkig, hij deed de deur open. Ik vroeg of zij nog steeds de 'Great Dane' hadden. Ja die hadden ze nog. Ik vroeg of ze wisten waar hij nu was. "Nou" zei de man, 'hij ligt hier in de woonkamer'. Ik vroeg of hij dat wel zeker wist. En hij keek even om en keek daarna wat paniekeriger naar mij. Ik hoorde ook een vrouw wat roepen. "Wacht even", zei hij. En liep de woonkamer in. In de gauwigheid keek ik nog even richting Ron. Die had nog steeds zijn handen vol met het kalf. De man kwam snel terug gelopen naar de deur en zei dat hij inderdaad niet binnen was. Dus ik vertelde hem dat Ron hem vast had en of hij iets van een riem had. Inmiddels zag ik Ron de kruising oversteken met kalf aan zijn halsband vasthoudende. Wat een kracht had dat beest en het werd een soort van zig zag oversteek. De man ging zijn schoenen aan doen en ik liep richting Ron. En in een opwelling praatte ik naar de hond toe, waarop de hond een spurt inzette, met Ron in versnelde pas erachteraan. Stom, stom, stom, dat had ik dus niet moeten doen. Kalf kwam me dan ook super enthousiast begroeten. Tjemig wat was ie groot!! Hij keek me gewoon bijna recht in mijn gezicht aan. Ik zag dat Ron ook nog alle tien vingers had en het bleek gewoon een grote lieve hond te zijn.Wel een tikkie te enthousiast voor zijn formaat. Inmiddels stond het baasje ook buiten en kwam onze richting uit gelopen. Daarna hebben we het lieve onstuimige kalfje overgedragen aan het baasje. Die ons nog tig keer bedankte voor het "saven". Afijn...., conclusie, twee honden in 1 week bij zijn baasje terug brengen vind ik zelfs te veel van het goede. Dus hopelijk blijft het hier nu wel even bij.

30. Type 'H'

Via een Nederlandse vriendin hier in de buurt hoorde ik vorig jaar over een benefiet 'walk' in Raleigh. Zij had daar aan meegedaan en ik had haar verhaal gehoord destijds. En het leek me heel leuk om daar ook een keertje aan mee te doen. En van de week moest ik er ineens aan denken. Wanneer zou het zijn en hoe ver is de walk, en hoe schrijf je je in? Afijn zij heeft me de website en verdere info gestuurd. Het gaat dus om de 'Susan Komen race for the cure'. De inkomsten van deze benefietswandeling worden dus gebruikt voor de strijd tegen borstkanker. Een zeer goed doel vind ik zelf en ik heb besloten om op 9 juni hier aan mee te gaan doen. In totaal is de walk 3 mile (5 kilometer) en je mag hem geheel in je eigen tempo lopen. Dus wandelend, joggend, powerwalkend noem het maar op.

Maar mijn plan is om hem hard(er) lopend te doen. Ik heb nu dus nog 3 maanden om te trainen. Ik weet dat het voor sommige misschien een peuleschilletje is, maar het hardlopen is voor mij toch een hele opgave. Waarschijnlijk voor een groot gedeelte door het auto ongeluk wat ik heb gehad een flink aantal jaren terug. Maar ook doordat ik gewoon het hardloop "gen" mis! Mijn atletische bouw is namelijk van het type "H". Wat staat voor "hark". Weinig tot geen flexibiliteit in te constateren!

Vroeger op school was dat al een probleem. Ik had echt de mooiste cijfers op mijn rapportjes, maar voor lichamelijke oefening vaak een 5. Zo zielig altijd. Achten en negens voor de talen en dan die dieptrieste 5 er altijd ergens tussen in. Ik weet ook nog zo alle namen van mijn gymleraren te noemen. Meneer Wubbels en meneer van Heumen. Meneer Wubbels was van het fanatieke soort en meneer van Heumen was van het sociale soort. Duidelijk dat ik meneer van Heumen leuker vond. Hij deed veel aan basket bal en zo. Dat ging dan weer wel. Want ik was wel een type 'B", wat in mijn logica weer staat voor het hebben van 'bal gevoel'. Want dat had ik dan weer wel.

Drama was het om bij het binnenkomen van de gymzaal de lange mat uitgerold te zien liggen. Dat wilde namelijk zeggen dat we gingen turnen. Vreselijk vond ik, als type H zijnde, dat. De hele klas moest dan plaatsnemen op de banken en één voor één werd dan je naam geroepen en mocht je je kunsten laten zien. Ik bakte er echt helemaal niks van. Ergste was nog wel dat mijn meisjesnaam met een B begon en ik dus altijd als eerste moest. Alle ogen gericht op Petra met der type H..... Althans dat was bij meneer Wubbels, meneer van Heumen begon ook wel eens achteraan en ik was hem daar altijd erg dankbaar voor. Want tegen de tijd dat ik dan aan de beurt was, was de aandacht van mijn klasgenootjes inmiddels tot een nulpunt gedaald en vielen mijn mislukte ratslag, pogingen tot handstand, flik-flak en weet ik al nog meer niet meer zo op. Het enige wat mij altijd lukte was de koprol. En omdat ik die altijd netjes deed plus mijn goede bedoelingen kreeg ik van meneer van

Heumen altijd een 6 en van meneer Wubbels een 5. Ook daarom vond ik meneer van Heumen veel aardiger dan meneer Wubbels.
Meneer Wubbels hield ook altijd, in de zomer als we buiten gym hadden, de "Cooper" test. Nou moet ik eerlijk zeggen dat ik het woord Coopertest jaren uit mijn zeer selectieve geheugen heb geblokt. Weet me nu dan ook alleen nog maar 12 minuten en een x aantal rondjes om het voetbalveld te herinneren. In het eerste jaar van mijn voortgezette onderwijs is het me dan ook niet gelukt om voor die test te slagen. Met als een dank voor mijn gespartel een dikke vette 1 voor de Coopertest. Wat mede dankzij mijn andere vijfen resulteerde in een 3 op mijn rapport voor lichamelijke oefening. En met een 3 bleef je zitten.... Wat een drama's heb je toch op zo'n leeftijd. Dankzij mijn inzet bij het softballen en basketballen, want ik geheel volgens type B weer hartstikke leuk vond, werd het uiteindelijk toch nog weer een 5 aan het einde van dat jaar.

Het volgende jaar ben ik gaan trainen. Ja ja, toen al. En heb ik de test gehaald. Weliswaar in 11 minuten en 59 seconden, maar voor het eerst van mijn schoolgaande jaren had ik een 6 voor lichamelijke oefening op mijn rapport. Wat ongetwijfeld een naar boven afgeronde 5,6 geweest moest zijn. Maar eindelijk een rapport zonder een onvoldoende voor lichamelijke oefening. Kwam ook wel een beetje dat we in dat jaar ook schoolzwemmen hadden en dat vond ik altijd heel leuk. Toen ik 6 jaar was had ik al twee diploma's welke later nog met twee uitgebreid zijn. Daarna kwam je bij de kikvorsen. Oftewel het reddend zwemmen. Ook dat ging allemaal nog wel. De poppen opduiken en aan de kant brengen dat was geen probleem. Maar om dat diploma te halen moest je ook de zweefduik perfect kunnen doen. En al snel kwam mijn type H weer naar boven. Het duiken ging goed, maar het zweven stukken minder!

Kortom nu ben ik inmiddels 36 jaar en eigenlijk is er nog niks veranderd. Zwemmen vind ik nog steeds hartstikke leuk en doe dat graag. Maar feit is wel dat in mijn poging om kilo's kwijt te raken hardlopen de meest effectieve bezigheid voor mij is. Maarja ik ben nou eenmaal het type H met een missend hardloop gen. Dus nu met het goede doel er bij en mijn eigen goede doeletje is dit een mooi richtpunt om het hard(er) lopen weer op te pakken. Zwemmen houden we er zeker in, maar we gaan aan die drie mile werken. We zullen die meneer Wubbels es even een poepie laten ruiken!

31. Strikjes op je mouwen?

Ik was zojuist nog even wat boodschapjes gaan halen. En daarbij was ik ook nog even de Dollar Tree binnen gelopen. Vind ik altijd een leuk snuffelwinkeltje. Alles in die winkel kost een dollar. De ene keer zie je niks en de andere keer zie je toch wel weer leuke dingetje. Zo hadden ze dit keer Droste chocolade repen. Ze verkopen echt partijgoederen en je moet gewoon even binnen lopen. Soms zijn er leuke dingen en soms ben ik er zo weer uit. Maar afijn vandaag hadden meerdere mensen met mij diezelfde snuffelneiging bij de Dollartree, want het was er echt druk. En er stond dan ook een flinke rij bij de kassa's.

Toen ik bijna aan de beurt was, kwam er een vrouw met een sluier naar me toe om te vragen of ze voor mocht. En het was niet een burka of zo, maar gewoon echt een bruidsluier. Even het plaatje inbeelden. Helemaal netjes het haar in krul, keurig opgemaakt, en daar onder een vaal verwassen t-shirtje, spijkerbroek en witte gympen. Ik schatte haar een jaar of 65 a 70 jaar. Ik dacht nog van, nou dat is raar om met een sluier te gaan winkelen toen ik haar zag lopen. Maar twee tellen erna, kwam ze naar me toe en ze vroeg me dus of ze voor mocht. Omdat, en nou komt het, ze over twee uur zou gaan trouwen!

Nou echt, dat is echt de beste smoes die ik ook gehoord had. Geweldig!!! Ik moest zo lachen. "Nee, echt!!", zei ze. "Om twee uur is de ceremonie in de kerk", zei ze. Nou zei ik, ga dan maar snel voor. Het was toen twaalf uur, dus ze had nog maar 2 uur. Het bleek dat ze niet verlegen zat om een praatje. En terwijl ze haar karretje aan het uitladen was, bleef ze maar kwekken. Ondertussen hield ze steeds haar sluier vast. Zo aan één zijkant houdend alsof het heel lang haar was. Ik stond er bij en keek er naar, zeg maar. Ze vertelde dat haar dochter haar voor gek verklaard had, maar ze moest toch echt versiersels hebben voor in de kerk. En die hadden ze goedkoop bij de Dollar Tree. Ik kon mijn lach nu echt bijna niet meer in houden. "Bent u niet bang dat u te laat komt strakjes", had ik gevraagd. "Ja", zei ze, haar spijker broek nog even ophijsend, "waarschijnlijk kom ik te laat op mijn trouwerij, maar ik weet zeker op mijn begrafenis ben ik op tijd", zei ze lachend. En toen moest ik zo lachen. Wat een mens!

Ze vroeg of de Dollar tree ook wat ballonnen kon opblazen die ze zelf mee gebracht had, maar dat deden ze niet. Dat was tegen hun "policy". Nou dan moeten die maar de old fashioned way, brulde ze ietwat gestressed. Daarna haalde ze de nepbloemen uit haar kar en ging betalen. Ik wenste haar veel geluk en ze bedankte me nogmaals dat ze voor mocht!!! Toen ik betaald had, zag ik haar buiten met een parapluutje in de ene hand en de sluier in de andere hand de boodschappen nog in de achter bak leggen. Wat een verhaal toch weer. En echt, ik heb in de auto naar huis er nog om zitten lachen. Zo mooi, kan je het toch niet verzinnen en baalde er van dat mijn mobieltje geen camera heeft, want dit plaatje had ik toch wel graag even vast gelegd .....

32. German & Dutch

Van de week moest ik nog even terug naar het dierenziekenhuis voor de nieuwe dosering van Stacey's medicijnen. Die moet je dan eerst betalen en dan gaat de apotheek, die ook in het zelfde gebouw is, ze klaar maken. Daar moet je dan altijd even op wachten. In het dierenziekenhuis is het gewoon bijna altijd druk en ik nam plaats in de overvolle wachtkamer. Tegen over me zat een jonge blonde dame met haar dochtertje en een Sheltie. Raar hoe het type hond toch altijd bij het type mens past. Een rank klein vrouwtje en zo'n lieve kleine Sheltie. Vooral in zo'n wachtkamer is het leuk om de verschillende mensen en hun honden te zien.

Schuin tegenover de Sheltie mevrouw zat een forse wat meer oudere man. Type bulldog, schatte ik hem in. Maar hij had geen hond bij hem. Althans dat dacht ik. Want even later kwam het dochtertje van de jonge blonde dame gezellig naast me zitten en gaf me haar knuffeltje en kletste wat met me. Ze had ook een dopje van een pen ergens van de vloer geplukt en de "Bulldog" bromde naar de "Sheltie" dame dat ze het pennedopje van haar af moest pakken. En daarop zei Mevrouw Sheltie, "Daddy wants this from you, dear", tegen haar dochtertje. En echt die had ik niet aan zien komen, Bulldog en Sheltie waren een 'setje'! Zo verschillend was dit echtpaar. Maar zo zie je maar weer dat een Sheltie en een Bulldog het zomaar met elkaar kunnen vinden!

Maar afijn ik dwaal af. Er komt een vrouw de wachtkamer binnen met een enorme Duitse Herder. En die hond schrikt zich een hoedje van alle andere aanwezige honden in die kleine ruimte en neemt een enorme sprong vooruit. Het vrouwtje van de Duitse herder (German Shepherd in het engels) zegt daarop heel luid in het Duits, "Nein!!", tegen de hond. Waarop Mevrouw Sheltie tegen over me, heel hard begint te lachen. En ze zegt "Oh, that lady is talking German to her German sheppard. How funny!"".
Waarop Meneer Bulldog zijn wenkbrauwen optilt en bromt naar zijn vrouw, "German??? They speak Dutch in Germany!" en haalt zijn schouders er ook nog eens bij op. Hoe zijn vrouw dat nou ooit had kunnen denken zeg. Hij schudde zijn hoofd er ook nog bij, van wat een opmerking…. Ik had er enorme binnenpretjes om, maar heb hem maar niet verbeterd. Je weet maar nooit met zo' type Bulldog. Dalijk kreeg ik ook zo'n grom, mijn kant uit geworpen. En bovendien werd ik in het Engels geroepen, want inmiddels waren de medicijnen klaar voor mijn Dutch Bearded Collie!

33. **Cake**

Gisteravond was mijn eerste cursus avond van het Cake Decorating. Vond het echt heel erg leuk. Nog geen taart of icing aangeraakt hoor, maar wel veel info gekregen en dat beloofd veel.

Het schijnt dat we na 6 lessen een heuse 'wedding cake in lagen' gaan maken. Ben benieuwd wat het gaat worden, maar ze was zeer vast beraden de lerares. Dus ik denk dat ze het zeker klaar gaat spelen met ons. Hoe en wat, weet ik nog niet precies. Maar ze is heel serieus en heeft het niet over "home cakes", maar over je eigen "business". Dus je eigen taartenwinkel. En nog even een zeer teleurstellende mededeling. Het is dus niet de bedoeling dat je na deze cursus gratis taarten gaat maken voor vrienden en familie, maar dat je er minimaal $ 2,80 tot $ 3.40, per 'slice' voor gaat vragen. Want het is een hoop werk en vooral erg specialistisch. Dus die gene die dachten dat is mooi dat Petra taarten kan gaan maken, helaas!. Mag mooi niet van Martha, onze lerares.

De buurvrouw, waar mee ik de cursus samen doe en ik, moesten er wel erg om lachen. Ze was zo serieus, heel wat anders dan mijn bloemschik cursusjes die ik vroeger deed, bij de plaatselijke bloemist. Daar was alles onder het genot van een babbeltje en een bloemetje zeg maar. Hier duidelijk niet. Als we klaar zijn met deze zes lessen kunnen we ons zelf gaan verhuren als cake decorator en moeten minimal $ 15,- per uur vragen, vertelde Martha. Ja, ja, duidelijke zaken bij Martha en geen 'chit-chat'. Afijn we gaan het allemaal meemaken.

Wat wel grappig is, is dat ik eigenlijk 2 in 1 heb. Want ik had al verteld, dat ik eigenlijk de cursus folder aan het doorbladeren was voor een cursus Spaans. En laat Martha nou toch uit Peru komen en een behoorlijk Spaans accent hebben? Ze gooit er quasi non-chalant ook af en toe een Spaans woord door heen. Zo heb ik mooi twee vliegen in 1 klap!

Wat ook wel grappig was dat de buurvrouw en ik, het overigens zeer moderne schoolgebouw binnen kwamen lopen en daar stond de concierge. En voordat we wat konden zeggen vroeg hij ons al, "Jullie komen zeker voor Cake decorating?". Dus wij heel netjes, maar o zo verbaasd, "Ja dat klopt". "Tweede verdieping, lokaal 238", zei hij. Daarna stonden wij in de lift ons af te vragen hoe hij nou al in een eerste oogopslag zag dat wij voor cake decorating kwamen. Er liepen namelijk nog veel meer mensen in die hal. Zagen wij er nou zo Cake-achtig uit? En was het nou zo over duidelijk dat wij alleen een school binnen kwamen, voor een "fun"-cursus? Afijn we besloten in de lift, dat dat waarschijnlijk de enigste les was vandaag. Maar eenmaal op de tweede verdieping, zagen we dat alle lokalen in gebruik waren en dat hij ons toch al in een eerste oogopslag ingedeeld zou hebben bij de "cake-decorating-typjes". En Alison en ik wisten nou niet helemaal zeker of dat door ons postuur kwam of dat we er verder niet zo heel geleerd uit zagen, dat het wel cake decorating moest zijn! Afijn we hadden er de grootste lol om. Dat die man dat nou precies zo van ons wist, zonder dat wij wat gezegd hadden?

Het groepje mede cursisten bestaat uit 7 mensen en ben heel benieuwd hoe de volgende les gaat worden. We moeten dan thuis de icing maken en meenemen naar de les. Dan gaan we oefenen op een piepschuimen taart vorm. Nog steeds geen eetbare vorm, tot grote teleurstelling van Ron, dat moge duidelijk zijn.

34. **Creme**

En na de eerste les vorige week, nu vanavond de tweede les van de cakedecorating cursus die ik samen met de buurvrouw doe. We zouden van de week gaan oefenen op een piepschuimen taartvorm. Heel veilig dus, al bleek dat achteraf flink tegen te vallen. We moesten de icing creme thuis klaar maken en dan meenemen. De icing creme moest in drie verschillende varianten klaar gemaakt worden. 1. 'stiff' consistancy 2. 'medium' consistancy 3. 'soft' consistancy. En die verschillende samenstellingen kreeg je, door tijdens het mixen er meer water bij te doen steeds.

Deze creme was niet echt van het eetbare soort overigens. Hij werd i.p.v. met boter gemaakt met Crisco. Daar had ik dus nog nooit van gehoord, maar het is een soort boter vervanger. Je kan het overigens wel eten, maar is niet zo lekker als de echte boter. Het wordt wel eens gebruikt als mensen een echt hele witte taart willen. Boter wordt uiteindelijk altijd een tikkie gelige crème. Maar met Crisco wat wit van zichzelf is, blijft de crème spierwit, aldus Martha onze juf. Je hoort het al, het begint professioneel te lijken he die taartencursus? Voordeel van deze crème, was wel dat het goed voor de lijn was, want snoepen deed ik er nu niet van.

Afijn we begonnen met het maken van de icing om de zijkanten van de piepschuimen cake. Dus het laagje wat de cake zelf bedekt. Inmiddels had ik ook het pakket gekregen waar alle benodigdheden voor deze cursus in zaten. Echt alles wat je maar kan bedenken zat er bij. En dat alles in een super handige kist!

Zo was daar ook de "revolving cakestand" bij. Dat is een soort van rond draaiende schijf waarop je makkelijk vanuit verschillende hoeken je taart kunt decoreren. En vandaag moesten we daarop beginnen met onze piepschuimen taart. In het midden moest je een sate stokje prikken om het geheel vast zetten. Dat stokje blijft overigens altijd in je taart zitten. Dit is om te voorkomen dat hij gaat schuiven. Heel handig, maar vooral erg verstandig. Ik ken mezelf ! Daarna moest de grootste spuitzak uit de nieuwe box gevuld worden met de 'soft' consistancy creme. Martha vond de creme van mij en Alison iets te dun dus we moesten we er een op haar aanraden een kop poedersuiker bij doen. Dus we gingen aan het mixen met onze mee gebrachte mixers. Het leek net echt zo! Als twee ervare taarten maaksters gingen we aan het mixen voor een iets stevigere crème.

Afijn met de nieuwere versie van de creme terug naar de tafel en daar de spuitzak vullen. Nu was het de bedoeling dat je je spuit zo moest houden dat de 'revolving cakestand' uit zich zelf ging draaien. Dus zeg maar door de druk die het kreeg van het opspuiten van de crème. Martha noemde het "Let your cake stand, walk!". Nou tot in de treuren toe geprobeerd, maar 'walken', behoudens een klein huppeltje, deed mijn cakestand echt niet. Geen vaart in het ding te krijgen. Maar wat nog erger was, de creme droop met de zelfde vaart van mijn piepschuimen taart af. Als een soort van huilende taart. Niks bleef er aan zitten. Het was TE triest om te zien! Maar ik was gelukkig niet alleen, ook die van de buurvrouw droop van de cakestand af. En ook daar het draaiding echt niet aan het wandelen. Bij het zien van haar gezicht kon ik het niet meer in houden en moest ontzettend lachen. Het zag er echt niet uit!!! En om ons heen allemaal keurige taarten natuurlijk. Zal je altijd zien. Helemaal strak waren de andere taarten en sommige zelfs al met een mooi kleurtje. En wij? Wij hadden 1 drap! Het was duidelijk. Wij waren niet de slimste van de klas. Al hadden we er ondertussen wel veel lol om!

Het leek overigens niet dat juf Martha onze strubbelingen door had en liet ons maar ploeteren met de drap. Inmiddels zat alles onder de suiker/boter substantie. En mijn zwarte t-shirt vertoonde hier en daar een veeg van witte creme. Meer hier, dan daar eigenlijk wel. Wat deden we nou toch fout??? Bloed serieus waren ze om ons heen en ik was net die Zweedse kok uit de muppetshow. Die rondgooide met poedersuiker en plakkerige creme die helemaal niet aan mijn piepschuimen neptaart wilde plakken.

Inmiddels was iedereen klaar en toen kwam Martha bij ons kijken. Eindelijk..... Ze vroeg ons waar we woonden. Nouja zeg, dacht ik nog. Worden we nu al gelijk naar huis gestuurd omdat onze eerste opdracht niet echt lekker ging? Ondertussen durfde Alison en ik elkaar niet meer aan te kijken, want we waren er ontzettend melig van geworden. Maar het bleek dat Martha een andere vraag wilde stellen. Het ging namelijk over de water kwaliteit. Het schijnt dat als er veel mineralen in het water zitten, je creme papperiger wordt. Maar ze vond het zo vreemd dat wij het allebei hadden. Dus toen konden we Martha's raadsel oplossen, want we woonden natuurlijk naast elkaar. Het schijnt dus dat als je water hebt met veel mineralen de creme daardoor beinvloedt wordt.

Ahaaaa, het lag dus niet aan ons! Probleem verklaard! Natuurlijk er ook ontzettend om moeten lachen, want wij zelf hadden die smoes gewoon niet kunnen bedenken. Deze was wel heel sterk, het lag gewoon niet aan ons maar aan het water. Afijn iedereen was klaar met de cake en wij waren er ook helemaal klaar mee, figuurlijk dan wel.

Daarna gingen we allemaal tips proberen. IJzeren tips wel te verstaan. Tips zijn de vormpjes, soort van mondstukjes die aan het uiteinde van de spuitzak horen.. We kregen een aantal gekopieerde blaadjes die je in een doorzichtig A4 mapje moest doen en dan kon je daarop oefenen met overtrekken. Soort van 'binnen-de-lijntjes' cake decoreren. En dat was eigenlijk wel heel erg leuk. Sommige gingen beter dan de anderen. Maar de buuf en ik kunnen een Micky Mouse maken. En een stip, een banaan, een ballon, een blaadje en een tak. Heel wat he? Het is dus duidelijk dat als wij een taart gaan maken, mensen niet mogen kiezen wat ze er op willen, het wordt een keuze uit bovenstaande vormen. Helaas het is niet anders....

Daarna gingen we over op tipnr. 2d. En die was meteen mijn favoriete tip. Hij was heel groot en bedacht me wat je daar nou toch van kon maken, maar het was een bloem. En hij ging goed!! Heel goed! Met stip stond deze 'tip' op nummer 1. In het midden moest je dat weer een 'dot' maken, maar die konden we ook al, dus dat ging helemaal goed komen. Er werd gelijk een nieuwe variatie aan onze keuze menu toegevoegd. We konden nu ook een Micky Mouse maken met een bloem en een ballonnetje!

Als laatste van de les, gingen we een roos proberen te maken. Je weet wel zo'n loerie harde roos die je vaak op een bruids taart ziet. Waarna je, als je op die hebt gebeten, direct naar de tandarts kunt. Deze roos moest gemaakt worden met de 'stiff' consistancy. En al snel bleek dat daar ook het water had toegeslagen, want dat wilde niet echt lukken. Je moest hem op een klein plateautje maken en dan een bepaalde beweging doen. Ik vond mijn versie in het begin best aardig, totdat ik de versie zag die juf Martha gemaakt had en die was een heel stuk fraaier. Die van mij was maar 'fluffy', daarbij vergeleken. Afijn we hebben nog een heleboel te leren, maar de volgende les gaan we gewoon water uit een flesje gebruiken. En niet meer uit de kraan met mega veel mineralen. Al blijf ik het een geweldig excuus vinden. Die mineralen weten wat!

35. In New York

Vandaag kwam Ron thuis van een zakenreis en ik zou hem op gaan halen van het vliegveld. Hal C van de aankomst hal op Raleigh/Durham airport is niet zo groot en ik zat daar dus te wachten op Ron. Er staat een rij met stoeltjes in die aankomst hal en naast me zat een ouder echtpaar te wachten op hun zoon.

Ze begonnen een praatje met me, over koetjes en kalfjes en vertelden dat hun zoon er aan kwam. En op een gegeven moment ging hun mobieltje. De vrouw gaf hem al gelijk aan haar man. Het was duidelijk dat zij niet wist hoe om te gaan met zo'n telefoontje, dus werd het apparaat doorgespeeld. En met veel getob kon haar man, na wat gepriegel eindelijk het knopje vinden voor op te nemen. Het was hun zoon, dat wist ik want hij sprak heel hard en zei "Hi Son!", door het kleine apparaatje. De man viel daarna even stil. En daarna kwam er een, "Are you still in New York??????", luid en duidelijk uit.

Echt ik probeerde niet mee te luisteren hoor, maar hij sprak zo hard, dat er geen mogelijkheid was om niet mee te luisteren. "Are you still in New York?", riep hij verbaasd een tweede keer. Waarschijnlijk was zijn zoon nog aan het praten, maar hij viel bijna van zijn stoel van verbazing. En daarna zei hij het op dezelfde toon nog een keer. Alsof het even duurde tot het bij hem doordrong. De mond van zijn vrouw viel inmiddels ook open. Daarna volgde een stilte van de man en hij zei alleen nog maar goodbye in het mobieltje. Toen was het weer zoeken naar het knopje om op te hangen. Zijn vrouw hing zowat aan zijn lippen, want die wilde weten wat er aan de hand was. Maar het knopje was goed verstopt en moest ze dus even wachten. Uiteindelijk kwam het hoge woord (er weer) uit. "He is still in New York", zei hij na het knopje gevonden te hebben. "What???" zei zijn vrouw verbaasd.

Inmiddels had ik het bij de eerste keer al begrepen, maar het kwartje viel nog niet helemaal bij de mevrouw. Dus herhaalde de man het nog een keer wat luider. "He is still in New York!", met een duidelijk New Yorks accent en zo hard dat nu bijna de hele aankomst hal het had gehoord. "Oh nooooo", had zijn vrouw gezegd. De man was behoorlijk teleurgesteld en bedacht wat ze nu moesten doen volgens mij. De vrouw, geschat op een jaar of 85 moest het nog allemaal tot zich nemen. "Why?", vroeg ze hem ook luid en duidelijk. "His flight got cancelled", zei hij en stond op. De vrouw zat nog wat versuft, maar stond ook op en kwam naar me toe.

"That was our son. He is still in New York, his flight got cancelled". "Oh", speelde ik verbaasd. Alsof ik de eerder meldingen er over niet had mee gekregen. Het was vast een lieve vrouw, zoals ze gelijk haar belangrijkste nieuws van zojuist met mij kwam delen. Dus ik zei, "Ga lekker even ergens wat eten? Het kan misschien nog wel even duren". Ja dat vond ze een goed idee en ze schreeuwde dit naar haar man die inmiddels vijf meter verder stond.

"Let's go and get something to eat, Hon". En toen wist de rest van de vertrekhal inmiddels ook wat ze gingen doen.

Het was een aandoenlijk gezicht ze zo samen te zien weg lopen. Nog wat door kibbelend over waar ze wat gingen eten. En vroeg me af hoe oud hun zoon eigenlijk wel zou zijn. Maar ik zou het nooit komen te weten, want "He is still in New York" !

36. Verstoppertje

Omdat de weersvoorspellingen voor morgen regen doorgeven, wilde Ron vanavond wat kunstmest op ons gras gooien zodat dat lekker in kan weken morgen zeg maar. Maar daarvoor moest wel het gras nog even gemaaid worden zodat de korreltjes goed terecht kwamen, volgens Ron. Dus ik had vandaag een taak, gras maaien. En als ik het dan doe, doe ik het goed. Geen één langer sprietje wil ik overslaan. Serieuze business hoor dat grasmaaien en ik zat zwaar geconcentreerd op ons zitmaaiertje. Flink sturen en super strakke bochten. Wij hebben ook een paar oneven stukken in ons gazonnetje en dat brengt wat extra dimensie in het grasmaaien, want die kan je niet zomaar maaien natuurlijk. Dat moet met beleid, dus met nog meer bochten en knap stuurmans werk heb ik die ook keurig gekortwiekt. Daarna was ik klaar en ik reed de maaier terug naar zijn parkeerplek. En terwijl ik dit doe, hoor ik Stace en Connor toch een partij blaffen vanuit de porch. Huh?? Wat hebben die nou ineens??? Dus ik kijk om me heen en in mijn ooghoekje zie ik ineens een man op zijn knieën naast onze hottub zitten. Ik schrik me het ongans en spontaan laat ik het gas los en ga als de wiedeweerga van dat maai ding af en geef een gil.
De man heeft inmiddels ook door dat ik hem gesignaleerd heb en staat op. En nu dacht ik, wat doen we nu? En terwijl ik nog in een lichterlijke shock ben en van allerlei dingen door mijn hoofd gaan, schiet het me ineens te binnen. Dat is de monteur.... De monteur van de hottub. Het bedieningspaneeltje had het begeven en die zouden ze komen maken..... Omdat het ding toch in de tuin staat, maken zij nooit een afspraak, want ze kunnen er dan toch altijd bij. Pffff, gelukkig zeg. En mijn adrenaline peil zakte daardoor weer naar normalere waarden. Ik was me echt rot geschrokken. Ik dacht echt wat doet die man daar nou op zijn knietjes naast dat ding..... Had hem dus echt helemaaaaaal niet zien binnen komen.
Afijn ik loop naar hem toe en de man zegt gelijk dat het hem spijt dat hij mij zo had laten schrikken. Maar hij had aangebeld en was daarna naar de tuin gelopen en had me zien maaien. Had daarop staan zwaaien naar me, maar ik was zo lekker bezig en had hem dus totaal niet in het oog gehad. Dus hij had me maar laten gaan en was maar begonnen aan zijn klus. Maar....., hij vond wel dat ik het heel goed deed dat maaien. "Yeah right", griebelde ik. Heb ik weer hoor. Ben ik me lekker aan het uitleven op het gras heb ik gewoon ongemerkt supporters.
Het moest wel zijn dat hij al een poosje bezig was, want heel de voorkant had hij er al afgehaald en was al met de electriciteit aan de gang. Maar goed dat ik waakhonden heb, want vrouwtje zelf was even druk! Niet lang daarna was hij dan ook al klaar en het bedienings paneel was weer gemaakt. Dus we kunnen er weer een winter seizoen tegen aan! En..., het gras is ook weer gemaaid en dat alles tegelijk......

37. Party

Dit weekend was ik uitgenodigd bij twee verkoop parties bij ons hier in de wijk. Eéntje bij een buurvrouw verderop in de wijk van het bedrijf Home interiors. En nog een verkoop party van weer een andere buurvrouw van het bedrijf Southern Living.

Southern Living en Home interiors zijn beiden bedrijven die vooral keuken spulletjes en 'home decorating' artikelen verkopen. Had op internet al een beetje zitten kijken wat ze er allemaal verkochten. En vooral Home interiors leek me erg leuk. Die parties lijken een beetje op de Tupperware parties als in in Nederland. De artikelen worden uitgestald en de mevrouw van het bedrijf doet haar verkoop praatje. Ware het niet dat er hier in Amerika vaak iets leuks bij verzonnen wordt. Zo kreeg je bij Home Interiors nepgeld voor een veiling. Als je ook echt kwam opdagen kreeg je $100,- . Kwam je ook nog eens op tijd, huppatee, weer $ 100,- er bij. Had je een paars halloween shirt aan, weer $100,- en zo waren er meer dingen. Met dat nep, soort van monopoly geld, werd er op de avond zelf een veiling gehouden en het was dus zaak om zoveel mogelijk Home Interior geld bij elkaar te zamelen, wilde je een beetje mee kunnen bieden. De veiling was wel erg grappig! En je bood op een dichte tas en wist dus eigenlijk niet waarop je bood. En bij de eerste ronde van de veiling snapte ik nog niet helemaal wat er aan de gang was. Maar mijn mede buufjes duidelijk wel. Er werd grof geboden! Er ware kleine en grote surprise tasjes. En de veiling bleek een groot succes. Helaas werd ik in de rondes erna ook overboden, dus voor mijn geen surprise kado. Moest duidelijk nog veel leren in de veiling wereld!

Zondag was Ron bezig met, behalve alle klokken terug te zetten op wintertijd, ook de maaimachine. Hij heeft hem schoongemaakt en hij staat nu weer in de garage. En die middag had ik de tweede party. Dit keer een 'Southern Living' party van weer een andere buuf. En hier had ik me best op verheugd want op de uitnodiging stond dat ze een "Chocolade fountein" zouden hebben. "Speciaal voor de dames"!! Jammie!!!

Dus om twee uur belde ik bij Bridget aan en ik rook bij het binnen lopen de gesmolten chocola al. Wat dat betreft ben ik wel een lekkerbekkie. Chocola vind ik heerlijk. Het verbaasde me wel dat iedereen er al was. Normaliter komt iedereen toch wel wat later en ik was keurig op tijd. En toen zag ik dat een mevrouw al met een chequeboekje zat. Ik nog denken, zo die is snel, die gaat gelijk al kopen! Die heeft er zin in. Maar iets in me vertelde dat er iets niet goed zat. De andere buufjes keken me ook een beetje verbaasd aan en toen zei gastvrouw ook nog dat ze niet meer verwacht had dat ik nog zou komen. Dus ik nog zeggen, "Oh, had je mijn emailtje niet gehad dan?" "Ja hoor" zei ze, "Vandaar dat ik zo verbaasd was dat je er om half drie nog niet was". "Half drie?" vroeg ik. "Hoe bedoel je half drie?" Ik snapte er niks van. En ze wees me naar de klok. En die stond op vijf over drie. En toen begon het me te dagen...... Uhhhhh, stamel stamel.... huh drie uur???? "Maar de klok was toch terug gegaan vannacht?" "Nee", zei ze, "dat is volgende week pas!"

Nou als je iemand ooit hebt zien blozen en stamelen en stotteren en dat alles te gelijk, dan ik deed op dat moment, dan had je vast in lachen uit gebarsten.... Tjemig.... Echt wat voor mij hoor! Hadden gewoon een week te vroeg al die klokken terug gedraaid! En nu begreep ik ook die verbaasde gezichten. Het hele verkoop praatje was al lang achter de rug en iedereen was al aan het bestellen over gegaan. En erger nog..... de chocolade pret was ook al geweest......... Jeeeeeeeetje! Echt, dit is toch wel een hele erge 'Petra-move'! Zie me in gedachte nog steeds die volle kamer binnen lopen met al die vrouwen naar me kijkend, van wat komt die nou doen???

Ik was dus helemaal van de kook af en wist me even geen raad, dan behalve tien keer sorry te zeggen. Nou ja, dan maar met je neus in het Southern Living bestelboek duiken en even je rode konen proberen te verbergen.
Na die doorgespit te hebben, bood de gastvrouw me toch nog even aan om de chocolade fontein te proberen. Dus ik heb wel een aardbei op met heerlijke chocola. Maarja je gaat daar ook niet in je eentje aan die fontein staan he? Dus ik heb het daar maar bij die ene gelaten. Maar, moet wel eerlijk bekennen dat het toch wel naar meer smaakte. Tsja, dat krijg je als je een uur te laat aan komt kakken!

Was dan ook gelijk de snelste party die ik ooit mee gemaakt heb, want binnen 40 minuten stond ik weer buiten. Op de terug weg wandelend naar ons huis, moest ik toch wel erg lachen om deze suffe actie. En zat me Ron's reactie al helemaal voor te stellen. Want die dacht ook dat de klok terug gezet was dit weekend. Toen ik thuis kwam trof ik hem met een schroevedraaier in de hand aan. En zag een half ontlede laptop staan. Het bleek dat de laptop waar onze webcam aan vast zit, stuk was gegaan. Ik vroeg hem dus, dat hij dat toch niet gedaan had, omdat de klok niet goed stond? "Hoezo" vroeg hij? "Nouwww, omdat die wintertijd volgende week pas terug gaat en dat ik daardoor mooi het chocolade feestje gemist had". Ron keek dus hetzelfde als ik zo even geleden had gedaan bij de buuf. "Meen je dat nou?" "Ja, dat meen ik Ron. Ik was de enigste die te laat was. Of die andere 8 vrouwen zijn in de war geweest en veel te vroeg naar de party gegaan misschien????". Hij moest dus vreselijk lachen en had dikke pret dat ik nu juist die fontein precies gemist had.

Verder was er eigenlijk niet zo heel veel te lachen want de computer was een eigen leven gaan leiden. De laptop zei eerst dat hij het operation system niet kon vinden en later had hij last van wat 'decompressie' problemen. En toen dacht ik, "jij en ik samen jongen". Mijn decompressie liet het ook even afweten vanmiddag, maar moet je daarom nu gelijk stoppen met je computer leven? Tikkie overdreven, naar mijn idee. Maar het was duidelijk dat hij van wel vond. Dus die hebben we ook maar even aan de kant gezet net als alle klokken hier in huis. Die doen volgende week pas weer mee!!!!

38. **Five**

Vandaag moest ik naar het postkantoor om postzegels te halen voor vijf enveloppen die ik naar Nederland moest versturen. Het was er bere druk en toen ik eindelijk aan de beurt was, mocht ik bij een nieuwe postmevrouw aan de balie komen. Had haar nog nooit eerder gezien en bedacht me dat ze vast voor de aanstaande kerstdrukte ingehuurd zou zijn. Thuis had ik de enveloppen al gewogen en wist dus precies wat er op moest aan porto. Namelijk $ 3,60 per envelop. Dus na de mevrouw gedag te hebben gezegd, met een "How are you doing?" van haar kant en een "I'm fine, how are you", van mijn kant, vertelde ik dat ik "five times $ 3,60 total in stamps needed". De nieuwe postmevrouw kreeg op de vraag van mij, een enorm groot vraagteken op haar gezicht. Het vraagteken was zo groot dat het haar mond deed open vallen, echt waar. Er kwam ook geen geluid meer uit en het stond me een beetje aan te staren. Dus ik herhaalde nog maar een keer langzaam wat ik nou wilde. "I need five times $ 3,60 in stamps". Nou daarna ging der mond nog niet dicht, maar er kwam wel wat geluid uit nu, maar daar verstond ik niet veel van. Het was duidelijk, de postlady kwam hier uit de buurt en er volgde een "Whaaaaat"..... Dus nog maar een poging, "I have got 5 envelopes who need postage and they need $ 3,60 each". "Oooooh woooh stop, I don't get it", zei ze nu wat minder murmelend. En begon te graven in haar bakje met postzegels. Inmiddels viel mijn mond waarschijnlijk ook open, want ze was aan het rekenen hoeveel postzegels van $0,41 ze nodig had om $ 3,60 te maken en laten we duidelijk zijn, dat ging erg moeizaam. En eigenlijk had ik mijn mond dicht moeten houden nu, maar dacht laat ik die postlady, maar helpen, want dit gaat nog uren duren zo. Dus ik vroeg "Haven't you got stamps from a $ 1,00"?. Duidelijk geirriteerd keek ze op vanuit haar postbakje. Nou was ze bijna met der moeilijke berekening klaar en nu kwam ik er weer door heen. Zuchtend zei ze, "You need stamps for one dollar now, honey? No more $3,60?". Oei, dit was te moeilijk voor haar, dat zag ik al. Had ik nou mijn mond maar dicht gehouden en die 9 van 41 cent aangenomen, als ze eindelijk tot die conclusie had gekomen. Maar ja ik kon nu niet meer terug, dan zou ze het helemaal niet meer hebben. "If you give me three stamps of one dollar, and one of sixty cents, then we also got $ 3,60", zei ik haar. Het werd even stil. Ze was aan het denken en verdomd, ze vond zowaar het vakje waar de $ 1,- postzegels in zaten en begon als een gek aan die velletjes te scheuren. En weer in een op welling zei ik, "Yeah, but I need 5 times 3,60, so you don't have to tear them up". Stom, stom, stom, had ik niet moeten doen. Dit bracht haar weer helemaal van slag. Haar wenkbrauwen gingen omhoog en daar onder vandaan keken twee priemende ogen mij aan. Petra, Petra, Petra, wanneer leer je nou je mond te houden? Helemaal fout, dit gaat nu nog langer duren. Want echt, logisch denkwerk is hier soms zo diep verborgen. "What Mam?", zei ze nog meer geirriteerd dan ervoor. "You needed $ 3,60 right?", kwam er met een zwaar Carolina accent uit. "Yes that's what I need", zei ik. "But I need them 5 times". Dat laatste begreep ze echt voor geen meter, want ineens was ie er weer, nog groter dan hier voor, het vraagteken gezicht. Vanaf haar kruin tot haar kin helemaal groot, boekdelend sprekend...... Inmiddels ook zwaar zuchtend. Mijn geduld raakte ook een beetje op, en dus zei ik haar "Just give me 15 of the one dollar stamps". "WHAAAAT!! ", kwam er ineens heel hard uit. "Now you need 15! Not 5 or 3???". Oh mijn hemel...., dit was echt vreselijk. Hoe kom ik hier ooit nog weg, dacht ik. En eigenlijk moest ik heel erg lachen om haar gezicht steeds, maar durfde het mooi niet. Ik probeerde serieus te blijven en het haar zelfs nog uit te leggen, tegen beter weten in. "5 times 3 equals 15, mam, now I only need 5 times 60 cents", zei ik. Ha ha ha, nu was het vraagtekengezicht spontaan weg, maar sprak haar gezicht complete wanhoop uit. Ohhhhhhh, zo moeilijk kan het toch niet zijn? Gewoon 5 maal porto van $3,60? "Maaaaaaam ,let me repeat "ya"? You wanna have 15 times $ 1,00 now?", zei ze weer in het meest zuidelijke accent ooit gehoord. "Yes that's correct", zei ik. "Ok, I get that", zei ze en begon aan haar $1,- postzegelvelletje te scheuren. "And now...., what more do you need????". "Five times a stamp of 60 cents please". Ze keek me niet meer aan maar bleef met haar ogen gefocused op de postzegel bak. "Sorry, we are out of those", riep ze als of ze bingo speelde met haar postzegeltjes. "What else do you got then?", vroeg ik. Even keek ze op of ik het wel meende en toen zei ze snel, "we got 69 cents". "Perfect", zei ik, "give me those then". Ik durfde het gewoon niet meer om te vragen of ze er drie van 20, had voor me en dat 5 keer. Dan had ik er nu waarschijnlijk nog gestaan. Pffff wat een zware bevalling, zeg. Ze begon al gelijk met afrekenen, maar ik moest ook nog postzegels hebben voor onze kerstkaarten naar Nederland. En dus zei ik,"I need some more stamps mam". En echt ik dacht dat ze er in bleef! Dat hoofd, echt van nee he, moet ik nou zo moeilijk mens aan mijn balietje hebben vandaag? "I would also like 40 of 90 cents en 20 of 41 cents, please". Slinks keek ze me nog eens aan en toen bleek dat ik die echt wilde hebben dook ze weer in der postzegel bakje. Die van 41 cent had ze zo te pakken, die had ze vast al vaker verkocht vandaag. Durfde niet meer te vragen om de speciale kerstzegels, dat was vast weer te ingewikkeld. Ze was al zo blij dat ze die van 41 cent gevonden had. En gelukkig die van 90 cent ook daarna. Snel haalde ik mijn betaalpas te voorschijn, voordat ze het hele verhaal weer vergeten zou zijn. Dus snel betaald en net toen ik haar balie wilde verlaten zei ze "Sorry MAAAAAaaaam, I didn't hear y'alls accent"..... "It's OK, have a nice day", zei ik en bedacht me dat ik haar en haar "accent" ook al die tijd niet begrepen had, maar wat maakt het uit?

Het was duidelijk dat ik in haar ogen van heel ver weg kwam en wellicht veel te bekakt Engels praatte of zo. Hield dus ook mijn mond maar wijslijk over haar accent. Ik had mijn zegeltjes, maal vijf en dat was het belangrijkste!

39. Tizzy

Zojuist nog een hele dogcatchers ervaring achter de rug. Net voor het eten ging de deurbel. Het was de buurvrouw van een paar huizen verderop. En haar hond Duke en nog een ontstuiming in het rond rennende grote wit/zwarte hond. Sharon vertelde dat deze hond maar achter haar aan bleef rennen en de hond niet kwijt raakte en niet goed wist wat te doen. Ze was alleen thuis vandaag en ze vroeg me of ik misschien de hond kende en of ik haar wilde helpen. Bij een nadere blik op het wit/zwarte gevaar, had deze wel heel veel weg van een pitbull, dus voorzichtigheid was toch wel een beetje geboden.

Na het even zo bekeken te hebben, konden we constateren dat de pitbull een vrouwelijk versie was en wel heel erg gecharmeerd was van Duke. Maar niet te pakken te krijgen. Ze had wel een halsband om maar ja een pitbull die je niet helemaal kent, grijp je ook niet zo 1,2,3 bij haar halsband als je een beetje aan je vingers gehecht bent, niet waar? Dus ik weer naar binnen en mijn laatste redmiddel er bij gehaald. De snoepjes pot!
En zowaar dat werkte. De liefde van de hond, gaat toch wel vaak door de maag. Dus ik de snoepjes voor de neus houden en Sharon haar halsband aflezen. Ze heette Tizzy en er stond een telefoonnummer bij. Ik weer naar binnen en het telefoonnummer gebeld. Waar ik dus helaas een antwoordapparaat kreeg. Inmiddels was het donker en was Tizzy weer gevlogen, wat een energie die hond. Gelukkig was ze wit, maar als ze zo de avond in zou gaan, zou ze zeker aangereden worden of zo. Want ze keek nergens naar en sjeesde steeds zo de straat op. Vreselijk om te zien. Gelukkig werkte ons geheime wapen weer. Schudden met de snoepjes pot en daar kwam Tizzy vanuit het donker weer aangesjeesd. De buurvrouw en ik wisten allebei niet waar de hond woonde, dus we besloten toch maar naar de nieuwe straat te lopen met Tizzy in ons kielzog. Misschien kwam ze daar vandaan. Maar ik liep nog op mijn zeer charmante pantoffeltjes, dus die moest ik eerst gaan omruilen voor een paar schoenen. En in de tussen tijd had Tizzy, de honden, Barkley en Winston ontdekt die naast ons wonen en door het hek heen maakten ze een babbeltje. Of moet ik zeggen een blaffertje?
Afijn dat hoorde de andere buurvrouw weer en die kwam ook even kijken wat er te doen was na het horen van al het geblaf. Nou wist zij te vertellen dat het huis aan de andere van hen, wel zo'n soort hond hadden, maar die was helemaal wit. Inmiddels was Tizzy haar tuin in gegaan en rende in de rondte met Barkley, Winston en Duke. Die hadden mooi een feestje zo met zijn allen. In de hoop dat de baas inmiddels het berichtje had gehoord op het antwoord apparaat lieten we ze maar even rennen.

En toen verscheen er ineens weer een buurtje, een buurman dit keer. Hij woonde op zijn beurt weer aan de andere kant van onze buurvrouw en riep Tizzieeeeeeeeeeeeeee. Hey, dat was goed nieuws. Hij kende haar! Het bleek dat er iemand bij hem logeerde en van hem was Tizzy. Ze was een kruising pitbull/dalmatier en ze was heel erg goed in het over het hek heen springen. De andere hond, die Alison dus al eens gezien had, was haar vader. Afijn Tizzy was weer gevonden en kon weer naar een veiligere plek! Ik krijg er altijd maar de kriebels van als ik zo'n loslopende hond zie. Vooral als het donker wordt. Fijn om haar weer herenigd met baasje te zien en….. wij waren allemaal nog in het bezit van onze tien vingers. Eind goed, al goed!

40. **Spijkerbroeken jacht.....**

Vanmiddag zijn we aan het winkelen geweest bij Crabtree Mall in Raleigh.
We wilden even kijken bij de Hudson Belk op Crabtree. Daar is tegenwoordig
een aparte winkel met alleen heren spullen. Voor Ron is het altijd een
probleem om spijkerbroeken te kopen. Keuze zat zou je denken. Maar Ron is
erg lang en echte lengte maten hebben we hier nog niet gevonden. Lengte 34 is
veelal het langste. En hij heeft eigenlijk lengte 36 of 38 nodig. Met een hele
stapel spijkerbroeken ging hij de paskamer in, maar eentje paste er maar. Die
van Ralph Lauren vallen altijd wat langer en ook dan verschilt het nog per
exemplaar. Ook hadden we een broek gevonden in de lengte 35, die volgens
verkoper een speciale lengte maat zou moeten zijn. Nou niet dus.... Veelste
kort. Drama altijd. Maar uiteindelijk toch 1 broek rijker en twee shirtjes van
Tommy Hilfiger. Die al afgeprijsd waren en maar daar ging ook nog eens
extra 50 % korting van af. En kwamen nu op $19,95. Met de kleren liepen we
naar de kassa. En het was net of we in een aflevering van 'Are you being
served' terecht waren gekomen. Twee behoorlijk oude heren gingen ons
samen helpen. Beide grijs, 1 met baard en 1 met snor. Beiden in het blauw. 1
in een blauw spencertje, met blauwe blouse. En de ander in een blauwe trui,
met grijze blouse er onder. En beiden in een grijze broek. Het zouden broers
kunnen zijn. Of een carnavalsact van Andre van Duin. Eén van de twee.

De eerste heer nam de kleren aan en ging aan het vouwen geblazen. Alsof hij
nooit iets anders deed. Zo snel ging het. En keurig strak natuurlijk. Die zou
eens in onze inloopkast los gelaten moeten worden, dacht ik nog. Of misschien
ook maar niet, wellicht zou hij er in blijven. Want mijn manier van vouwen, is
duidelijk niet zo mooi als die van hem. Daarna vroeg hij, wilt u de hangertjes
er bij. Het waren mooi houten hangertjes van Tommy Hilfiger zelf, dus ik zei;
"Als dat kan heel graag". "Tuurlijk, mevrouw", zei heer nummer twee gelijk,
die uit de opgevouwen kleren de kaartjes naar boven toverde. Als een team
werkten ze samen. Daarna ging heer nummer 1 de kaartjes bliepen en deed het
kassa gebeuren. En heer nummer 2 begon plastic tasjes open te vouwen. Als
een ge-oliede machine ging het allemaal te werk. Waarschijnlijk werkten de
twee al zo'n 40 jaar samen en waren ze elkaars steun en toe verlaat. Toen
vroeg heer nummer 1, "Wilt u misschien nog meer hangertjes hebben,
mevrouw?" Waarschijnlijk had hij mijn blije blik gezien toen ik 'graag' had
gezegd even ervoor. "Nou als dat zou kunnen? Heel graag", zei ik.
"Tuurlijk mevrouw", zei heer nummer 2 weer. Het was net een getrouwd stel
die twee. Die geven ook vaak antwoord voor elkaar, hi hi hi. "Hoeveel, zou u
er willen hebben, mevrouw?", vroeg heer nummer 1. "Zijn 10 er teveel?",
vroeg ik. Heel tactisch, want ik hoopte dat heer nummer 2 weer zou gaan
zeggen, "Tuurlijk niet mevrouw", zoals hij er voor ook gedaan had. En ja
hoor, voor ik het wist zei hij inderdaad zo iets en graaide al snel naar een extra
plastic tasje.

Maar... nu ging het mis. Waarschijnlijk was dit net even buiten de normale gang van zaken en nu moesten ze gaan tellen. De twee van de twee shirtjes die we kochten en toen de rest er nog bij. Dat waren er 8, maar zo gemakkelijk is dat nog niet te tellen als je dat samen doet. Het was gewoon echt net of ik naar 'Are you being served', stond te kijken. Zo mooi. Drie keer waren ze inmiddels al op nieuw begonnen met tellen. Voelde een beetje de spanning tussen de twee en een kibbeltje hier en daar. Bijna klaar, maar nog waren ze er niet zeker van of het er nou wel 10 waren. Zo mooi. Afijn alle haakjes weer uit het plastic tasje en opnieuw tellen. Min 1, plus 1, maar uiteindelijk kwamen ze op tien uit. Het had even geduurd, maar het was gelukt. Inmiddels was het kassagebeuren ook klaar en ging het bonnetje weer als de vanzelfheid sprekende in de tas. Beiden deden hun gezicht weer in plooi, En heer 1 en heer 2 wensten ons daar op tegelijk een "Have a great weekend". En zo namen we afscheid van het koppel. We waren een spijkerbroek, twee shirtjes en 10 gratis sjeike houten hangertjes rijker!

41. **Schoon, schoner,schoonst!**

Sinds eind vorige week rook ik elke keer als ik de keuken in kwam een aangebrand luchtje. En dan ook nog eens niet zo'n klein beetje aangebrand luchtje, maar zo'n geur die je ruikt als je je gourmetset nog een uur te lang aan hebt laten staan en dat alles dan zwart aangebakken is. En echt ik weet niet waar het vandaan is gekomen van de week. Mijn eerste verdachte was de oven. Wij hebben in onze keuken een losstaande oven. Toen wij ons huis kochten waren er nog twee openingen in de keuken. Een opening waar de koelkast moest komen en 1 waar het fornuis zou horen te staan. De makelaar die ons huis verkocht vertelde ons toen dat het fornuis nog door hen geplaatst zou gaan worden en dat dat bij de koopprijs van het huis hoorde en dus geen extra kosten voor ons zou meebrengen. Op mijn vraag wat voor fornuis er dan in zou komen, vertelde hij dat dat helemaal goed zou komen hoor. Het zou een roestvrij stalen look hebben en natuurlijk het nieuwe selfcleaning systeem erop. Ik weet nog dat ik toen al dacht, hoe kan een oven nou een self cleaning systeem hebben? Hoe moet zo'n apparaat zich nou in godsnaam zelf schoon kunnen maken? Zou we heeeeeeel erg knap zijn van hem als er ineens vol automatisch een spons door heen zou gaan niet waar? Natuurlijk was ik allang blij, want elk apparaat in de keuken dat zichzelf schoonmaakt, is bij mij welkom niet waar? Laten we vooral maar niet protesteren. En eenmaal bij de oplevering stond het fornuis op zijn plek in de keuken en er op zag ik inderdaad een knopje en een lampje met iets van clean erbij. In het rood stond er zelfs, self cleaning oven op. Dat beloofde heel wat, dacht ik bij mezelf. De makelaar kwam toen nog naar me toen ik het fornuis stond te bekijken en zei toen nog "Mooi he?", alsof hij mijn gedachten kon lezen. Dat kon hij niet, want ik stond me alleen maar af te vragen hoe dat autoclean dan in hemelsnaam zou moeten werken.... Maarja, het zou misschien 'te' blond zijn om dat aan hem te vragen? En wellicht wist hij het zelf ook helemaal niet. Hij was immers makelaar, geen fornuisverkoper toch?

 Nou wonen wij hier nu ruim 2,5 jaar en ik heb het auto-clean knopje alleen nog maar bekeken en steeds niet gebruikt. Iets wat te mooi is om waar te zijn, is vaak ook gewoon iets om waar te zijn. Heb nog steeds mijn eigen auto-clean systeem gebruikt om de oven schoon te krijgen. Maar ja die irritante geur die spontaan de keuken in was gekomen, was misschien wel een goede aanleiding om een keer de oven zijn gang te laten gaan? Misschien werkte dat wel heel makkelijk en deed hij het beter dan ik met mijn soppie?
Afijn zaterdagmorgen heb ik de stap gewaagd en het knopje in gedrukt.....
Het lampje van clean begon te branden en het lampje van "door locked" brandde ook. Hmmmmmm, dat laatste was nou niet zo handig want nou kon ik natuurlijk niet het "geheim" van het het autocleanen zien. Op de klok gaf het fornuis, 3 uur en 40 minuten aan. Nou, nou dat moet een flink schoonmaak beurtje worden zeg! Maar......, heb hem maar even zijn gang laten gaan en ik ben 'Grey's anatomy' gaan kijken. Ben namelijk weer aan een inhaalslag

begonnen bij weer een andere serie. Zo ben ik op het moment helemaal bij met Brothers & Sisters en is Grey's anatomy nu aan de beurt. Vind het een hele leuke serie en zat helemaal lekker op de bank in de relaxstand de belevenissen van Meredith en 'Dr.McDreamy' te bekijken. Totdat halverwege de aflevering mijn neus een nog veel meer viezere, intensere lucht rook. Nog erger dan de aangebakken gourmetpan lucht.... en ik kijk naar de keuken. Het leek wel of er een plaatselijke mist was in onze keuken. Grijze wolkjes zag ik uit de oven komen........ Iekssssssss....... Wat is dat voor schoonmakerij dan? Dit was nou even helemaaaaaaal niet volgens plan!

Wat blijkt, dat hele sjeike verhaal over self cleaning is gewoon hartstikke nep! De oven gaat gewoon naar "800-en-tig" graden of zo en brand zichzelf schoon!! Ja zeg, zo kan ik het ook! Oven schoon, maar hele huis stinkt! Lekker is dat! En dit alles omdat ik het al vond stinken! Dat gaat goed zeg! Snel de "Off" knop in gedrukt en tot overmaat van ramp ging de ovendeur ook niet open, want de door was locked, zoals het lampje al aangaf in het begin. Waarschijnlijk was de oven gewoon bloedje heet en was het misschien ook maar goed dat de deur afgesloten was. Er zat niks anders op, dan een stel ramen en de achterdeur open te gooien. En echt...., het is hier niet warm op het moment en met alles open werd het niet aangenamer kan ik je vertellen. Maarja moest toch wat? Heb de plafond ventilator ook maar een zwier gegeven om het geheel nog wat meer te circuleren en sneller naar buiten te laten gaan. Binnen 5 minuten was dan ook de tempertuur al behoorlijk gedaald. En mijn relaxstand was heel ver te zoeken. Wat een gedoe zeg. PPPPPffff wat nou selfcleaning? zelfontbrandig hadden ze het beter kunnen noemen! Allemachies, dat knopje gebruiken we dus nooit meer!!!!

Heb de oven dan ook maar dicht gelaten tot vanmorgen en ben gewapend met een ouderwetse emmer gevuld met sop, spons en doek aan de gang gegaan. En heb hoogstpersoonlijk dat ding vol automatisch met de hand gecleaned. En eigenlijk was ie helemaal niet vies, maar alles wat ik zag, was nu lekker ingebrand. Fijn! Dat maakt mijn schoonmaak klus alleen maar leuker (ahum). Ben daarna maar door gegaan en zo heb ik de afzuigkap grondig gesopt, de magnetron blinkt weer en heb alle ramen gezeemd. Daarna ook nog maar gestofzuigd en gedweild en oja alle deuren met een natte doek afgenomen, alle meubels weer eens in de pledge gezet. En dat laatste was geurtechnisch gezien een sterk plan. Want de gourmet geur werd nu vervangen door de pledge geur. Ook niet echt mijn favo geur, maar het ruikt in ieder geval een stuk frisser dan een 'gourmetstank zonder gourmetten'. Dit te samen met de citroenfrisjes geur van mijn sopjes maakte het geheel weer wat aangenamer.
Eigenlijk had ik het kunnen weten en mijn gevoel moeten volgen, want wat te mooi is om waar te zijn, is ook in dit geval weer eens te mooi om waar te zijn!

42. Niet zo slim

Op zondag komt hier altijd de dikke versie van de krant. Extra, extra dik, want op zondag is hij gevuld met allemaal reclame blaadjes. Stapels zitten er soms tussen en persoonlijk vind ik het erg leuk om die altijd door te bladeren. Zo had ik een ventilator gezien in 1 van de blaadjes, die op zonne energie ging. Afijn altijd handig voor de hondjes dacht ik en zo ging ik gisteren op pad om dat ding te halen. Het was bij de 'Rite-aid' drogisterij. Soort van Kruidvat zeg maar. Maar nu moet ik heel eerlijk bekennen dat ik eigenlijk altijd naar 'Walgreens' of 'CVS' ga en moest erg diep nadenken waar die winkel ook alweer bij ons zat. Maar ineens schoot het me te binnen dus ik was er naar toe gereden.

Eenmaal daar was ik de enigste klant in de winkel te samen met de drogist en de kassajuf. De kassajuf was een dame op respectabele leeftijd en deed net of ze mij niet zag terwijl ik pad voor pad de winkel door liep. Volgens mij was ze niet van plan om me te gaan helpen. Ik was nog nooit in deze winkel geweest en wist dus echt niet waar het zou moeten staan. Afijn na alle paden gehad te hebben had ik die ventilator niet gevonden. En dacht zal ik het aan de kassajuf vragen? Maar mijn eerste ingeving over hoe ze me ontweek deed me twijfelen.

Toch liep ik naar de kassa om het te vragen en wat ik al vreesde was waar. Ik trof een kassajuf die waarschijnlijk haar hele leven en dat was volgens mij al een poosje, hier gewoond heeft. En daarbij een enorm 'Southern accent' had. Een echt 'local' dus. Nou is het zo dat mijn engels ook een accent heeft en dat daardoor mensen mij niet altijd begrijpen. Vooral niet de 'locals', die bij elk accent, behalve die van hen al standaard 'whaaaaat' zeggen. Maar deze mevrouw keek me aan of ik niet alleen uit het verre Nederland kwam, maar gewoon van een hele andere planeet. Mars of zo?

Nou probeer dan maar eens uit te leggen dat ik een ventilator op zonne-energie in een advertentie had gezien. "Whaaaat did you see, dear?". Ik herhaalde mijn "fan that works on solarcells" verhaal nog een keer en ze begreep me nog voor geen meter. Dus dacht ik, laat ik slim zijn en haal het reclame blaadje erbij. Kan ik het zo aanwijzen en kom ik daarmee terug naar aarde. Ik bladeren in dat ding, maar natuurlijk niet te vinden zo snel. Inmiddels had ze wel door dat ik een ventilator zocht, het hele solar gebeuren, kwam niet echt door. "Wait dear", zei ze, "I'll go and take a look for y'all". En tot die tijd had ze stil gestaan achter de kassa balie, maar nu ging ze lopen en ik had al gelijk spijt dat ze dat aanbood. Want ze liep niet, ze schuifelde..... Ojee.... dit gaat lang duren dacht ik nog. Zou ik haar zeggen dat ik wel een ander keertje terug zou komen? Maarja ze was inmiddels al in pad 1 en dat zou ook zo onbeleefd zijn niet? Maar echt, er zat geen vaart in. Bij pad 2 (en half) besloot ik maar om met haar mee te schuifelen. Hopend haar op een beleefde manier te kunnen vertellen dat ik het wel gezien had met die ventilator. Of "fam-with-something" zoals zij het steeds noemde.

Afijn inmiddels kwam er een waterval aan info uit en noemde ze zowat elk artikel in het pad waar we liepen op. En daar achter zei ze dan, "We don't need

that, do we?" "No, we don't need that", zei ik maar mompelend elke keer.
Onverstoorbaar ging ze door en luisterde geen eens meer naar mijn pogingen
om haar te stoppen. Halverwege pad vijf had ik het wel gehad en ben ik maar
terug gelopen naar de balie en daar haar opgewacht tot ze uitgeschuifeld was.
Toen ik haar uit pad 8 zag komen met lege handen begreep ik dat ik niet de
enigste was die het niet kon vinden. En snel bedankte ik haar voor haar
zoektocht, maar dat ik er toch echt vandoor moest nu. Maar dat ging nog niet
zo snel, want ze vertelde me dat het haar eerste dag was als kassajuf hier. En
zich daarom wilde verontschuldigen aan mij. Oh, vandaar dat ze me in het
begin zo ontweek, zij wist dus ook niet waar alles stond en was het vast ook
haar eerste keer in de winkel. Als ik dat geweten had.
Maarja bedacht me ook dat het heel vervelend moest zijn voor haar om dan al
gelijk zo zeurklant te hebben zo vroeg in de morgen. Bewonderde zeker haar
uiteindelijke poging om mijn "fan-with-something", te vinden achteraf. Maar
het mocht niet zo zijn, ik verliet dan ook met lege handen de winkel en ging
weer naar huis. Maar eenmaal thuis bleef het toch knagen dat ik die
advertentie niet kon vinden daar in de winkel. Dus ik de blaadjes er weer bij
gepakt en wat bleek......., het was bij de "Kerr" drugstore en niet bij "Rite-aid".

Schaam, schaam, had ik zomaar die vrouw de hele winkel voor niks door laten
zoeken. Niet zo slim van me! Ben hem vanmorgen dus maar in de juiste
"Kruidvat" gaan halen. Zonder het aan iemand te vragen, dit keer, zelf pad
voor pad weer af. Stel je voor dat ik weer verkeerd zit ….

43. **Stalker Buster Brown**

Elke dag heb ik zo ons loopje door onze wijk. En nu die inmiddels wat meer straten heeft, heb ik nog eens wat variatie. Nog niet heel veel, want zo groot is die wijk nou ook weer niet. Maar via één straat kom je zo aan de voorkant van onze wijk en kan je (holletje af) weer terug lopen naar ons huis. Eigenlijk is die wel favoriet bij mij, maar in die straat zijn nu wat meer huizen bewoond en we hebben inmiddels kennis gemaakt met sommige nieuwe bewoners. Zo ook met Buster Brown en zijn bazinnetje.

Bazinnetje kwam namelijk op een dag naar buiten gerend met Buster Brown aan het riempje achter haar aan gesleurd. Stace en Connor zagen 'BB' al gelijk. Ik had zelf meer oog voor het bazinnetje. Was verbaasd dat ze zo aan kwam rennen uit de garage en dacht dat er wat aan de hand was. Maar nee, ze vertelde toen ze bij ons aan kwam dat ze ons al een paar keer door de straat had zien lopen en 'BB' graag met onze hondjes kennis wilde laten maken. Nou dacht BB daar zelf heel anders over geloof ik, want die zetten het op een keffen!!! Niet normaal. Duidelijk niet zo blij met onze langharige monsters. Maar Stace en Connor waren niet echt onder de indruk en deden toch snuffel pogingen. Bazinnetje vertelde onder tussen dat BB een miniature Pinscher was. Ze noemde hem ook ter variatie de ene keer BB en dan weer Buster Brown. Wat voor het hondje volgens mij nog al verwarrend was. Of misschien kwamen beiden namen toch niet tot zijn recht, omdat hij eigenlijk voor geen meter luisterde?

Connor vond al die actie wel leuk, al begreep hij niet helemaal waar dat keffen nou voor nodig was, volgens mij. Ging elke keer naar voren maar als er dan weer geluid uitkwam deinsde hij weer wat naar achteren. Stace was al snel uitgesnuffeld en vond het maar een herrieschopper en draaide zijn kont dan ook naar hem toe. Buster Brown was duidelijk een doberman gevangen in een veel te klein lijfje. En was al helemaal niet blij om onze hondjes te ontmoeten. Maar toen gebeurde het, het bazinnetje van BB tilde BB op en in ene was ie stil..... Geen gekef meer, zelfs niet een grommetje. Maar die van mij daarop dus niet meer.... Vooral Connor was pissig en vond het duidelijk niet eerlijk dat hij door zijn gekef nu ook nog op getild werd en nu 'hoger' was dan hem. En die begon dus op te springen, naar BB. Mijn hemel...., dacht ik even een rustig rondje met de hondjes te doen? Bazinnetje bleef maar kletsen en ondertussen stond ik met een ongeleid projectiel aan de andere kant van de riem. BB deed ondertussen net of hij onze hondjes niet meer zag. Totaal negerend. Afijn ik vertelde dan ook maar dat ik snel door zou gaan lopen, want dit was geen succes. Dus we namen afscheid.

Maar de volgende dag zelfde verhaal. "Come BB here are your new friends again". En alweer kwam het bazinnetje al uit de garage gerend. Waarna Connor het hele spelletje natuurlijk herinnerde en al gelijk BB weer wou besnuffelen. Maar deze werd al weer opgetild. En dus had ik weer zo'n bouncing Beardie aan de andere kant van de lijn.

Geen goed plan, dus ik besloot ter plekke, ondanks vast de beste bedoelingen van bazinnetje, deze straat voorlopig even te vermijden.

Volgende dag ging ik in plaats van rechtsaf, links af zodat we niet langs het huis hoefden. Connor balen natuurlijk, want die vond al die consternatie waarschijnlijk toch wel leuk. En ik loop en hoor een auto aankomen en ging al iets opzij. Maar de wagen mindert vaart en er gaat een raampje open. "Hiiiiiiiiiii", hoor ik....., en daarna weer het o zo bekende keffen vanuit de auto. Niet te geloven, het was het bazinnetje van Buster Brown. "I saw you walking the other way and thought come on Buster Brown, let's go an see your friends!" Jemig, is dat wat? En als ik dacht dat ik BB gehoord had met blaffen. Nu kwam er pas echt een geluid uit de auto! Dit spande de kroon, want hij ging in die auto echt helemaal uit zijn dakkie. Hij zat bij bazinnetje op schoot en werd nog aangehaald tijdens zijn blafpogingen ook! Echt waar, Cesar Milan of Martin Gaus zouden er op losgelaten moeten worden! Optillen is fout, maar in de auto achter het stuur op schoot en dan hondjes benaderen en voor je angst worden beloond is helemaaaaal fout.

Connor vond dit plaatje super oneerlijk en was net een stuiterbal. Stace werd op zijn beurt weer pissig op Connor, omdat hij nu ook al zo druk liep te doen. Chaos compleet! Yippie, wat een heerlijk relaxed ommetje toch weer! Inmiddels hebben we haar en Buster Brown nu een paar keer per auto zo ontmoet hier en daar in de wijk. Inmiddels gaat het met Connor nu wat beter en weet dat BB niet helemaal 'wijs' is. Maar verdenkt nu wel elke auto die langzaam rijdt op miniature Pinscher inhoud en wil graag even naar binnen kijken in de auto of hij er echt niet in zit ergens verstopt. Ook niet altijd handig. Kortom onze ommetjes zijn er tegenwoordig ommetjes met hindernissen geworden. Het is ook zielig als je miniature Pinscher geboren wordt, terwijl je eigenlijk Doberman zou willen zijn niet?.

Maar, wat zie ik van de week op de plaatselijke tv zender? Een interview met het bazinnetje van BB!! De buuf is een therapeute voor twee beners. Ik moest zo lachen. Die heeft van haar hondje vast een project gemaakt en valt ons daarom steeds zo lastig. BB zit gewoon echt in een te klein lijfje gevangen en is in therapie!

44. Ogentest

Van de week heb ik mijn ogen laten testen. Ik ben altijd erg slordig met mijn zonnebrillen en laat die dan ook altijd overal en nergens slingeren. In de auto of in mijn tas of jaszak en dat alles zonder hoesje er om heen. En dan is het natuurlijk wachten op krassen. Nou heb ik niet hele sterke brillen glazen, maar vooral bij het autorijden vind ik het wel relaxter rijden als ik mijn brilletje op heb. Afijn, een afspraak gemaakt voor een eye-exam.

Dat moet bij een officiele oogarts, die gewoon vaak naast een opticien zit. Doet ook niet veel meer als het vaak gratis oogonderzoek in Nederland gewoon bij de opticien. Maar je mag er hier natuurlijk wel voor betalen. Het bleek dat mijn sterkte wel wat hoger was geworden, maar de cylinder afwijking minder is geworden. Beetje vreemd denk ik maar laten we er van uit gaan dat het klopt. De assistente was erg aardig en zat op haar gemakje mijn laaste ogentest te bekijken. Ze vroeg of die uit het buitenland kwam. Ja zei ik, die komt uit Nederland. "Oh, is dat nou toch toevallig!". Ze was namelijk ook in Nederland geweest. ""Prachtige fjorden hebben ze daar". Nou, dacht ik, die hebben ze dan vast gebouwd na 2005 want voor zover ik weet had Nederland toen wij vertrokken nog geen fjorden! Maar dat zei ik niet hoor, maar glimlachte en zei: "Mooi he die fjorden?".
De oogarts kwam daarna de wachtruimte binnen lopen en nam me mee naar de behandelkamer. Hij deed nauwkeurig zijn werk, maar het was wel duidelijk een routine klus voor hem. Het viel me op dat hij alles heel langzaam vertelde en vooral het laaste woord laaaaaaaaaaangzaam uit sprak tijdens het onderzoek. "Is nr. 2 betterrrrrrrrr, or nr. threeeeeee?", "Look at my right earrrrrrrrrrr", "Which line is sharperrrrrrrrr". Heel irritant op een gegeven moment. Maar hij bleef maar doorgaan. Niet aan denken, dacht ik steeds bij mezelf, maar het viel me steeds meer op en kreeg er een beetje de kriebels van.

Op het vragen formulier, wat ik bij aankomst in moest vullen werd gevraagd of mijn ogen ooit dilated waren? Wist in hemelsnaam niet wat het was, dus had maar nee ingevuld. Na het oogonderzoek vroeg de oogartssssssssss dan ook of mijn ogen wel eens dilated waren. Dus ik vertelde hem waarschijnlijk niet. En dat moest toch echt wel elk anderhalf jaar gebeurennnnnnn volgens hem. Nouja ben hier nu toch, dus kom maar op. En daarop kreeg ik een druppeltje in elk oog en daarmee wordt je pupil heel groottttttt, vertelde hij. Ohhhhh is dat dilated? Dat heb ik dus wel al eens gehad, bedacht ik me toen. Maar dat was wel wat langer geleden dan anderhalf jaar.

Ik moest daarna even in de wachtkamer wachten op de vergroting zeg maar. Toen ik in de wachtruimte zat, wilde ik een boekje gaan lezen, maar dat was echt geen doen zeg. Alles was nu echt wel heel erg blurry geworden door die druppeltjes. Jeetje wat een verschil. Maar goed dat we die oogtest al hadden gehad. Had er nu niet veel meer van gebakken, denk ik. Niet lang er na werd ik weer binnen geroepen en ging de dokter met een een lampje in mijn oog

kijken. Van links, naar rechts en boven naar beneden. "Look to my left earrrrrrrrrrrrrrr" "My right earrrrrr"..... Elke keer moest ik een beetje lachen. Het was alsof hij me aan het hypnotiseren was, want hij zij het ook steeds op zo'n saaie toon. Afijn hij vond mijn ogen er aan de binnen kant ook prachtig uit zien. En dat is altijd fijn niet waar?
Na het betalen van $ 85,- mocht ik weer gaan en had ik een nieuw receptje waarmee je dan bij een opticien een brilletje kunt aanschaffen. Nou is het voor mij vooral voor een zonnebril en dus ben ik gelijk de winkel in gelopen naast de oogarts.

Zag daar een heel vak met zonnebrillen. Maar echt, ik moet zo wennen aan die 'muggenbrillen' van tegenwoordig. Kan er niks aan doen, maar ik vind die grote zonnebrillen dus twee keer niks. Je krijgt er zo'n vliegen gezicht van en het doet me altijd denken aan de film 'The fly' met Jeff Goldblum. Heb het weer geprobeerd, maar het staat me ook voor geen meter, vind ik zelf. En dan ook nog eens met mijn dilated eyes zo'n bril uitzoeken. Duidelijk geen succes.

Ik kon geen eens de prijskaartjes lezen, zo groot waren mijn pupillen vast. Er verschenen alleen maar hoge bedragen op de prijskaartjes die ik trachtte te lezen. Dat is vast niet helemaal juist, dacht ik nog. Komt vast door die gekke pupillen van me. Er kwam een verkoper naar me toe en vroeg of hij me kon helpen. Dus ik vertelde dat ik graag een zonnebril op sterkte wilde. En hij wees me het vak aan waar ik uit kon kiezen. En dat was het vak waar ik al in had staan kijken. Hij bekeek mijn ogentest en vertelde dat de glazen op zo'n $225,00 uitkwamen en dan nog het montuur naar keuze, die zo rond de $125,00 beginnen. Oei, ik had het dus toch goed gezien. Niks blurry vision, er stonden gewoon echt drie cijfers voor de komma van de prijskaartjes. En ter plekke verlangde in terug naar Hans Anders, waar ik mijn laatste zonnebrilletje, met glazen op sterkte voor 35,00 Euro had gekocht. Wist het precies, want dat briefje had ik gisteren opgezocht, want daar was mijn laatste ogentest geweest. Allemachies wat een geld voor een zonnebril. Zei dan ook tegen hem dat ik nog wel een keertje terug kwam. "Is goed hoor mevrouw", zei hij, "U heeft nu inderdaad wel erg grote pupillen op het moment". Wist hij veel dat dat niet alleen van die ogentest kwam, maar ook van het prijskaartje. Misschien moet ik dat geld maar bij een ticket naar Nederland leggen en dan bij Hans een brilletje uit gaan kiezen. Heb ik er tenminste nog dubbel plezier van ook!

45. **Korting**

Van de week had ik een mazzeltje. Bij onze voordeur hebben we twee bolboompjes staan. Twee nepperdjes. Maar die stonden er inmiddels drie jaar en één was wat bladeren verloren door de vele harde wind in de winter. En daarvoor had ik vorige week een nieuwe gekocht bij Michaels. Ze waren met 30 % korting en dat scheelde mooi natuurlijk. Maar ja, toen ik die nieuwe bij die andere neer zette zag je wel een heleboel kleur verschil. Die oude leek wel blauw geworden van de vele zon.

De voorkant van ons huis is op de zuid kant en daar is het in de zomer echt bloedje heet. En bedacht me om er dan nog maar één bij te gaan halen. Dan waren ze allebei weer mooi.

Nou heeft Michaels altijd reclame blaadjes waar kortingbonnetjes in staan, met 40% korting. Maar zul je net zien dat we die mooi niet in de bus kregen van de week. En ze zaten ook al niet in de zondagskrant. Toch was ik er maar weer heen geweest en hoopte dat ze nog steeds in de aanbieding waren met 30% korting.

En ik keek in de winkel en zag inderdaad bij sommige nepplanten nog 30% korting kaartjes hangen. Wat een mazzel, dacht ik. Maar eenmaal bij de kassa kwam het volledige bedrag zonder korting naar boven, nadat de kassamevrouw het kaartje gebliept had. En ik vroeg daarop, "Zijn ze niet meer in de aanbieding?". En zij zei dus van niet. "Maar,......",zei ze, "Wilt u 40% korting?". Ik was even verbaasd van deze vraag en twijfelde of ik het wel goed verstaan had. Maarja op zo'n vraag altijd volmondig ja antwoorden natuurlijk. Het is een soort vraag in de categorie als "Is de paus gelovig?".

En zonder verder na te denken, antwoordde ik dat dat wel heel erg fijn zou zijn natuurlijk. En huppatee, 40 % eraf! Ik stond er bij en keek er naar..... En echt, het ging niet om een korting van $ 1,- of $2,-. Nee, zomaar $ 20,- gekregen! Echt soms ben ik zo verbaasd van al die vriendelijke mensen hier. Zonder enig vragen, klagen of zeuren, maar gewoon spontaan 40% korting. Wat is shoppen hier toch leuk! Dat maakt heel mijn dag goed, wat zeg ik heel mijn week!

46. Even bezig...

De oplettende lezer heeft het vast gemerkt...., de berichtjes komen wat minder vaak van mijn kant. Ben namelijk 'even bezig'. Het begon in september met de aanvraag voor een work permit, die in december afgekeurd terug kwam. We hadden namelijk niet gezien dat de tarieven voor zo'n aanvraag verhoogd waren. Dus met de juiste check er bij weer terug gestuurd. Het lijkt me namelijk wel leuk om zo'n 15 uur per week ergens te werken. Leuk voor het sociale contact en ook nog wat te verdienen. En in februari kreeg ik dan heus mijn workpermit binnen. Wat wil zeggen dat ik hier legaal mag werken (en belasting betalen). Bij zo'n workpermit moet je dan ook een Social Security nummer aanvragen, wat een beetje te vergelijken is met een sofinummer in NL.
Afijn dat aanvragen is nog een speciale ervaring, want de wachttijden op het social security kantoor kunnen aanzienlijk langdurig zijn. Wat ik nu uit ervaring kan bevestigen. Heb er 1 uur en 3 kwartier gewacht tot ik aan de beurt was. Eenmaal binnen was ik met 3 minuten klaar. Tegen verwachting in had ik binnen 4 dagen wel al mijn nummer thuis. En daarmee kon het solliciteren beginnen.

Eerst maar een CV maken. Dat is hier wel een verhaal apart want ik had een paar voorbeelden gevonden en die zagen me er toch een partij 'gelikt' uit.... Wat moet ik daar nou weer mee? Afijn veel knip/plak en denk werk verder vond ik zo'n resume maken allang niet meer leuk. Maar nou zag ik in Staples een software programma genaamd 'resume-maker' en die heb ik dus gekocht. En waarschijnlijk gebruikt iedere Amerikaan dit programma, want in 1 avond had ik me daar toch een prachtig resume inclusief de coverletter. Even een voorbeeld van één van de schitterende zinnen die de resumemaker voor mij heeft gemaakt voor een simpele taak als telefoon beantwoorden. "Promptly answered telephone calls to reflect professional corporate image". Mooi 'opgepimpt' he? Het schijnt zo te horen, dus we passen ons maar aan. Zelf moet ik zeggen dat ik meer van het directe type ben, maar zonder zo'n fancy letter schijnt het niet echt te werken. Afijn toen ik eenmaal die resume had, ben ik vorige week voor het eerst wezen solliciteren.

Ik dacht begin bij een leuke, maar eenvoudige part-time baan. Nou werd er hier in een winkelcentrum in de buurt een nieuwe Bath & Bodyworks winkel geopend en waren er vacatures voor verkoopster. Zelf vind ik de producten van die winkel heerlijk, dus leek me hartstikke leuk om daar te werken. Vorige week vrijdag was er een open interviewdag en daar ben ik naar toe geweest. Eenmaal daar zag ik dat ik niet geheel in stijl was gekleed. Ik was netjes, maar wel vlot gekleed. En mijn mede sollicitanten waren collectief in het zwart. Zelfs de interviewers waren in het zwart. En allemaal on 'high heels'. Ik dus duidelijk niet. Sterker nog ik heb helemaal geen high heels, want dan breek ik echt mijn nek en ben van mezelf eigenlijk al erg 'high' in lengte. Afijn ik viel duidelijk op en waarschijnlijk niet in positieve zin. Door het zwarte geheel had ik echt het gevoel op een begrafenis terecht gekomen te zijn. De stemming die er heerste was ook allerminst vrolijk te noemen. Het interview werd met 2 andere mede sollicitanten afgenomen en met een beetje rare vragen. Meer interessante vragen dan nuttige vragen. Maarja, aan het eind van het interview werd gezegd dat als je na maandag niks gehoord had, je niet geselecteerd was. Het leek Idols wel.... En nee, ik heb dan ook niks gehoord. Helaas, want ik zag die personeelskorting eigenlijk wel zitten!

Diezelfde dag ook nog naar een tuincentrum geweest waar ze mensen vroegen en daar mijn resume achter gelaten, maar ook daar niks meer van gehoord. Maar...., toen stond er vorig weekend een advertentie op de website van de AKC (=American Kennel Club). De AKC regelt en organiseerd in Amerika alles wat met honden te maken heeft. Van stambomen tot aan shows, zeg maar. Ze hebben een vestiging in New York en .... ook in Raleigh. En heel leuk bijkomend feit is, dat je als werknemer bij die AKC, je je honden mee naar het werk mag nemen. Hartstikke leuk en ideaal voor Petra! Er werd iemand gevraagd die verstand had van shows, gehoorzaamheid en snel kon typen. Nou weet ik van alledrie wat, dus huppatee resume er naar toe gestuurd.

En zowaar woensdag werd ik gebeld door iemand van personeelszaken van de AKC. Hartstikke leuk gesprek en we waren het al eens over een (heel leuk) salaris en dito voorwaarden en ik zou een typvaardigheid test moeten komen doen en dat zou het een beetje zijn. Totdat ze vroeg of ik nog vragen had. En die had ik namelijk wel, want in de advertentie stond niet voor hoeveel uur deze functie was. En wat bleek hij was full-time. Iets wat ik niet wilde. Waardoor het hele verhaal niet door is gegaan. De mevrouw vertelde wel dat ze graag mijn resume in haar bestand wilde houden, want ik natuurlijk goed vond. Maar vond het ook wel heel erg jammer, dat het nu niet ging lukken. Het was zo in mijn straatje. Wie weet wat de toekomst zal brengen, maar voor nu even geen AKC voor mij.

Maar..., maandag had ik via email nog een resume opgestuurd naar een bedrijf dat mensen zocht om Nederlandse en Duitse teksten naar het Nederlands te analiseren. Het was een functie voor zo'n 15 uur per week en je kon het thuis allemaal gaan doen. Klonk goed!
En zowaar maandagmiddag al een uitnodiging in mijn mailbox. Echt die resume maker is zijn geld dubbel en dwars waard ! Er werd me gevraagd of ik dinsdag wilde deelnemen aan een introductie vergadering en zelfs daarvoor werd ik al betaald. Nou prima, kom maar op zou ik zeggen.

En zo zat ik dinsdag achter mijn computertje 'te vergaderen' in het landelijke North Carolina met mensen uit Minnesota, Massachusetts, Noorwegen en China. Wie had dat gedacht? Het is een heel interessant bedrijf en na die vergadering is me gevraagd om vandaag te beginnen aan een cursus 'content analyse'. En daarvan heb ik nu de eerste vanmiddag gehad. Het lijkt me echt hartstikke leuk. Echt een uitdaging en zeker heel wat anders dan verkoopster bij de Bath & Bodyworks. Het is alleen wat minder voor de sociale contacten, want met iemand uit Noorwegen of China, ga je ook niet even tussen de middag lunchen natuurlijk. Daarentegen ben ik wel heerlijk bij onze hondjes thuis en kan ik zo goed als mijn eigen tijden indelen. En dat zijn eigenlijk wel heel belangrijke voordelen. Nu maar hopen dat ik die cursus aankomende week goed doorloop, want dan kan ik per 1 april aan het werk.

47. **Getoggeld**

Gisteren ben ik bezig geweest om ons tripje naar Washington/Oregon uit te stippelen. En heb een aantal leuke hotels kunnen boeken via Priceline. Op die website kun je bieden op bepaalde hotels en kun je daarmee hele leuke prijzen voor hotelkamers krijgen. Enigste is dat je al vooraf moet betalen en je niet weet welke kamer je krijgt. Dus of king size bed of double bed. Verder is de reservering gegarandeerd. En zo is het nu dus gelukt om een vier sterren hotel in Seattle te boeken voor een zeer aangename prijs.
Afijn, ik was daar dus gisteravond mee bezig geweest en alles was geregeld en wilde net de computer af gaan sluiten. Nam nog een slok van mijn glas cola en terwijl ik die neer zet op de landkaart die naast mijn computer lag, valt het glas om. Er lag nog een pen onder die landkaart. Had zo zitten puzzelen op de route die we gaan rijden en had er een landkaart bij gepakt. Maar.... dat glas valt op het toetsenbord van de laptop. Oh nee.....Stom, stom, stom......

Al was ie niet helemaal meer vol, er zat nog wel een klein laagje in. Ik snel een doek gepakt om het boeltje weer te drogen en schoon te maken. En terwijl ik het toetsenbord aan het schoonmaken ben hoor ik een hele harde piep en mijn beeld gaat weg..... helemaal zwart.... @$%#^#^##, grrrrrrrrr, zal je net zien! Heb ik weer hoor, een laptop die geen cola lust!
Maar het beeld kwam na mijn stevige tot duidelijke woordenwisseling met de computer, toch ook weer terug. Gelukkig, het valt nog mee, dacht ik. Voor de zekerheid toch nog even kijken of alles werkt. En het ging goed, internet deed het en alle programmaatjes. Totdat ik wat probeerde te typen. Helemaal van slag was ie. Want er kwamen de meest vreemde lettercombinaties naar voren. En het hele toetsenbord was van slag. De backspace deed niks meer en als ik de g aan sloeg, kwamen er 5 verschillende letters. Drama dus!!! Wat een gedoe zeg! Dacht ik even de computer uit te zetten en naar bed te gaan, krijg ik dit! Pfffffffff, dat stomme glas cola ook en stomme ik, om niet beter te kijken waar ik dat glas neer zet! Maarja nu naar bed gaan, ging ook niet natuurlijk want dat blijft natuurlijk knagen en dan zit ik er morgen ochtend weer mee. Ron was al eerder op de avond naar bed gegaan en om hem dan nu ook weer wakker te maken....

Dus zelf proberen op te lossen Petra. Maarja, zou het nou door de cola komen of had ik met mijn schoonmaak perikelen te veel toetsen ingedrukt? Waarschijnlijk het laatste, maar hoe in hemelsnaam, brei ik dat dan weer recht. Mijn laatste troef is altijd 'System restore', waarmee je de computer op een instelling kan zetten van een eerder tijdstip. Als ik het niet meer weet en er is iets mis met de computer is dat mijn laatste optie. En had nu dan ook goede hoop dat het daarmee opgelost zou zijn. Maar nee, vandaag nu net eventjes niet. Alle letters klopte nog van geen kant, na de system restore. Balen! Nou daarna nog van alles geprobeerd, maar het ging Petra niet lukken..... Ik snapte er de ballen niet van en werd hoe langer hoe bozer. Dus toch Ron maar wakker gemaakt. Je begrijpt die was natuurlijk ook zo ontzettend blij met mij (ahum) en sprong juichend zijn bed uit (NOT).

Maar het was duidelijk dat hij wel al wat meer slaap had gehad dan ik, want hij kwam op het bijzondere heldere idee om op de andere laptop op Google te kijken wat het zou kunnen wezen. En al snel vond hij het. Het heette "toggle keys" en als dat aan staat krijgt je toetsenbord een andere functie of zoiets. Nou moet ik je zeggen dat ik tegen die tijd al behoorlijk in een staat was, dat ik de laptop, al bijna het raam uit 'getoggled' had. Wat is dat nou weer voor onzin? Toggle keys, daar had ik toch helemaal niet om gevraagd of wel? Het blijkt dus dat ik de controltoets en nog wat andere toetsen tegelijk heb ingedruk met mijn schoonmaak pogingen en dat je daarmee een of ander iets activeerd.

De oplossing was 'Vier keer op de shift toets drukken'! Wie verzint zoiets? Vier keer shift in drukken en je toetsen bord is weer normaal? Je moet het allemaal maar net weten. Ik was al bang dat ik de laptop vergiftigd had met mijn cola. Maar nee, vier keer shift maakt alles weer goed. Zoiets simpels had ik dus nou nooit kunnen verzinnen. Waarom niet gewoon een tabblaadje met een knopje aan/ uit toggle keys. Nee, laten we het spannend en een beetje moeilijk houden en doen we vier keer shift? Anders is het zo makkelijk? Kortom ik was er helemaal klaar mee, of beter gezegd, ik was compleet uitgetoggeld! Wat een een gedoe zeg. Ben er bijna twee uur mee bezig geweest!

48. **Nog een nieuwtje....**

Heb een nieuwtje te melden. Ron is weer een trotse bezitter van een motor. Het bezitter worden van dit exemplaar was nog een hele toer, maar na vier weken wachten, is het dan toch nog gelukt. De motor is van 2001 en heeft nog maar 2976 miles op de teller. Ongelooflijk he?

Nou ben ik nooit weg van het idee van Ron op een motor. Ik weet dat hij veilig rijdt, maar doen zijn mede weggebruikers dat ook? Maar dit is in ieder geval een flitsend opvallend geel kleurtje en zelfs ik vind het model erg leuk!

Ron had de motor te koop zien staan op Craigslist (soort van Amerikaans Marktplaats) en we zijn saampjes diezelfde avond nog wezen kijken in Apex waar de motor bij iemand thuis te koop aangeboden werd. En echt de motor zag er prachtig uit. Hij was van 2001, maar zag er uit als nieuw. En had ook nog maar heel weinig miles op de teller. Ron had er nog een stukje op gereden en daarna zijn we naar huis gegaan. En hebben via carfax de miles gecontroleerd (soort van kilometerpas zoals in Nederland) en daarna met de verkoper gebeld en gezegd dat we hem wel wilden kopen. De volgende dag is Ron weer bij hem langs gegaan om het koopcontract te tekenen. Dan zou je denken dat het bijna rond is op het geld en de papieren na dan. Nou dat laatste was het probleem bleek later. (Hou je vast want het wordt een zeer lang verhaal)

De verkoper zou de papieren zoals de title (soort van deel 3 als in Nederland) gaan halen bij de bank. De man was brandweerman en heeft al zijn belangrijke papieren in een kluis. Wel te begrijpen niet waar? Als brandweerman zul je vast dingen zien waarbij je wat meer nadenkt over dit soort zaken. Maar het wordt ingewikkelder. Hij heeft al zijn papieren in de kluis van zijn ouders. Ook nog niet zo heel raar, want dat scheelt waarschijnlijk in de kosten voor de huur van een bankkluis. Ware het niet dat zijn ouders in Virigina wonen en wij in North Carolina en daar zitten heel wat miles tussen. Maar....., hij zou dat weekend dat gaan regelen.
Echter.... het werd nog ingewikkelder, want wat blijkt zijn moeder is dit weekend plotseling opgenomen in het ziekenhuis en zijn vader had dus geen tijd gehad om naar de bank te gaan. Moesten dus wachten. Nou zou hij zelf die woensdag erna naar Virginia gaan voor de papieren en om naar zijn moeder in het ziekenhuis te gaan. En zowaar woensdag avond belde hij weer. Hij had nu echt de title uit de kluis, maar..... het werd alweer ingewikkelder. Hijzelf had de motor nog niet op zijn naam gezet, dus stond nog op naam van de vorige eigenaar. Wij denken zelf dat deze man geld nodig had voor een verbouwing die gaande was aan zijn huis en hij net er voor die motor gekocht. Hij vertelde mij ook dat de verbouwing veel meer geld kostte dan verwacht, toen Ron met de motor aan het rijden was en ik vroeg hoe het met de verbouwing ging, want het dak was nog half open. Denk dat daarom, de motor werd verkocht.

Afijn, in dat zelfde telefoon gesprek vertelde hij dat hij wel de title had, maar zag nu pas dat de vorige eigenaar die title niet getekend heeft en zonder handtekening is de koop niet geldig. Hebben wij weer hoor, wat een ingewikkeld verhaal.... Snap niet dat je dat als koper niet controleerd? Maarja, dat zal wel aan mij als wantrouwende Nederlander liggen?

Maar het wordt allemaal nog veel leuker dat telefoon gesprek. Maar, zegt hij, hij heeft al naar die mensen gebeld waar hij hem van gekocht heeft en kreeg de vrouw des huizes aan de telefoon. En je wilt het niet geloven, maar die man en vrouw, destijds nog getrouwd, maar waren inmiddels gescheiden..... Hoe krijgen we het voorelkaar om hierin terecht te komen? Maar het gaat nog verder. Vrouw wil niks meer met man te maken hebben en de man zelf is opgenomen in een psychiatrische inrichting. Echt, ik verzin het niet! Wat een verhaal .... Man is daarmee niet voor rekening vatbaar en moet er nu familie van hem gevonden worden die die papieren willen tekenen. Dat gaat dus nog even duren allemaal!!!

Voor ons was het nog niet zo heel erg allemaal, want we hadden nog helemaal niks betaald. Maar die man waarvan wij hem willen kopen dus wel en die moet nu die papieren in orde zien te krijgen voor hij geld gaat zien voor zijn verbouwing.
Afijn hij heeft al die papieren naar die mensen in Wilmington gestuurd. Het schijnt dat de eerste eigenaar een professor was van de universiteit daar. Een ietwat verstoorde professor naar wat nu blijkt. En zijn advocaat er op gezet. Inmiddels kregen wij het gevoel dat de verkoper eigenlijk het liefste de motor aan die mensen had terug gegeven, want hij had er meer geld voor betaald, dan wat wij hem gingen geven. Plus dat hij ook nog de motor op zijn naam moest gaan zetten, wat ook nog geld ging kosten. Kortom het duurde voort. Inmiddels twee weken verder schijnt er getekend te zijn door de zus van de professor, die de gevolmachtigd was voor de nutty professor. En we konden zaken doen. Wij de verzekering geregeld. Naar de bank voor een cheque en om 1 uur een afspraak om de motor op te halen. Maar.... om half 1 die dag belde onze brandweerman dat het hele verhaal niet door kon gaan. Want het bleek dat de namen van de professor verkeerd om waren geschreven en daarmee keurde de DMV (de Amerikaanse RDW) het hele spul weer af. Zal je net zien. Weer wachten dus.

Inmiddels wilde de verkoper het zo regelen dat wij de motor van die verstoorde professor gingen kopen, zodat hij het geld van die mensen terug zou krijgen. En hij ons dan in contact bracht met de familie van die verstoorde professor. Maar natuurlijk zagen wij dat zelf niet zo zitten. Punt 1 omdat zij waarschijnlijk een hoger koopbedrag zouden gaan vragen en punt 2 wij eigenlijk helemaal niks met die verstoorde professor te maken wilde hebben. Maar hoe vertel je dat luid en duidelijk? Nou blijkt dat van een collega van Ron de vrouw bij een advocaten kantoor gewerkt heeft en die heeft de mooiste brief ooit voor ons in elkaar gezet! En jawel de boodschap kwam nu over, wij waren dat gedoe met titles en inrichtingen helemaal zat en hij moest gewoon gaan leveren wat in het getekende koopcontract was overeen gekomen. Anders gingen wij er werk van maken. Die boodschap was misschien net op tijd, want we praten misschien wel wat langzamer Engels, maar dom zijn we ook nou niet echt.... En de brandweerman is met de juiste papieren naar de DMV geweest, heeft de taxes betaald en kreeg daarmee de title op zijn naam.

En zowaar... afgelopen woensdag was het dan zover. Ron kon hem ophalen..... Donderdag morgen gelijk snel verzekering en de papieren in orde gemaakt. En normaliter staan ze hier buiten bij de DMV, maar nu konden we zo doorlopen en alle papieren waren in orde bevonden. Alsof ze bij de DMV wisten dat we er al vier weken mee bezig waren geweest.
Wat een opluchting... Ron kan eindelijk weer aan het motorrijden!

49. **Nieuw record**

Van de week had ik nog een minder leuk klusje wat nu ik nu toch een keertje moest gaan regelen. Op mijn rijbewijs was namelijk mijn pasfoto aan het verdwijnen. Nou worden de pasfoto's door de DMV (Amerikaanse RDW) zelf gemaakt als je je rijbewijs aanvraagt. Ze worden ter plaatse gemaakt en dan op je rijbewijs afgedrukt. Maar bij mij liet de inkt, of zoiets los. HET bewijs dat ik het echt niet goed doe op foto's!

Maar aangezien je rijbewijs wel voorzien moet zijn van een pasfoto, moest ik een nieuwe aanvragen. De keer dat ik voor mijn rijbewijs opging, was het in het DMV kantoor behoorlijk druk, wat ik me kon herinneren en ook Ron moest destijds lang wachten. En dat was nou net de reden dat ik het almaar uitgesteld had, maar hoe langer ik wachtte, des te meer mijn foto aan het verdwijnen was.

Nu is er een DMV kantoortje in Cary waar ik die eerste keer geweest was, maar er is er ook 1 bij ons in het dorp en dacht laat ik het daar eens gaan proberen. Misschien valt de drukte daar wat mee. Ik was er rond half twaalf en terwijl ik de auto parkeerde dacht ik nog dat het misschien wel lunch pauze was voor de DMV medewerkers en dat daar door de wachttijd nog langer zou zijn? Keek nog even snel op mijn horloge en het was 12.34ur, toen ik naar binnen ging. Net voor me schoot er nog een man en vrouw naar binnen en eenmaal achter de zware eiken deur bleek dat er gewoon bijna niemand anders te zijn, behalve ik en mijn moeder, die twee mensen die net voorschoten en twee andere mensen met een koptelefoon op die een theorie test aan het doen waren. En verder 1 mevrouw van de DMV achter haar buro.

Al snel bleek dat die andere mensen verkeerd zaten, want dit was geen DMV kantoor die kentekenplaten uitgaf, maar alleen rijbewijzen. En zij vertrokken dan ook weer snel. Mijn moeder ging in de wachtruimte zitten en ik deed aanstalten om te achterhalen of ik ergens een nummer automaat of iets in die richting zag. Maar al snel hoorde ik een "sit down" door de zaal heen galmen en keek om en begreep dat dat voor mij bedoeld was. Goh, wat een gezelligerd zeg! Ze keek me uitermate ongeinteresseerd aan en haar gezicht vertoonde geen enkele emotie. Had al snel door dat ik maar rap moest doen wat ze me toe riep. En nam plaats aan de andere kant van het buro. Daarna zei ze, "Why are you here?" op dezelfde uitermate doordringende toon en ik had geen idee wat ik er nou van moest denken en besloot ter plekke, om vooral zo lief mogelijk tegen deze mevrouw te zijn. Je weet maar nooit met zo'n vriendelijkerd. Strakkies wordt mijn rijbewijs nog ingenomen door haar, voor het niet op tijd luisteren.
En ik vertelde voorzichtig mijn verdwijnende foto verhaal. "Let me see" en daarop gaf ik mijn rijbewijs en er volgde geen enkele reactie alleen dat ze ging tikken op haar toetsen bord. Geen zuchtje van daar heb je weer zo zeikerd, of

wat goed dat deze mevrouw uit eigen beweging daar aan gedacht heeft. Nee, helemaal niks en even hoorde ik dan ook niks anders dan het geluid van het toetsen bord. Ik staarde wat voor me uit, om vooral zo onopvallend te zijn. Maar werd wakker geschud door een "Ten dollars!" die mijn richting uit werd geroepen. Oh, het kostte waarschijnlijk geld? Ik pakte vlug mijn portemonnee en net toen ik mijn briefje van 10 uit mijn portemonnee haalde, kwam er al weer geluid uit. "No, it's free", kwam er bijna stotterend en ineens een stuk zachter uit haar mond. Dus ik nog maar voor de zekerheid vragen, "There are no charges for a new one?". Het was duidelijk dat deze laatse zin al te veel was geweest, want nu schudde ze alleen haar hoofd in een 'nee' beweging. En voorzichtig stopte ik het geld weer terug, in de hoop dat ze zich niet meer bedacht. Ineens stond ze kordaat op en liep naar het fototoestel, welke zo 20 meter naar rechts stond. "Come here", bries ze vanaf die plek en gebaarde me naar de stoel voor de camera. Mijn hemel, langzaam aan begreep ik waarom het hier zo stil was. Hier ga je echt niet voor je plezier naar toe zeg. Wat een vreselijk mens.

Afijn ze deed pogingen om de camera aan te zetten. Tenminste dat dacht ik, want verder werd er weer niks gezegd. Toen ik de lamp aan zag gaan van de camera zei ze weer net zo luid als ervoor "On the count of three. One, two, three...." En flits!!!! Recht in mijn gezicht. Voordat ik het door had was het al gebeurd. Fraai!!! Dit zal echt een topfoto worden!
Ik was er zo van verbaasd en was eigenlijk helemaal onder de indruk van haar houding. Alsof ik haar het "ik-weet-niet-wat" had aangedaan. Terwijl ik nog bij zat te komen van de flits, riep ze me weer wat toe. "Take a seat" en wees me naar een rij stoelen tegenover de bureautjes. Wat ik natuurlijk maar braaf deed. Want alles om zo snel mogelijk weg te zijn hier zeg! Denk een minuut later kwam ze op me af gelopen, met het kaartje wat vast mijn nieuwe rijbewijs moest zijn..... Ik kreeg er nog net een "thanks" haar richting uitgeperst, maar bij haar waren de woorden al weer op en tijdens mijn thanks had ze ze zich al weer omgedraaid en liep al weg. Ik zat daar en bekeek, mijn nieuwe rijbewijs..... Och hemel die foto!!! Afschuwelijk!!! De vraagtekens, die zweven gewoon boven mijn hoofd. Je ziet gewoon aan mijn gezicht dat ik zit te denken "wat moet ik met dat mens". Moest ineens denken aan die leeuw van de ster reclames Loekie de leeuw, 'Alsjemenou!!!'

Er zit gewoon niks anders op dan te hopen dat van dit rijbewijs de inkt ook weer heel snel los gaat. Ga ik mooi weer een nieuwe halen! In Cary hoor, dan maar in de rij staan. Nog wat versuft en verbaasd van wat er allemaal gepasseerd was, liep ik met mijn moeder het kantoor uit en keek op mijn klokje 12.43. Echt niet te geloven, in 9 minuten was alles gedaan. Waarom had ik het gevoel dat ik er toch een eeuwigheid gezeten had aan haar buro, op de pasfoto stoel en in het rijtje stoelen? Maakt verder ook niet uit, ik heb in een recordtijd een rijbewijs met een (alsjemenou) pasfoto!! Maar durf niet te beloven dat die vrolijkerd niet nog een keer in één van mijn dromen 's nachts gaat verschijnen........

102

50. ATV-verhaal

We zijn op vakantie in Oregon. Winchester Bay. Winchester Bay, is een klein idylisch dorpje. Oude bootjes en dito schippers.... Ook was er een Oester restaurant met een heuse oester berg ernaast. Grappig om te zien. En in Winchester Bay zijn we een ijsje gaan eten bij de Dairy Queen. En daar, daar ontstond het idee om met een ATV door de bekende Sanddunes daar vlak bij te gaan crossen. Bij die Dairy Queen stonden allerlei foldertjes en ook een foldertje hiervan. Moet zeggen dat ik het wel heel superspannend vond en het leek me wel een stabiel apparaat en dacht dat dat wel te doen moest zijn.

Eenmaal op de plaats des onheils, kreeg ik het toch wel erg benauwd...... Net naast de parkeerplaats bij de verhuur ging een auto een bergpaadje op en die kwam vast te zitten en zag me daar al midden op zo'n duin vast zitten.... Oh, moest ik dit nou wel gaan doen???? Eenmaal in het kantoortje, zo'n raar verhaal. Er was verder helemaal niemand anders dan wij te bekennen. Maar daar binnen in het kantoortje staan twee mannen. En Ron en ik kijken elkaar aan en zien het meteen. Deze twee heren zaten voor ons in de Duck tours in Seattle. Wat een toeval zeg. Dat zij nou op precies dezelfde tijd en dag, zo'n tig mijl verderop ook besluiten om een ATV op die dag op dezelfde tijd te gaan huren. Wat een toeval.... Afijn door dit alles was ik even afgeleid denk ik en voor ik het wist had Ron al een mooie helm voor me uitgekozen. En toen ging alles in een stroom versnelling en voor ik het wist reed ik op dat ding.

En oh deze ging veel harder dan mijn grasmaaiertje!!!! Jakkieeeeeeeeeee! En hup het parkeer terrein af en toen één of ander zandpad op, met 1001 kuilen er in. Had je het nog niet aan je nieren, dan had je het nu. Mijn hemel waar was ik aan begonnen? Ron en die twee mannen en de instructeur werden in mijn gezichtsveld steeds een beetje kleiner en ik durfde echt niet harder. Dalijk valt dat ding om, of zit ik vast in zo'n kuil. Ohhhhhh, wat een drama. Sturen ging ook nog eens voor geen meter met dat ding. Duidelijk geen stuurbekrachtiging erop......

Na veel zweetdruppels leek er op eens een eind gekomen te zijn aan dat zandpad en ik durfde op te kijken en voor me zag ik 1 mega grote zandbak. Echt niet normaal zo groot. Met enorme heuvels en tal van mogelijkheden om vast te komen zitten. En ik besloot ter plekke dit ga ik echt niet doen! Ron en die andere mannen reden voor me en ik zag nog net hoe 1 van die mannen vast kwam te zitten. Dat beeld deed me al helemaal geen goed en ik kneep hem echt. Ron stond inmiddels al midden in die zandbak en keek achterom waar ik ergens gebleven was. Drama!!! Is dit leuk dan? Echt ik vond het mega eng! De instructeur zag me en kwam daarop met een noodgang terug gescheurd. Zoals hij het deed leek het wel heel erg makkelijk zeg! Hij stopte naast me en ik vertelde hem dat ik daar wel bleef staan en wachtte wel op Ron. "Wel neeeeeee", zei hij, "waar ben je bang van dan?", vroeg hij me. "Nouwwwwwww, "heb" u even?", zei ik. Het ergste vond ik wel het sturen en de angst voor vast te komen zitten. Dus hij vertelde dat ik dan meer gas moest geven, zo ging het sturen beter en kwam ik ook niet vast te zitten. Ja, zei ik, maar dan gaat dat ding natuurlijk ook sneller? En dat vond ik geen goed plan natuurlijk. Hij moest me daar in gelijk geven, maar het ging allemaal net iets beter als je er wat gang in zou zetten, aldus racemonster de instructeur. Maar, zei hij, probeer naar het uitkijkpunt te komen en dan kijken we verder. Rijdt maar achter me aan en ik geef wel aan wanneer je meer gas moet geven.

En eigenlijk vond ik ook wel dat ik het moest proberen, al had ik eerlijk gezegd het liefst van dat ding afgestapt en terug gelopen. Maar mijn doorzettingsgevoel won en ik gaf gas....., hard gas..... Ieeeeeeeekkkkssss enggggggggg. Maar zowaar het werkte! Het sturen ging iets beter, maar die heuvels vond ik nog steeds twee keer niks. Afijn, daar stond ik dan op het uitkijkpunt en wat nu? Gelukkig was ik nu bij Ron en die gaf me ook nog wat tips en ik besloot daar in het midden van die zandbak wat rondjes te rijden. Soort van kinderattractie op de kermis. Rondjes rijden op je atv-tje. En het ging na rondje nummer acht, negen, of tien een stukje beter gelukkig. Durfde zelfs al een heuveltje in mijn eentje te nemen en .... ik leek het leuk te gaan vinden. Wat stoer he? Ik ging al wat harder en mijn verkrampte vingers en samen geknepen billen kon ik weer wat ontspannen! Maar wat een belevenis. Het gebied was ook enorm inmens groot zeg! Ron leek op zo'n zandheuvel maar zo'n centimeter groot. Hij was helemaal in zijn nopjes en vond het zo leuk. We hadden ze voor een uur gehuurd en na een half uur had ik toch ook wel de smaak te pakken en croste aardig in de rondte! Wie had dat gedacht? Ikke zeker niet en denk die instructeur ook echt niet. Inmiddels zagen we wat donkere wolken aankomen en gelukkig bleven die een eind weg. Na 55 minuten zijn we weer via die hobbel weg terug gereden en het leek allang zo eng niet meer, eigenlijk best leuk. Wat een verschil een beetje oefenen kan doen! Echt ik had als ik had durven keren, zo terug gegaan in het begin en nu vond ik het best leuk om te doen. Niks zo veranderelijk als een mens niet waar? Die Petra, zomaar gaan crossen op een ATV in de Sand dunes!!!

51. **Shoppen**

Vrijdag zijn mijn moeder en ik nog even naar de Cracker Barrel geweest. Het was wel grappig, want toen we in de winkel waren zagen we een vogelhuisje in de vorm van een hart en met de Amerikaanse vlag er op. Ik vond hem gelijk leuk en keek naar het prijskaartje. Tot mijn verbazing zag ik dat hij maar $ 9,95 kostte. Ik had hem eigenlijk duurder verwacht en terwijl ik dat tegen mijn moeder vertel komt er in opgewonden toestand een verkoopster naar ons toe gesprongen. "Het is de laatste hoor, het is de laatste", weet ze ons te vertellen. Alsof ik HET koopje van de week in haar winkel ontdekt had. Mijn moeder en ik moesten er allebei om lachen. En mijn moeder wilde hem graag voor mijn verjaardag geven. Dus liep er daarna nog met het vogelhuis in de winkel mee rond. Onderwijl wel gevolgd onder het wakend oog van de twee verkoopsters. Alsof we zojuist DE buit hadden gevonden en daarmee aan de wandel gingen. De Cracker Barrel heeft altijd van die leuke aparte dingetjes. Echt Amerikaanse dingen. En in elk seizoen weer wat anders. Nadat we uitgesnuffeld waren en we uiteindelijk naar de kassa liepen zei ook de kassajuffrouw, "Het is de laatste hoor, die u daar hebt. Zijn ze niet 'adorable'"? Ja we vonden hem erg leuk inderdaad. En nadat we betaald hadden kwam de eerste verkoopster ons nog even heel veel plezier er mee wensen en dat ze het zeer op prijs stelden dat wij bij hun waren wezen winkelen. Echt, ik sta soms zo versteld van zoveel aardigheid, dat ik me zelfs soms betrap dat ik het gevoel krijg in de maling genomen te worden, maar ze meende het volgens mij oprecht.

Zaterdag zijn we ook nog even naar de Walmart geweest. In Cary dit keer. Bij binnenkomst stond een groot rek met kleding en daarboven hing een bord $ 1,- Hmm dat is wel erg goedkoop?? Mijn moeder zag een leuke trui, maar wilde hem toch nog even passen. Ik weet het, maar wat moet je met een trui van $ 1,- als je hem niet past. Nou waren de pashokjes dichtbij, maar wat een chaos in die Walmart. Alsof alles $ 1,- was. Eenmaal bij de pashokjes bleken ze allemaal op slot te zijn en geen verkoopster te bekennen. Maar echt overal bergen met kleren. Op de balie, in karretjes, op stoeltjes. Stapelsssssss met kleren op 1 grote hoop gestort. Volgens mij was er al in geen weken naar gekeken. Wat een enorme bende! Vreselijk. Afijn mijn moeder paste dus de trui over haar t-shirt en hij bleek goed te zitten. Maar op het kaartje stond $7,-. Dus we wilden nog wel even de prijs checken. Dus naar zo'n price check apparaat. Maar...., die werkte niet.... Archhhh... Hier kan ik dus niet goed tegen. En zeker niet als ik me zoals vandaag nog een beetje grieperig voel. Mijn stem klonk nog alsof ik vier dagen aan het carnaval vieren was geweest en dus het niet werken van zo'n scan apparaat, verheugde mijn winkelstemming al helemaal niet.
In de verte zie ik een man op de dames afdeling met een walmart tenue aan. Dus ik vraag of hij de prijs wil nakijken. Maar hij mompelde alleen maar dat hij nu toevallig even daar op die afdeling was, maar er helemaal niet thuis hoorde en me dus niet kon helpen. Fijn!!!!, dat gaat lekker zo. Op naar een

ander prijscheck apparaat dan maar. Het was echt megadruk in de Walmart. Alsof alle vaders er met hun kinderen op uitgestuurd waren voor een moederdag kado. Overal rond rennende kinderen en dolende vaders.

Maar gelukkig ik zag de andere prijschecker al snel. En nee he? Ook die werkte niet. Maar in dat zelfde gangpad stond nog een walmart tenue en dacht nog maar een keer proberen dan. Dus ik trachtte uit te leggen dat de trui uit het $ 1,- rek kwam, maar dat er een $ 7,- sticker op zat. Het bleek al snel dat deze mevrouw van het simpele soort was en ze zei dan ook doodleuk dat hij dan $ 7,- was. Ja zeg, dat wilde ik nu net even niet horen. "Ja maar", zei ik, "hij komt echt uit het $ 1,- rek". En ze keek me aan of ik het ter plekke stond te verzinnen. "Als er een sticker van $ 7,- op zit, dan kost is het $ 7,-", beet ze me toe. "Waarschijnlijk had 'iemand' hem daar wel in dat rek foutief opgehangen?". Nou was het wel een zooitje in de winkel, maar kreeg het gevoel, dat ze met die 'iemand' mij bedoelde. Ik maakte met mijn feeststem duidelijk geen goede geen indruk bij haar en ze vond dat we maar die $ 7,- moesten betalen.

En het is dat mijn moeder de trui graag wilde dat ik toch nog een poging deed. Dus ik vroeg haar of ze dan misschien een prijscheck apparaat wist die werkte? Ja hoor, zei ze, daar staat er één en wees naar degene waar ik net vandaan kwam, waar ik geen leven in zag. "Ja", zei ik, "die had ik al geprobeerd, maar doet het niet". "Nee hoor", zei ze, "hij doet het wel". Grrrrr, ik werd er een beetje irri van nu. Maar ze pakte de trui uit mijn hand en schoof het kaartje op ruim een meter afstand onder het apparaat. En BLIEB zei die..... Zucht!!!! Hij deed het dus wel!!! "Nou", zei ze, "hij is gewoon $ 1,- hoor!" Alsof ze me dat de hele tijd al vertelde. Ik nam de trui van haar over en keek nog even op het apparaat. Inderdaad er stond inderdaad $ 1.-. Eigenlijk wilde ik zeggen, van zie je nou wel, heus niet iedereen verzint het ter plekke en de trui is niet altijd de prijs die op de sticker staat. En ik heb dus niet 'gejokt'! Maar dat deed ik niet, maar gaf de trui aan mijn moeder, die heeeeel wijselijk ook haar mond hield.

We liepen naar de kassa en ineens word ik gesneden door een dame op leeftijd met een watergolfje. Echt ze gooide gewoon die boodschappenkar voor mijn voeten. En geeft me ook nog "DE blik". De blik van "ik-was-hier-eerder-dan-jij-dus-achter-mij-aansluiten-ja"-blik. Echt verbouwerend sta ik nog net op tijd op mijn rem, om te zien dat ze mijn moeder wel voor laat. Wat is het leven toch hard soms. Je bent strontverkouden en met een gammel hoofd ben je dan ineens op zaterdag middag in de Walmart. En niet een gewone zaterdag middag, maar de zaterdag voor de zondag dat het moederdag is. En volgens mij was dat mijn grootste fout die ik die dag gemaakt had.

Afijn ik dwaal weer af. Mijn moeder sluit in de kassarij aan en kijkt nog om waar ik blijf. Maar de watergolf staat demonstratief breed met haar kar en vormt met haar lichaam een verdere barricade. En met geen mogelijkheid kom ik er langs. Dus ik zeg, "excuse me". Maar watergolfje doet net alsof ze doof is of misschien was ze dat wel echt en blind misschien ook wel? Zou dat haar actie verklaren? Maar na een tikje op haar schouder, kreeg ik al weer DE Blik.

Ze was duidelijk niet van plan me er tussen te laten. Dus ik vertelde haar dat die mevrouw voor haar mijn moeder is en dat ik zelf geen boodschappen heb. En nadat ze dat laatste met een onderzoekende blik van mijn tenen tot aan mijn kruin nog even gecheckt had, mocht ik er met een zucht langs van haar. Maar die priemende ogen, alsof ik niet alleen stiekum kleding in het $ 1,- rek hang als een hobby, maar dat ik ook nog voorpiep bij oude vrouwtjes. Je begrijpt ik was helemaal in mijn nopjes. Naast ons in de rij voor de andere kassa zat een kind in de boodschappenkar te huilen en "de blik" vrouw zag ineens een 'watergolfvriendin' twee mensen voor ons in de rij staan. "Ethel, Ethel!!!" riep ze. Maar Ethel was ook oostindisch doof en hoorde watergolfje niet. Wij wel, want het galmde flink door in onze oren. Wat jammer nou he, dat wij voor u staan?, dacht ik. Want ik geloof echt, dat ze bij het zien van vriendin Ethel bij ons voor wilde piepen. Ik wilde haar nog even die zelfde blik toewerpen als ze die naar mij had gedaan, Maar ik had het helemaal gehad en vertelde mijn moeder dat ik bij de uitgang wel op haar wachtte. Duidelijk dat ik nog niet helemaal kiplekker was .... Ik zag een bankje en besloot daar even te gaan zitten. Wat een chaos zeg, zoveel mensen bij elkaar en iedereen praat en dringt voor en moet ook nog eens afrekenen…...

Met mijn snotterhoofd had ik vanaf het bankje zicht op nog een kassa met een ellenlange rij. Ik zat zo een beetje en zag ineens een vrouw in die rij staan die een plastic zak op haar hoofd had. Beetje raar, dacht ik nog. Maar langzaam schoot die rij op en toen zag ik het. Haar haar stond gewoon nog in de verf! Niet te geloven. Onder het witte plastic zakje zag ik in haar nek een roodbruine streep druppelen, die een prachtige streep trok in haar witte t-shirt op haar rug. Ongelooflijk, alsof ze tijdens haar haar verven er achter was gekomen, oh ik heb geen melk meer, laat ik dat tijdens het inwerken van de haarverf even gaan halen op deze zaterdag middag. Wat een verhaal! En nu moest ik dan ook natuurlijk wel zien of ze voor een pak melk dit gedaan had.

Langzaam kwam ze dichter bij. Inmiddels had ik watergolfvriendin Ethel ook al voorbij zien komen van de andere kassa. En ik had bijna zicht op de inhoud van de kar van de haarvervende mevrouw. En nee het was geen melk, of een brood waarvoor ze was gekomen. Ze had gordijnen, een badmat en handdoeken in haar kar zitten? Echt, je vraagt je toch af, hoe soms het brein van een mens werkt. Gordijnen? Schiet je dat tijdens een haarverf partijtje te binnen? Ik begrijp er echt niks van.
Maar mocht je je ooit vervelen, ga op zaterdagmiddag naar de Walmart en je maakt de meest gekke dingen mee. Zo mooi, zo kan je ze echt niet verzinnen. Gelukkig kwam mijn moeder daarna ook al snel, want het bruine streepje achter op haar rug werd almaar breder en veel langer kon ik er nu ook niet meer naar kijken. Voorlopig geen Walmart op de zaterdag middag meer voor mij. Niet echt goed voor mijn humeur.

52. Droger en hoge hakken, echte liefde....

Zaterdag zette ik de droger aan en hoorde een zeer vreemd, maar vooral luid geluid. Echt niet normaal wat een herrie er uit komt. Hij maakte al eerder wat vreemdere geluiden en Ron had er al naar gekeken, maar alles zag er normaal uit en er was niks verstopt of zo. Maar nu kwam er een 3xl shirt uit in de maat S. Niet echt handig. En het geluid was nog een paar decibel hoger geworden. En met het verhaal van onze vaatwasser in ons achterhoofd, hebben we besloten om het ding maar niet na te laten kijken, maar gewoon voor een nieuwe te gaan. De vaatwasser was binnen het jaar ook weer kapot gegaan. En nu was de garantie termijn voor de droger al twee jaar voorbij. Waarschijnlijk was de thermostaat nu ook kapot en dat zijn geen goedkope grapjes.

Nou had ik gelezen dat HomeDepot met Memorial Day een actie had met 10% korting op electrische apparaten. En na even op internet gekeken te hebben, bleek het zelfs nog mooier. Het was 10 % korting en gratis bezorgen en gratis de oude weghalen en ook nog eens een gratis giftcard. Natuurlijk stonden er tig sterretjes als verwijzing bij elke actie, dus dat beloofde veel leuks uiteindelijk bij betalen. Want al die kortingen en acties werken hier namelijk vaak vrij ingewikkeld.
Maar op naar de HomeDepot en al snel zag ik een droger. Voor mij hoeft het allemaal niet zo ingewikkeld. Het ding moet drogen en als het kan een energie zuinige knop hebben en dan ben ik wel blij. Dus hadden er snel al één uitgekozen, maar toen kwamen alle aanbiedingen.
Eerst vergat ze de 10 % korting, toen kwamen we er achter dat het meenemen van de oude, toch ergens vermeld moet worden voor het luttele bedrag van 0,01 cent. En het bezorgen kost in principe $ 59,00 maar daarvoor had ze een formulier wat je op moest sturen en daarna kreeg je die $ 59,00 weer terug van de Home Depot. Het zelfde dan ook voor de giftcard van $ 50,00. Vreselijk ingwikkeld, maar we doen het er maar mee, want ik als Hollandertje, vergeet dat soort dingen heus niet in te sturen, dus hebben ze aan ons een slechte.
Afijn de bon opmaken, duurde langer dan de droger uitkiezen in ieder geval, maar hij wordt vrijdag gebracht en dan kunnen we weer zonder mega herrie aan het drogen.
Zoals ik al zei was het memorial Day weekend en weet niet wat het is maar dat weekend doet me altijd denken aan hamburgers en BBQ gedoetjes. En we hebben dan ook lekker hamburgers van de BBQ gegeten zaterdag.....

Zondag was de bruiloft van een collega van Ron. Zij zouden op het strand van Topsail Beach gaan trouwen en dat was zo'n 2,5 uur rijden hier vandaan. En dus ik had aan de buurvrouw of zij Stace en Connor uit wilde laten. Stace en Connor vinden haar helemaal leuk en ze woont naast ons dus dat zat wel goed. En zo doende gingen we om twaalf uur weg van huis richting Topsail Island! Het was wel wat drukker dan normaal op de weg naar het strand toe, maar ik had het erger verwacht. Waarschijnlijk zat iedereen er al en ging het voor ons mee vallen. En na 130 mile rijden, waren we op Topsail en doordat we wat vroeger weg waren gegaan, konden we nog even op het strand kijken. Eerst even naar de pier dan. En eenmaal daar zagen we dat het normaal zo gemoedelijke Topsail Beach helemaal afgeladen was voor Amerikaanse begrippen. Echt ik had het nog nooit zo vol gezien. Leek Scheveningen wel! Allemachies wat een mensen. Op de pier was het ook veel drukker dan normaal.

Maar al die mensen bij elkaar is wel leuk om naar te kijken natuurlijk. Op de pier waren veel vissers. Maar veel werd er niet gevangen overigens en na in het zonnetje gezeten te hebben zijn we terug gelopen. En toen we terug liepen vanaf de pier zagen we net in de branding twee grote vissen zwemmen. Het water was er heel helder, dus je kon ze zo zien gaan. Zo grappig, op de punt van de pier staan 40 vissers bij elkaar en hier in het midden zag je de vissen zo zwemmen. Ron en ik stonden er even naar te kijken en toen kwamen er een stel vissers terug gelopen. Dus ik zei nog hier zitten twee grote vissen. Dus de vissers kijken en wat bleek? Een van de twee was een haai! Brrrrrrr....., dat dat zo dicht langs de kust zwemt! Niet 1 van 2 meter lang natuurlijk, maar ik kon hem vanaf de pier zien. Dat wil zeggen dat hij ook niet heel erg klein was eigenlijk. Misschien was ie iets van 40 cm of zo? Afijn, dat heeft mijn kijk op zwemmen aan Topsail beach ook weer veranderd! Maar, misschien kwam Sharkie ook alleen even aanzwemmen voor Memorial Day weekend en bevindt hij zich normaal in diepere wateren. Althans dat probeer ik me nu steeds wijs te maken.....

Daarna zijn we richting het huis gereden waar de bruiloft zou zijn. Het was een mega groot huis met drie verdiepingen en daar onder nog een garage. Heel fraai allemaal! We zijn een klein stukje verderop nog bij het strand wezen kijken, maar ook hier mega druk vandaag. We hebben ons daarna in ons bruilofts kostuum gestoken en zijn naar een community parkje geweest van Topsail, waar een leuk prieeltje was. Daar wat gedronken en alweer naar de vissers gekeken.

Toen het zo'n 5 uur was, zijn we weer richting het huis gegaan en kwamen we nog een collega en zijn vrouw tegen. Ik moest nog even mijn 'beachwedding' schoenen aandoen, want ik liep daar voor op slippers. Maar ik had dus hele leuke schoenen gevonden. En toen ik die zag in de winkel, dacht ik meteen, die zijn leuk voor de strand bruiloft. Het waren een soort van espadrilles met de voorkant dicht en aan je hiel een elastiekje en zowaar een hak! Ik draag nooit hakken eigenlijk. Vind mezelf met mijn 1.85m vaak al veel te lang en zo'n hak maakt me alleen maar langer. En, ook niet geheel onbelangrijk, ik loop voor geen meter op hakken. Ben er echt niet een type voor. Zou zo mijn enkels breken op van die naaldhakken. Afijn, met mijn 'hakkies' aan, op naar het huis.

We werden ontvangen op de 1e verdieping en konden zo binnen het huis door naar het deck. En via het deck en een bruggetje over het duin naar het strand, waar de stoelen en het prieeltje klaar stonden. Het zag er echt super uit allemaal! Zo mooi en sfeervol versierd!

Dus wij de trap naar beneden, zo het strand op.... En toen gebeurde het, ik zet één stap in het zand en dat was nog niet het moeilijke, maar die hakkies..... Die verdwenen gewoon naar beneden en voor ik het wist.... ploep..... daar zat ik dan met mijn gat in het zand onderaan de trap..... Ohhhhhh, echt weer wat voor mij hoor.... Waarom ik het ook probeer? Hakken bij een strandbruiloft, wie verzint zoiets nou? Flipflops hadden het moeten zijn! Afijn Ron die natuurlijk ook in een deuk lag, van het lachen wel te verstaan, hielp me uit mijn lijden en ik stond weer. Nu nog proberen verder te lopen op die dingen! Wat een ramp! Hoe krijg ik het toch weer voor elkaar?

Ik keek nog even achterom naar de plek des onheils en zag dat ik met mijn elegante achterwerk ook nog eens een prachtige afdruk had achter gelaten in het zand. Fraai! Echt ongelooflijk toch weer, wat een typische 'Petra-move'. Was zo blij dat we een beetje op tijd waren en dat er godzijdank nog niet veel mensen aanwezig waren bij het prieeltje. Maar we hebben er weer van geleerd, bij mijn volgende uitnodiging voor een beachwedding laat ik mijn 'hakkies' thuis!

Daarna zijn we op de stoeltjes gaan zitten in afwachting op het bruidspaar. En dat is ook al niet zo makkelijk, want van die klapstoeltjes in het zand die zakken eerst ook zo'n 30 cm naar beneden als je er op gaat zitten. Was natuurlijk helemaal op mijn hoede, want één keer vallen was wel genoeg. Dus vooral niet wiebelen op het stoeltje. En ik kan je vertellen echt comfortabel zit dat niet meer na zo'n half uur, maar ja ik bleef zitten waar ik zat, want met mijn schoenen deed ik geen stap meer daar op het strand, dat begrijp je wel. Had ze eigenlijk ook gewoon uit kunnen doen, maar op dat moment dacht ik niet zo helder. Om ongeveer 6 uur kwam de bruidegom de trap af (op slippers, hoe verstandig!) en daar na de 5 bridesmaids en de 5 groomsmen (ook allemaal op slippers) Daarna kwam de bruid (op slippers) en haar vader en het bruidsmeisje en begon de bruiloft. Het was echt super mooi en heel speciaal zo te trouwen aan het strand. Het was een prachtige dag, met een zacht briesje en zo'n 28 graden. Heerlijk gewoon en zo bijzonder om dat mee te mogen maken.

Tijdens de cermonie speelde ook nog familie een nummer van John Denver en was er muziek geschreven door haar oma. Heel muzikaal allemaal, net als de bruid zelf ook is. Ook zij zingt in een band. We zijn naar een paar optredens van haar geweest en ze heeft echt een prachtige stem. En nu klonk de muziek van haar familie bij de ceremonie er ook heel mooi bij.

Daarna was er een heerlijk diner en werd de mooie bruidstaart aangesneden. En na die taart en wat drinken was het inmiddels al weer half elf en zijn wij weer op huis aan gegaan. Het was echt super leuk en mooi geweest en vast en zeker een onvergetelijke dag voor hen. En voor ons ook, als was het alleen al vanwege de snoekduik!

53. Wat zegt U?

Maandag stond op het programma, dat ik naar de DMV zou gaan om de theorie test voor "Motorcycles" te doen. Na wat geprobeer op Ron's motor leek het me een leuk idee om er wat meer mee te gaan doen.
Nou was ik er twee weekjes terug nog met Ron geweest en die moest ook een nieuwe foto op zijn rijbewijs. Natuurlijk had hij een hele aardige mevrouw en niet die chagrijn die ik had destijds. En nu liep ik naar binnen in het kantoortje hier in het dorp, in de hoop die dame aan te treffen. Maar helaas zag ik haar al zitten. DE chagrijn en nog een andere meneer dit keer. Ik schreef mijn naam op het lijstje en nam plaats op één van de stoeltjes. Het was druk! Dat werd wachten.
Naast me zat een Chinese mevrouw en meneer. En die mevrouw werd al snel geroepen. Mevrouw Shoe, riep de man, die een vrolijkerd bleek te zijn. Hij praatte wel wat hard naar mijn idee, want ik zat achter in het zaaltje en kon alles letterlijk verstaan wat hij tegen mevrouw Shoe zei. Mevrouw Shoe kon geen Engels begreep ik. En ze ging voor de tigste keer de theorie test doen. Meneer Shoe had dan ook een dik boek bij zich om de tijd door te komen. In de tussen tijd las ik nog maar een keertje het theorie boek.

Op zich is het allemaal niet zo heel in gewikkeld en ik sta toch weer verbaasd over hoe het volgens de DMV belangrijk het is om te weten met hoeveel alcohol je nog verantwoord kunt rijden. Wacht minstens een uur voor elk gedronken glas alcohol. Lijkt mij dat dat niet echt zaken zijn om aan te raden als DMV, maar het staat duidelijk in het boekje, met een hele berekening erbij. In de tussen tijd had ik ook alles weer een beetje in de gaten gehouden, maar ik hoopte toch echt dat ik bij die vrolijke meneer mocht plaats nemen. Die chagrijn was er namelijk nog steeds niet vrolijker op geworden. Ook verbaasde ik me dat de radio aan stond, best hard en dat er heel veel kinderen aanwezig waren die heerlijk in de rondte aan het rennen waren. Nou maakt dat niet zo heel veel uit natuurlijk, maar de twee computers voor de theorie test die staan midden in diezelfde wachtzaal. Heel raar vind ik. En terwijl ik me net weer in het theorie boek verdiept had hoor ik heel hard: **"PIETRAH"** en dat kwam natuurlijk uit de mond van die sjachie. Ja hoor, heb ik weer! Feest compleet!

Ik nam plaats en er kwam nog steeds niks te veel uit. Het viel me op dat ze op haar buro een handgranaat had staan. Echt waar! Geen gein. Er onder een bordje, 'complaining customers, pick a number'. En dat nummer hing dan achter de pin van de handgranaat. Nou, dat zette in ieder geval weer de stemming. Het was weer erg gezellig!...... Afijn net toen zij mijn gegevens in aan het voeren was, zag ik iemand naar de andere computer naast mevrouw Shoe plaats nemen. Die moest een commercial vehicle test doen. Die zijn moeilijker en dubbel aantal vragen. En chagrijn vertelde me dat ik dan op het stoeltje moest gaan zitten wachten net voor haar buro, tegen over de computers. En daar te wachten tot er een computer vrij kwam.

En dat deed ik dus braaf, vrouwen met een handgranaat op het buro, die spreek je liever niet tegen natuurlijk. Eenmaal op het stoeltje, zo één met een tafeltje er aan vast, kon ik zo mee kijken met Mevrouw Shoe. Mevrouw Shoe was pas bij vraag 9 en ze deed zo ongeveer 10 minuten over 1 vraag, dat werd een lang durige kwestie. Er is namelijk geen tijdslimiet aan het theorie gedeelte hier. Vanzelf sprekend ontstond er een lange rij wachtenden voor de theorie test. Maar Mevrou Shoe trok zich er niks van aan en waarschijnlijk verstond ze ook al het tumult niet wat er achter haar ontstond. Want ze sprak natuurlijk geen Engels. Maar opeens zag ik bij vraag 15 dat de computer stopte (50 minuten later dus) Ze was gezakt..... Naast haar zat ook nog steeds de man die die andere test moest doen. Sjachie riep me bij zich en vertelde dat ik wel mocht gaan zitten achter de computer, maar dat ik moest wachten op haar teken. Toen ik zat zag ik dat ze de verkeerde test voor me klaar had gezet. Een Auto test. Ik zag het scherm veranderen en er stond nu motorvoertuig test. Maarja nog geen teken he? Dus ik braaf wachten, in gedachte nog steeds die handgranaat natuurlijk. Maar het duurde, dus schuin over mijn schouder toch nog eens kijken of er een teken volgde. Maar zag dat ze aanstalten maakte om weg te gaan. Dus ik stond op, met gevaar voor eigen leven natuurlijk, want die handgranaat zat me toch wel erg dwars. En vroeg haar of ik al kon beginnen. Huh? Ze keek me verschrikt aan. "Wat beginnen?", zei ze. Oh fijn, ze was me dus helemaal vergeten. Dus ik vertellen, u zou me een teken geven. En toen zowaar het was niet te geloven, maar ze lachte! Ze kon het dus wel. En ze zei begin maar gewoon hoor. Op één of andere manier kon ik niet naar haar terug lachen, want het leek niet helemaal echt, zeg maar. Het was duidelijk dat ze niet vaakt lachte, volgens mij.

Maar ik ging snel weer achter de computer zitten, voordat ze zich bedacht en begon aan de test. Had het boekje al een paar keer doorgelezen, maar de vraagstelling was heel erg tricky vond ik. En zo had ik na 15 vragen, er al drie fout. Oh jee dat gaat niet goed zo! Je krijgt 25 vragen en van die 25 mag je er 5 fout hebben. Toen kwam er ook nog iemand in paniek het zaaltje ingelopen dat er buiten iemand onwel geworden was en of er een stoel was voor die mevrouw en of er een ambulance gebeld kon worden. Geweldig! Ik doe die theorie test en nu krijgen we dat ook nog.
Nou de wachtruimte zat helemaal sjokkie vol, maar er was wel iemand die een stoel afstond en er liepen wat mensen naar buiten. En gelukkig, na dit tumult kon ik weer verder. Maar jeetje die vragen.... Het zijn meerkeuze vragen, maar er blijven er altijd twee over die het kunnen zijn. Maar nu waren het er soms wel vier. Bij voorbeeld.
Hoe kan je een dodelijk ongeluk op de motor voorkomen?
A. door een helm te dragen
B. door goed vooruit te kijken tijdens het motorrijden,
C. door de juiste beschermende kleding
D. door de motor waar je op rijdt eerst goed te kennen.

Nou dat werd gokken. En gokte op antwoord B, maar het bleek antwoord A te zijn. Afijn ik was inmiddels bij vraag 18 en had weer zo'n rare vraag. Ging over remmen in de bocht. In het boekje stond nooit remmen in de bocht, behalve als je een ervaren rijder bent, kun je heel voorzichtig met beiden remmen remmen en tegelijker tijd je motor recht op brengen. Dus ik had gekozen voor zacht remmen. Maar nee, het was nooit remmen. Dus toen stopte de test bij vraag 18 en was ik gezakt..... Balen!

Ik keek om en zag dat ons chagrijntje waarschijnlijk lunch pauze had en er niet meer zat. Daarom liep ik naar de meneer die er nog wel zat, die me eerder wel aardig leek. En ik vertelde hem dat ik gezakt was. Maar hij zei: "Wat zegt u?". En toen begreep ik ook ineens waarom hij zo hard praatte. Hij had waarschijnlijk een gehoor probleem. Dus ik herhaalde nog een keer dat ik gezakt was. "OHhhhhhhh, you failed!!!!", klonk het daarop keihard door het hele zaaltje. Fijn! Nu wist een ieder ander het ook! Altijd goed voor je zelfvertrouwen, al die blikken op je gericht. Maar de beste man gaf me nog wat tips voor een volgende keer en ik was hem niks verschuldigd. Als je zakt hoefde je niks te betalen. "Mooi he?", zei hij. Ja dat was inderdaad mooi, maar ja eerlijk gezegd was ik liever geslaagd geweest. Hij vertelde ook dat ik het morgen gewoon weer mocht komen proberen hoor. En zo gezegd zo gedaan.

Alleen had ik nu zoiets van ik ga zo vroeg mogelijk, zodat het hopelijk nog wat stiller is en er minder afleiding aanwezig. En zo stond ik er om 8 uur en was ik de eerste! En....., de deur werd geopend door de vrouw die Ron laatst had gehad en er volgde een vriendelijke "How are you doing". Pffff, dit begint al een stuk beter dan gisteren. Ik mocht al snel plaats nemen bij een man aan loket 3. Weer een andere dan gisteren. Deze man was vast familie van sjachie, want echt vrolijk was ie ook niet. Moest echt al mijn papieren zien en vond me bij voorbaat met mijn visa in mijn paspoort al verdacht. Jammer genoeg voor hem had ik alle goede papieren bij me. En na nog een keer alle papieren doorgelopen te hebben, zette hij de computer voor de theorie test voor me klaar. Inmiddels was het zaaltje al weer helemaal volgelopen met mensen. Wat een drukte toch weer, maar ik liet me niet meer afleiden. Vragen die ik niet begeep of twijfelachtige keuzes hadden, heb ik over geslagen (want dat mag) en zowaar....... I passed!!! Joepie!!!!
Na nog wat geneuzel en gezeur over mijn I94 kaart in mijn paspoort van die meneer, kreeg ik dan mijn motorrijders permit. Op naar de Basic trainer Course. Maar ik mag nu al officieel rijden op Ron's motor. Al zal dat voorlopig alleen nog maar op het bouwterrein bij ons achter zijn.....

54. Knap staaltje klanten service

Van de week is mijn blender overleden. Het ding draait op een soort van pinnetjes en met 1 druk op de knop had ik ze er zo allemaal afgekregen. Op zich best nog knap van me, maar het was wel balen! Want dit is de tijd van het jaar voor smoothies. Heerlijk vind ik die. Met yoghurt en ingevroren fruit. Maar nu dus even niet meer, hij deed het echt niet meer zonder die pinnetjes.

Nou hebben we hem wel al een tijdje, in ieder geval langer dan een jaar, maar ja eigenlijk zou het niet moeten mogen he? Zo in ene afbreken. Dus ik bedacht me om het toch voor te leggen bij de Bed Bath & Beyond, waar we hem gekocht hebben. Misschien is het vaker gebeurd en verkopen ze dat onderdeel los. Natuurlijk geen bonnetje meer te vinden. Vorige maand ook de zolder leeg geruimd, dus doos was ook foetsie en zag mijn kansen met de minuut dalen.

Maar vanmorgen stond dat klusje op de 'To-do' list. En in de auto er naar toe zat ik me al te bedenken hoe ik het nou het beste kon vertellen bij de klanten service. Zonder bonnetje kan iedereen natuurlijk met een mooi verhaal komen. Maar ik meldde me bij de balie van de service desk en liet zien waar hij was afgebroken en in een boterhamzakje had ik de afgebroken losse deeltjes nog. De man achter de balie was eigenlijk weinig geïnteresseerd in mijn verhaal en het eerste wat hij zei was, "Do you know where they are at?". "Excuse me?", zei ik. En weer zei hij, "Do you know where they are at, in the store?". Uhm even moesten mijn hersenen omschakelen, vroeg hij nou of ik wist waar ik die blenders kon vinden in de winkel. Ja volgens mij vroeg hij dat echt. Dus ik zei, "Yes, I think so". "Ok", zei hij, "would you be a 'hon' and grab a new one". Uhhhhh, ja dat kan ik wel doen ja, brabbelde ik. "Maar ik heb geen bonnetje meer hoor", zei ik nog. En voelde een por in mijn rug van Ron. "Oh never mind, just get a new one". Ohhhhh, wouwwwwww. Zei hij dat nou echt? Ron was inmiddels al omgedraaid en deed al pogingen de winkel in te gaan. Dus ja hij zei het vast echt..... That was easy! Dacht ik hoor, dat zei ik niet, dalijk zou hij zich bedenken.
Met een smile van oor tot oor, ging ik op zoek naar een nieuwe in die grote Bed Bath en Beyond. Deze versie had ik niet bedacht in mijn repetities van hoe het gesprek zou kunnen verlopen. Wat geweldig! En al snel had ik een nieuwe blender gevonden en we liepen er weer mee terug naar de balie. En hij rammelde wat op de kassa, ik moest even tekenen en voila, dat was het! Ik had weer een gloed nieuwe blender! Ongelooflijk toch he? Echt van die klantenservice hier sta ik toch zo versteld, iedere keer weer! Wat is het leven toch mooi! Mijn week was weer goed!

55. Het leven van een ......

Het leven van een ecologisch verantwoorde bramenkweekster gaat niet altijd over rozen.
Wat is er aan de hand? Zondag was het DE dag, ze, als in de bramen, waren 'gaar'. Ik weet het juiste woord er voor is rijp, maar al vanaf kind zeg ik alijd gaar en die houden we er altijd maar in. Dus de bramen waren gaar en dat betekent feestvreugde voor Petraatje, want ze had wel zin in een vers braampje. Gewapend met schaaltje ging ik me dan ook me uitleven op de bramen struik. Na alle zichtbare zwarte bramen geplukt te hebben, dacht ik laat ik ook nog even een paar blaadjes hier en daar op tillen. En zowaar zo vond ik nog een stel mooie. Onderop en daarna ook nog even helemaal boven aan. En had ik dat nou maar overgeslagen, want onder die blaadjes zat een wespen nest. Ieks!!!! Gil en krijs natuurlijk, er zat er 1 op mijn hand en mijn adem verstokte en heb hem weg gemept. Gatverre, gatver!

Wat een natuur freak ben ik toch, maar niet heus. Gelukkig was ik niet geprikt, maar met gillend geluid en versnellende pas was ik dus ook meteen weer binnen. Zwaar teleur gesteld. Natuurlijk was de helft van mijn eerste oogst ergens op de grond beland en ik had er zwaar de pé in. Ron zat binnen en hoorde mijn verhaal aan en ging daarna bewapend met stok proberen de wespen te verjagen. Echt geen leuk klusje, maar ik moedigde hem aan. (Veilig vanuit de screened porch). Na een paar keer porren en meppen en een run van Ron, naar de porch waar van ik de deur voor hem open hield, zagen we een zwerm wegvliegen en daarna ook de mega grote koningin. Jakkes nog eens aan toe. Toen even daarna de kust veilig was, ben ik mijn eerste oogst weer gaan oprapen. Wat een toestand zeg!

Daarna ook nog wat druiven geplukt, die ook al aardig wat wespen bij zich hadden. Maar gelukkig waren die enigszins verspreidt. Afijn het leverde een bordje "vers fruit met hindernissen" uit eigen tuin op!

Maandag was het wat bewolkt en ik zou in de middag pas weer nieuw werk binnen krijgen. En om de ochtend nuttig te besteden, had ik me bedacht om de coniferen te knippen. Voor de hondjes was het ook lekker nu zo een beetje rommelen in de tuin. En het ging goed, tot ik toch wel heel erg veel gezoem om me heen hoorde. Overal zaten volgens mij hommels. Althans zo'n geluid maakten ze. Maar toen pas keek ik eens goed de tuin in. En zag een zwerm van zwarte beesten zo'n tien centimeter boven het gras vliegen. Gatver wat zijn dat nou weer voor beesten? Leken wel vliegende mieren als in Nederland. Precies alsof er net een nest uitkwam, alleen waren deze zeker zo'n drie centimeter groot. Natuurlijk, dat moet dan net in mijn tuintje komen wonen. Ik als een speer de hondjes bij me geroepen, die dit keer gelukkig geen bitterballen in hun oren hadden. En daarna ik dus mooi weer, met versnelde pas, naar mijn veilige screened porch! Waarom nou toch?

Het bleek dat die dingen niet alleen erg groot waren, maar ook nog eens voor geen meter konden vliegen, met de nodige noodcrashes van dien. Ze vlogen echt overal tegen aan. Ze leken op de Japanse kevers, maar waren echt veel groter. Gatverdamme wat waren dat een vieze beesten. Afijn ik heb de boel de boel gelaten en heb binnenshuis een leuk en veilig klusje opgezocht. Ik hou echt wel van kevers, maar dan van het soort met vier wielen en die kunnen rijden. Niet van het soort wat niet kan vliegen en vreselijk bromt!

Later toen Ron thuis kwam is hij nog gaan kijken in de tuin, maar zag niks meer, zei hij. Ik nog hoe kan dat nou? Het zat er vol van. Ik besloot om dan ook zelf even buiten op onderzoek uit te gaan. Maar ook ik zag ze niet meer. Wat een geluk, dacht ik. Wat vanzelf komt, gaat vanzelf ook weer weg blijkbaar?
Maar dat was te vroeg gejuicht, want vanmorgen waren ze er weer. En heb nou gezien dat ze uit de grond komen. Nog jakkie-er! En wat nog wel het meest trieste was, ze vinden bramen lekker! Zal je net zien.

Heb ze net op het internet 'gegoocheld', maar het zijn volgens mij 'June beetles'. Nou de beestjes kunnen niet vliegen en hebben ook geen ingebouwde kalender wat het is inmiddels juli. Ze komen inderdaad uit de grond. En 's winters eten ze de wortels van je o zo mooie gazonnetje op en zomers dus je bramen. En het wordt nog mooier. Want wat is de natuurlijke vijand van die griezels, juist ja, wespen! Waarom hadden we dat wespen nest nou ook weer weg gehaald?
Weet het goed gemaakt, ik koop gewoon voortaan mijn bramen wel in de winkel. Veel te ingewikkeld hier......(zucht).......

56. Luistervinkies

Maandag morgen was ik heel vroeg wezen wandelen met de doggies omdat het erg warm zou worden die dag. En ik liep toen langs het veld van de boer hier achter en daar hebben ze zonnebloemen gepland. Prachtig staan ze nu, maar toen ik er langs liep vlogen er zeker een stuk of 15 kleine gele vogeltjes uit omhoog. Zo'n leuk gezicht. Ik bleef even staan, want er zaten er nog een stel en ik zag dat het allemaal goudvinken waren. Mijn vader had vroeger vinken en ik herkende ze gelijk. Gisteren had ik ze al weer gezien en vandaag wilde ik dus mijn camera mee nemen om er een foto van te maken. Het was zo'n leuk gezicht.

Nou liep ik er dus om net voor half zeven langs en in de verte zie ik de buurman met Duke al aankomen. We kwamen elkaar precies voor de zonnebloemen tegen. En flats, alle vinken gevlogen. Frank vroeg natuurlijk wat ik met die grote lens van plan was, dus ik vertelde mijn vinken verhaal. Maandag had ik Duke uitgelaten, want zij waren ook allebei gevlogen die dag. En als tegenprestatie mocht ik lekker gebruik maken van hun zwembad die middag. Goede deal, niet waar? Voor donderdag en vrijdag heb ik weer uitlaat c.q. zwemdienst. Niet verkeerd met deze temperaturen, want het loopt steeds zo tegen de 40 graden aan van de week. Afijn toen wij uitgekletst waren, was het duidelijk dat de goudvinken mooi niet terug kwamen. Dus ik maar verder gelopen en aan de wandel gegaan, in de hoop dat ik ze op de terugweg nog zou treffen.
Na mijn rondje kwam ik dus weer terug gelopen en heel langzaam benaderde ik het zonnebloemen veldje. En ja hoor ze zaten er! Snel mijn camera in de aanslag en ik was in de zoeker de goudvink aan het zoeken toen ik achter me in eens heel luid: "Hi Petra!" hoorde. En flats, alle vinken weer verdwenen! Het was Jeff, de neef van de boer die aan het begin van onze wijk woont en bij zijn oom op die boederij werkt. Hij begint altijd al heel vroeg en kom hem vaker tegen tijdens onze wandeling 's morgens. Natuurlijk wilde ook hij wel weten wat er zo bijzonder aan de zonnebloemen was. Dus ik vertelde weer mijn vinken verhaal. En ook was er weer een praatje pot er aan vast. Nou het zat niet mee met de vinken..... Toen ik gedag had gezegd tegen Jeff, liep ik langzaam het zonnebloemen veld voorbij, met in de aanslag mijn camera, maar geen vinken.
Ik bedacht toch nog even te wachten om het hoekje, in de hoop dat ik nog een verdwaalde vink tegen zou komen. Of een blinde vink, die mij (en hondjes) niet zag staan. En zo waar! Op een paal van het hek om het veldje heen ging een vink voor me poseren.

Was dat even mooi. En toen ik net twee foto's gemaakt had hoorde ik dit keer van de andere kant: "Morning Petra!". En flats......, alle vinken weer verdwenen, natuurlijk. Dit keer was het de buurvrouw die daar op het hoekje woont. Allemachies, is iedereen uit zijn bed gevallen vanmorgen? Wat een activiteit zo vroeg op de morgen. Afijn ook zij vroeg wat ik aan het fotograferen was. Ik liet haar mijn twee foto's zien van de goudvink. En ze kletste honderuit over van alles en nog wat daarna. Dit ging geen goed foto-ochtendje worden, want in de verte zag ik nog een buuf aan komen lopen. Zij was net begonnen aan haar ochtend walk. De hoek buurvrouw ging daarop weer naar binnen en ik besloot om met de andere buuf mee op te lopen. En natuurlijk...., hoe kan het ook anders, vroeg zei waarom ik me camera bij me had...... Nummer vier die ochtend! Het was inmiddels al 8 uur en was nog niet veel op geschoten. Kortom vanochtend niet veel Goldfinches, maar des te meer luistervinken!

57. The Capacitor

Had nog nooit gehoord van de 'capacitor'. Het klinkt namelijk als de nieuwe film van Stephen Segal of Sylvester Stallone of zo. Wat in hemels naam is een capacitor? Inmiddels weet ik wel wat er gebeurd met je als je capacitor het niet meer doet. Eigenlijk kan je zomers gewoon niet zonder. Het is een must, kunnen we wel stellen! Al had ik er nog nooit van gehoord, voelen deed ik hem wel zeg! Ik werd er letterlijk warm van! Heel warm!

Het begon namelijk dinsdag. Ik was boven aan het werk en 's morgens leek alles nog prima in orde. De kamer waar ik werk zit aan de noord kant van ons huis. Maar rond 1 uur kreeg ik het warm en warmer. Ik heb een klein ventilatortje op mijn bureau staan en die deed ik dus een rondje harder laten draaien. Maar rond drie uur hielp dat echt niet meer. Toen ik klaar was met werken keek ik nog even op de thermostaat. Hmmm zei hij nou 87? Dat is wel hoog zeg, hij stond ingesteld op 78 graden Fahrenheit. Nouja verder ook niet nadenken natuurlijk. Ik was klaar met werken en hupatee naar beneden. Wel zei ik 's avonds nog dat het zo warm was vanmiddag, maar in mijn gedachte dacht ik dat de airco het gewoon een beetje moeilijk had met die warme temperaturen van de laatste tijd. Afijn, de volgende morgen weer aan het werk. En bij het beginnen stond de thermostaat op 86. We zetten hier de thermostaat altijd uit boven, want we slapen beneden. Nou ja uit, op 85 staat hij altijd als er niemand boven is. Afijn, ik hem weer een zwier gegeven naar 78. En ik hoorde hem aanslaan en dacht dus dat hij het deed. Maar het bleef wel weer warm, ventilatortje op mijn bureautje weer aan. Maar ook dat mocht niet baten. Ik keek weer op thermostaat en die stond inmiddels op 90. What????

Hoger dan 90 gaat hij namelijk niet. Negentig graden Fahrenheit is bijna 32 graden. Ja zeg wat is er aan de hand? Ik naar buiten op onderzoek uit, de airco's bekijken. We hebben hier in huis twee aparte units. Een voor beneden en een voor boven. En die voor boven deed helemaal niks! Fijn! Dat is prettig zeg! Ik Ron bellen, die daarop even kwam kijken. Maar ook hij kreeg er geen beweging in. Wel had hij een telefoonnummer gekregen van een collega van hem. Van die collega was ook de airco stuk gegaan van de week. Ene Ronnie stond er op het briefje. Dus, mijn Ronnie belde met de airco Ronnie. Ronnie was een lokale reparateur. Dit integenstelling tot ons merk airco, Carrier. Waarbij we een centrale kregen en die dan een mannetje gaan sturen..... over een dag of twee. Hmm twee dagen in de dertig graden binnenshuis is geen pretje. Maarja, kreeg ook een beetje de kriebels bij het lokale verhaal. Hier in North Carolina gaan sommige dingen ook niet altijd even rap genoeg naar mijn idee.

Maar afijn, Ronnie zei tegen Ronnie dat hij om 1 uur er al zou zijn. Nou had ik om 2 uur een vergadering, dus ik hoopte toch echt dat hij op tijd zou komen. Maar kwart over 1 nog geen Ronnie te zien. Half twee ook nog geen Ronnie. Was mijn gevoel dan toch goed geweest? Ik kreeg er al een beetje de balen van. Maar om tien over half twee was hij daar dan. Ronnie bleek een al wat oudere man te zijn. Hartstikke aardig overigens, maar verontschuldigde zich niet over het te laat zijn. Hij wilde in ieder geval gelijk aan het werk. In de gauwigheid zag ik nog een 'mannetje' voor bij schieten die de tuin al in dook. Ronnie liep met me mee naar boven en constateerde daar de schade. Hij zei daarop dat hij naar buiten zou gaan. Niet heel erg veel woorden kwamen er uit. Ik liep daarna ook maar even naar buiten. Want ik herinnerde me dat de poort van ons hek nog op slot zat. Maar eenmaal buiten zag ik dat het hek al open was? Zo zeg, dat was een slim 'mannetje'. Afijn ik vroeg de heren nog of ze mijn hulp nodig hadden en hoe lang het ongeveer zou duren. "Five to ten minutes, Maaaaaaam", brulde Ronnie. Ik zag dat het 'mannetje' in de tussentijd ook al onze hele airco ontmanteld had. Goh dat was een snelle zeg!

Moet zeggen dat ik hem even kneep, want om 2 uur vergadering en het was inmiddels kwart voor twee. Maar Ronnie hield zijn woord en 5 minuten later stond hij weer binnen. Hij was gemaakt. Nieuwsgierig als ik ben, vroeg ik dus wat het was. "The capacitor", zei hij. Alsof ik daarop genoeg moest weten. Nou niet dus, het klonk als een stoer iets, maar dat dat ook in onze airco woont? Hij vroeg me daarna hoelang ik hier al woonde? Alsof ik wel had geweten wat het was als ik hier mijn hele leven had gewoond? Ben bang van niet Ronnie, maar dat zei ik niet hoor. Ik vertelde netjes drie jaar en daarna ging hij vriendelijk uitleggen wat een capacitor was. Het schijnt een soort van opstart ding te zijn. En Ronnie had er de afgelopen week al 5, bij verschillen de mensen vervangen. Maandag avond/nacht was er behoorlijke onweer geweest hier en dat is waarschijnlijk de dader geweest. Die heeft de capacitor er uit geknalt, of 'had it blown up', volgens Ronnie. (toch nog een beetje Stephen Segal stijl) Kosten? $ 45,00 voor een nieuwe capacitor en $ 90,- voorrijkosten natuurlijk. Maar moet zeggen dat ik allang blij was dat hij zo snel al kon komen en dat hij het weer doet! Lang leve de capacitor! En dat hoop ik letterlijk.

58. Naar de huisarts

Gisteren ben ik voor het eerst in Amerika naar de huisarts geweest. Ook weer een hele ervaring. We wonen hier nu bijna drie en half jaar en heb het al die tijd zonder kunnen doen. Had dinsdag gebeld voor een afspraak en kreeg al snel een tijd voor woensdag door. Echter toen ik mijn gegevens doorgaf en ze hoorde dat ik een nieuwe patient was, mocht ik ineens niet meer op die tijd, want die tijd was voor bestaande patienten en ze verbond me gelijk door, voor ik wat kon zeggen. Nou ja zeg! Ook gezellig, niet waar. Afijn ik kreeg een andere assitente en de eerst beschikbare datum was 8 september. Nouja! Dat is bijna volgende maand!

Ben er wel al een keer met Ron geweest toen hij ineens hoge koorts had en we hadden toen ook een soort van 'hulpdokter'. Dus ik vroeg of er niet een andere arts beschikbaar was en die was er gelukkig wel. Het is een soort van artsen praktijk bij elkaar daar en dus mocht ik gisteren, op 14 augustus al komen. De assitente zei wel, misschien is het handig om op onze website te kijken en de formulieren voor de nieuwe patienten uit te printen en thuis alvast in te vullen. En dat heb ik dan ook gegaan en dat was maar goed ook. Wat een vragen zeg! Allemachies. Met een stapel papier onder mijn arm ging ik gister dan ook heen.

Eerst meldde ik me aan de balie, waarna die mevrouw me doorstuurde naar een andere balie. Daar mocht ik plaats nemen want het duurde even voordat de dame achter de balie alles ingevuld had en er volgde nog wat vragen, die niet op het formulier stonden waarschijnlijk. Ik moest $ 25,- dollar zelf bijdragen voor dit bezoek, maar daarna mocht ik plaatsnemen in de wachtkamer. Na ongeveer 10 minuten werd mijn naam geroepen door een mevrouw die me mee naar de behandelruimtes nam. Als eerste mocht ik gelijk op de weegschaal gaan staan. Fijn! Altijd een goed begin.....

Daarna werd mijn temperatuur op genomen en de hartslag. Er werd trouwens nog helemaal niet gevraagd waar ik voor kwam. Want al die drie dingen hebben waarschijnlijk niks te maken, met mijn verhaal. De vorige keer bij Ron was dat ook al. Toen dacht ik nog, die gaan grondig te werk, met een hoge koorts, maar nu blijkt dat ze dat gewoon bij elke patient doen volgens mij. Afijn deze verpleegster stelde nog meer vragen, dan die ik al op de formulieren ingevuld en ondertekend had. En leverde me daarna af in weer een andere behandel ruimte. Waar ik kon wachten op de arts. Goh, wat gaat het hier toch anders dan in Nederland, bij onze huisarts. Die beste man had een praktijk aan huis en de wachtkamer was voorheen de garage van zijn huis. Nu had ik in die korte tijd al vier verschillende ruimtes gezien en nog geen dokter!

Afijn, weer tien minuten later kwam zij dan toch en het bleek dat zij dezelfde dokter was die Ron laatst gehad had en ze was erg aardig tegen me. Ze vond mijn achternaam veel op de zwemmers lijken op die van de olympische spelen. Ik heb namelijk ook 'van' als tussenvoegsel bij mijn achternaam. En volgens haar heet iedereen daar 'van'. Ja hoor 1 grote familie, daar in Nederland!

We bespraken mijn klachten en ze zou bloed na laten kijken en er werd een afspraak gemaakt bij de chirurg. Ik heb namelijk een bobbeltje op mijn hoofd, die volgens haar een cyste is. Mijn Nederlandse huisarts zei dat destijds ook al. Maar nu is het misschien wel tijd om dat weg te laten halen. En zo mag ik volgende week donderdag bij een chirurg, die ook in dat medisch centrum zit, langs komen. En zal hij het dan gaan verwijderen. Voor de bloed afname moest ik naar het lab, vertelde ze. Maar ook dat was binnen dat medisch centrum. Goh dat was allemaal wel handig zeg!

In Nederland, had ik 1. naar het ziekenhuis gemoeten voor die chirurg en 2. naar weer een andere club, op speciale tijden, voor het bloed. En nu ging dat in één keer. Na de afspraak gemaakt te hebben bij de chirurg, liep ik door naar het lab. Ik trof daar een lege wacht kamer en een open deur en daar een meisje met een patient. Ze zei dat ik even kon plaatsnemen in de wachtkamer. Niet lang erna, mocht ik naar binnen komen en ze vertelde dat ze de andere patient even ging terug brengen naar de dokter en liet mij dus alleen in de behandelkamer.

Ook dat zal niet snel gebeuren in Nederland zeg. Ik zat letterlijk tussen dozen vol met naalden en buisjes bloed van andere patienten en allerlei machines. Na zo'n vijf minuten kwam ze weer terug en begon natuurlijk ook met vragen stellen. En ook zij begon al over mijn achternaam.... Jeetje het valt wel op zeg. Er kwam dan ook meteen de vraag waar ik vandaan kwam. Dus ik weer vertellen, "ik kom uit Nederland (waar huisarten een praktijk in de garage hebben)". Zei ik niet hoor, maar moest er de hele tijd aan denken, omdat ik het zo'n groot contrast vond. Want dit was inmiddels al behandelruimte nummer zes in één uur tijd.

Afijn ze begon aan het voorbereiden voor de prik. Nu vind ik een prik helemaal niet eng eerlijk gezegd en maar voor mijn gevoel duurde die voorbereiding wel erg lang. Ik ben gewend, huppatee, 'prik-buisje-bloed-vol en foetsie'. Nee hier ging dat allemaal heel anders. Voelt u zich goed? En gaat het? En ik ga nu uw arm beetpakken... Allemachies... Wat voorzichtig allemaal. En ze prikte me bovendien met een dunne naald, waaraan een soort van slangetje zat en dat slangetje liep zo naar het buisje. Echt, je voelde er nu op deze manier al helemaal niks van. Een heel klein ieniemienie prikje, maar dat was het wel. Niks geen grote dikke naald vast aan het buisje. Dit ging heel comfortabel eigenlijk. Dus ik vroeg haar of dat dat nieuw was, zo met dat slangetje.

Ze keek me aan of ik niet wijs was. Nee hoor, zei ze, zo doen we dit altijd. Waarschijnlijk dacht ze gelijk dat Nederland een derde wereldland was of zo. Daar hebben ze namelijk geen prikjes met slangetjes. Althans ik had ze er nog nooit eerder gezien. Ze was verder heel aardig en vertelde me dat waarschijnlijk de dokter vrijdag of zaterdag al de uitslag krijgt. Ja echt, ze zei zaterdag. Weet zeker dat onze 'garagehuisarts' in Nederland op zaterdag dicht is.

Afijn het was weer een hele ervaring, zeker geen slechte, maar wel een 'andere'. En ach nu weet ik mijn bloeddruk, temperatuur en niet te vergeten, mijn gewicht, ook maar weer. En nu ben ik er nog wel blij mee, al die snelheid en het gemak, maar weet niet of ik dat nog ben als ik de rekening onder ogen krijg. Want al die extra service en tig behandelkamers, moeten toch ergens van betaald worden, niet waar?

59. Pissig en blij, maar niet tegelijk

Deze week had ik goed en slecht nieuws. Laten we beginnen met het goede nieuws. Want, na drie en half jaar hier nu te wonen, heb ik eindelijk, echt eindelijk, lekkere zure bommen gevonden! Jaaaaaa, het is wat he?
Waar een mens allemaal niet blij mee kan zijn! En nee......, ik ben zeker niet zwanger, echt niet! Heb altijd al augurken lekker gevonden. Als kind al. Vroeger kwam bij ons thuis de visboer langs en hij had behalve vis ook zure bommen. Heerlijk. Meeste kinderen waren blij met de ijsboer, ik met de visboer! Nou ja ook wel met de ijsboer eigenlijk. Maar dit terzijde.
Waarom het zo lang geduurd heeft? Alle zure bommen die ik hier geproefd heb, zijn meer zoute bommen namelijk. En die vind ik niet lekker. Die vind ik eigenlijk gewoon vies. De augurken die ik nu gevonden heb, heb ik altijd al zien staan, maar wist niet dat dat DE Nederlandse zure bommensoort was. Ze heten hier namelijk "bread & butter pickles". Die combi bread en butter, deed me altijd deze niet doen kiezen. Vanwege het butter verhaal denk ik. Maar nu had ik zoiets van laat ik het eens proberen. En zowaar, helemaal goed. Dus Peetje was weer blij.

Die blijheid was overigens vrij snel over want zondag morgen was het nog plakkerig warm, maar in de loop van de dag knapte het aardig op en werd het wat bewolkt. Dus we gingen laat in de middag nog even een stuk wandelen met de hondjes. Op de weg er naar toe vond ik nog dat het zo rustig was op de weg. Wel werd ik op de snelweg nog gesneden door een mannetje van denk 16 jaar, die me over de vluchtstrook in ging halen. Altijd fijn!
"De politie, zou er naar moeten kijken", zei ik nog (is een stopwoordje van vroeger van me van de reclame van de autodrop). Nou had ik dat maar niet gezegd! Want...., op de terugweg op Sunset Lake Road, reed ik (als enigste) op mijn gemakje naar huis. Zo'n 200 meter ervoor is het nog de toegestane snelheid nog 45 mile per uur, maar net daar waar ik reed mag je sinds kort nog maar 35 mile per uur. En in de tegengestelde richting komt een politiewagen aan gereden. Onze radardetector gaat rinkelen en ik zie in mijn spiegeltje dat hij remt. Ik kijk op mijn meter en zie dat ik 45 reed. Oeps! Afijn mijn blik van het remmen was goed geweest, want twee tellen erna zie ik blauwe zwaailichten in mijn achteruitkijkspiegeltje. Steeds een beetje groter wordende. Nog meer oeps!

Aan de kant dus. Heb het al eens eerder gezegd, maar echt in discussie moet je hier niet gaan met de politie. Er heerst hier duidelijk veel respect voor de politie agenten. Soort van afgedwongen respect, want dol niet met ze, want je hebt er zo een paar problemen bij. Afijn, de agent stapt uit en komt aan mijn raampje van de auto en zegt tegen me dat ik 51 reed. Ja doeiiiii, dacht ik. Maar zoals ik al zei, dat zeg je niet tegen meneer agent hier. Daarna vroeg hij me waarom ik te hard reed, dus ik vertelde dat ik te laat door had dat het daar 35 mile per uur was (zeker al 200 meter lang, zucht). "Yes, mam, you just have to slow down in time", was het enigste wat hij zei. Volgens mij was hij enorm

124

blij dat hij mij als enigste gek op de weg ergens op had kunnen betrappen. Er was verder niemand in de verste verte te bekennen. En ik was duidelijk zijn haasje voor vandaag.

De beelden van het 16 jarige afsnijdende knulletje van even daar voor spookte door mijn hoofd en voelde een zware pissigheid op komen. "License en registration, please". En ik gaf deze aan hem en hij ging daarmee naar zijn auto. De momenten van het afgeven daarvan en hem terug komen zien lopen, zijn van die secondes die je graag wilt doorspoelen. Duurde een eeuwigheid. Allemachies wat was ik boos, 51 mile per uur! Is ie nou helemaal. Voorheen was het altijd 45 mile op Sunset Lake Road en niemand rijdt ook die 35 mile, omdat het een weg is waar dat totaal niet passelijk is. Maar erger nog, nu maakte hij er ook nog 51 mile van. En dat is 16 mile te hard en boven de 15 mile te hard krijg je punten op je rijbewijs en gaat je verzekering omhoog.

Na die lange secondes, zag ik hem uit de auto stappen met een gele brief in zijn hand. Bekeuring dus! En erger, nog een flinke ook! $ 171,00 in totaal. $50,- boete en $ 121,00 courtkosten. Hij maakte er nog een heel verhaal van, maar in dat verhaal vertelde hij zelfs twee keer, dat hij me ten sterkste aanraadde om persoonlijk voor de court te verschijnen, want dan zouden er kilometers weer vanaf gehaald worden en zou ik geen punten op mijn rijbewijs krijgen.

Nou toen was ik helemaal pissig!! Langzaam aan werd ik rood en voelde mijn pissigheid omslaan naar woede. Hoe krijgt hij het voor elkaar? Geeft me een bon en vertelde tegelijkertijd hoe ik het verminderd kan krijgen? Waarom dan uberhaupt een bon met punten en courtdate voor de ene mile te hard? Grrrrrrrr, alsof ik iets drastisch fout had gedaan, zoals het inhalen via een vluchtstrook???? Ja ik was nu echt boos, niet meer pissig! Ik voelde me zo genept, want ik reed 45, misschien 46, maar zeker niet boven de 50. Maar hij bleef maar doorbabbelen over die court en die punten. Hij gaf me ook al een datum en 2 September kan ik naar 'court'om het te laten verlagen.

Alsjeblieft man ga weg, want ik ontplof bijna. Goh wat is het dan onzettend moeilijk om beleefd te blijven. Ik nam het briefje van hem aan en daarna liep hij terug naar zijn auto. Jeetje zeg! Wat ontzettend balen....... Hoogste tijd voor een zure bom!!! En misschien nog wel twee ook!

60. In de rij

Gistermorgen waren we al vroeg op pad, want op het schema stond het bezoek aan de recht bank. Met de bekeuring die ik twee weken geleden kreeg, kreeg ik ook gelijk een court-date. En dat was dus 2 september. Om 7 uur reden we van huis weg, want om half 9 zou je er terecht kunnen hadden we gelezen. Kwart voor 8 waren we al in het centrum van Raleigh en konden dan ook makkelijk een plekje vinden in de parkeerplaats tegen over de rechtbank. Wij moesten in hal 1A zijn.

Nadat we door de security poortjes heen waren gingen we een trap op en al snel zagen we zeker drie bewakers, met grof geschut en van die lijnen die ze ook bij Disney hebben. Van die doolhofjes zeg maar. In die wirwar van lijnen stonden zeker al zo'n 50 mensen. Dachten wij vroeg te zijn zeg! Wellicht begonnen ze dus toch veel eerder dan half negen.
We sloten aan in de wachtrij en ik kan je vertellen dat het een bont gezelschap was. Niet perse het gezelschap dat je graag in het donker in een afgelegen straatje wilt tegen komen. Duidelijk te zeggen dat ik me alles behalve op mijn gemak voelde. Misschien daarom ook die bewakers met volledige uitrusting?

Aan het eind van die wachtrij was 1 balie, met in het midden een mevrouw, die mapjes uit een bak haalde als je je bekeuring liet zien. Aan de linker kant een wacht rij voor Magistraat "de rechter" en aan de rechter kant de district attorney. Nou heb ik nog nooit van de district attorney gehoord, behalve dan in 'As the world turns', waar Tom district attorney was. En veel meer wist ik daar eigenlijk niet over
In onze schuifel gang in de wachtrij, kwamen we een paar keer langs de Magistraat en die "DA". Die afkorting wist ik dan weer wel, want zo werd Tom wel eens vaker genoemd. Het was net of er een toneelspel op gevoerd werd. Het standaard rijtje met opties werd door de Magistraat en de DA opgerateld, waarna degene aan de andere kant van de balie die de bon gekregen had een papiertje moest tekenen. En daarna volgde weer een volgende 'klant' met zo'n zelfde soort riedeltje.
Nou waren het niet allemaal speeding tickets, maar ook DWI (dronken rijden), geen verzekering en wat al niet meer. Per stuk hadden ze allemaal vast die $121,00 betaald. Big business! Al die toneelspelerij moet natuurlijk wel betaald worden.

Toen ik eenmaal bij de mevrouw die alle mapjes bij de naam zocht was, bleek mijn mapje niet in de bak te zijn. Zwaar zuchtend ging ze nog een keer de bak door. Toen ze het daarop nog nog niet gevonden had keek ze een nog keer zuchtend voor zich uit en staarde wat. Intussen, maakte mijn hart een sprongetje. Ohhhh, ze zijn me kwijt geraakt, kom ik er even mooi van af. In al die tijd dat wij in de rij stonden, hadden we dit nog niet gezien. Vast een vormfoutje. Zou voor ons ook wel eens leuk zijn niet? Na even in de ruimte

126

gestaard te hebben, besloot ze te gaan rammelen op een computer ergens in een hoekje van die balie. Nog steeds zwaar geirriteerd. Daarop hoorde we een printer rammelen en helaas, ze pakte gewoon een nieuw mapje uit een la.... En wees ons in de richting van de DA. Dus daarop sloten we weer aan in die rij.... Jammer geen vormfoutje voor ons dus.

Pietraaah, werd er daarna geroepen en we liepen op de balie af. Al meteen begon hij tegen mij het hele verhaal in super trein vaart. Ik bedacht me hoeveel keer hij het hierna nog zou zeggen op zo'n dag. Echt geen leuk baantje zeg! Maar omdat hij het zo snel afratelde, verstond ik er natuurlijk geen bal van. Dus toen hij aan het eind zei, do you accept, vroeg ik hem het nog een keer te vertellen. Dit keer ging hij iets langzamer maar nog kwam het niet echt door. In het kort kwam het er op neer dat hij me "9-over" kon aan bieden of ik moest een afspraak maken met de rechter en dan weer op 30 september terug komen. Het hele '9-over' verhaal was me nog niet helemaal duidelijk. Dus ik vroeg wat dat dan was. Weer in de supertreinvaart vertelde hij erg kort "dat 51 dan 44 zou worden". Daarop bedacht ik me dat hij vast bedoelde dat het verlaagd zou worden naar 44 mile en dat is 9 mile te hard ipv 51 en 16 mile te hard. Met 9 mile kreeg je volgens mij geen punten op je rijbewijs. Ik herhaalde mijn versie aan hem en het enige antwoord wat er uit kwam is, "ik mag u geen juridisch advies geven". Huh? dat vroeg ik toch ook niet. Het leek wel een computer die vent..... Daarna vroeg ik dat als we naar de rechter gingen of we die optie ook nog aangeboden kregen. "Ik mag u geen juridisch advies geven", kwam er weer uit. Wat een raar verhaal is dit zeg. Dus daarop vroeg ik, dus het is of nu die '9-over"' nemen of voor de rechter en dan afwachten. Hij antwoordde heel kort met ja. En daarop vroeg ik weer, maar als ik die '9-over' kies, worden er dan geen punten op mijn rijbewijs bijgeteld? En alweer; "Ik mag u geen juridisch advies geven", zei hij weer. Alsof hij een grammofoonplaat was die bleef hangen. En nog nooit van punten op het rijbewijs had gehoord. Geen greintje emotie en hij keek me ook niet aan.

Vreselijk vond ik het. Wat een rare benadering. Afijn ter plekke kozen we dus voor het '9-over' verhaal. Dit was ook vast wat die agent bedoelde en echt ik vind het dus belachelijk. Die agent weet al dat als ik naar court ga er een '9-over' deal wordt gemaakt, dus waarom al die toestanden? Ik stond daar werkelijk ter werkverschaffing van heel zaal 1A. Wat een onzin zeg!

Natuurlijk was ik wel blij dat het verlaagd werd, maar het is zeker geen uitzondering, meer regel eigenlijk. En iederen maar mooi die 121 dollar betalen natuurlijk. Wat een kolder zeg. Afijn nadat ik mijn keus bekend had gemaakt mochten we weer in een andere rij gaan staan. In de rij van de betalers. Om de 5 minuten werd die rij mee genomen naar de kassa. Eenmaal aan de kassa werd dan ook pas duidelijk dat mijn bekuring niet 50,- dollar meer was, maar nu 15,-. Wel die 121,- dollar courtkosten natuurlijk. Die moest wel volledig betaald worden. Maar ach daar hadden we de lol voor in het rijtje staan en het gezellige gesprek met de meneer achter de balie gehad. Grrrr.

Persoonlijk vond ik die bekeuring wel erg laag nu. Voor die 15,00 dollar
kunnen ze nog geen klein putje in het wegdek maken, volgens mij. Hele rare
verhouding vond ik het maar. Wat is het nut dan van het hele gedoe? $ 15,00
dollar winst en de rechtbank bezig gehouden? Nee, daar schieten we lekker
mee op....
Denk dat ik dit hele voorval maar snel moet gaan vergeten, want het is niet
goed voor mijn bloeddruk. Vindt het namelijk zo'n raar systeem en zie er
absoluut de logica en al het nodige werk niet van in. Soort van bezigheids
therapie en ik mag het weggegooide geld betalen? Echt pure onzin. Nee als ik
toch presidente zou zijn......

61. Slecht nieuws

Gisteren was een dag om snel te vergeten. Het begon al 's morgens. De dag ervoor had ik het tv programma Big Brother opgenomen en dat wilde ik 's morgens gaan kijken. Wat bleek het kastje wat we hebben van Time Warner Cable was op hol geslagen. Er kwam van alles te voorschijn behalve mijn opgenomen tv programma en het ding bleef ratelen. Ik bellen naar Time Warner, heb een half uur in de wacht gestaan want er was een update geweest werd verteld en klaarblijkelijk konden daar veel van die kastje niet goed tegen. Nu komen ze hem volgende week pas omruilen voor een nieuwe..... Geen big brother dus.
Inmiddels was ik tijdens het wachten aan de telefoon met Time Warner, aan het werk gegaan en kreeg ik een mail binnen dat er 's middags om 4 uur een "mandatory" vergadering van mijn werk was. Een voor iedereen verplichte vergadering dus. Beetje vreemd vond ik wel en ook vrij kort van te voren aan gekondigd. De vergadering zou een half uur duren stond er bij vermeld. Alle groepen voor het project waar ik voor werk waren uitgenodigd. Dat zijn zo'n 60 analisten ongeveer bij elkaar. Klaarblijkelijk was het belangrijk nieuws dat iedereen aanwezig moest zijn.

Maar om vier uur dus ingelogd en toen kwam het nieuws......, we werden allemaal collectief ontslagen, daar kwam het in het kort simpel op neer. Er is een nieuwe directeur bij de grootste klant en opdrachtgever en die wil het allemaal over een andere boeg gooien en het contract voor het marketing bedrijf waar ik voor werkte werd niet verlengd. En vette pech dus voor alle analisten en andere medewerkers van dit project..... Helemaal stil werd het in de vergadering. En ik was eigenlijk heel verbaasd over de reactie van mijn collega's. De eerste reactie was, krijgen we nog wel betaald? En daarna kwam er niet veel zinnigs meer uit. Het viel stil..... Ja wat zeg je eigenlijk in zo'n geval. Ik kan me een Nederlandse reactie voorstellen. Met boze werknemers die vragen hebben over hoe en wat nu verder. Maar niks..... Het was duidelijk dat zij waarschijnlijk hier meer ervaring mee hadden dan ik. Een toch wel erg Hollands poldermodelletje zeg maar. En kwart over 4 was de vergadering dan ook voorbij.

Zo raar.... en zo onwerkelijk. De dag er voor had ik nog een nieuwe lading documenten gekregen en nu was het na deze stukken over. Toevallig had ik er vorige week nog aan gedacht om door te geven dat ik maar een bepaald aantal documenten wilde gaan doen, want het werden er steeds meer en meer. En ik was aan het verzinnen hoe ik dat nou netjes moest gaan vertellen. Nou...., dat probleem is nu vanzelf op gelost! Voorlopig niet meer te veel documenten, in ieder geval. Helemaal geen documenten meer, stond nou niet echt in de planning, dat hoefde nou ook weer niet echt. Maar veel keuze is er nu niet.

Er waren mensen die er al 4 jaar werkten en zo van de 1 op de andere dag ontslagen werden? En nee, een sociaal plan was er niet, alweer vette pech. Ik vond het heel triest en was gewoon verbouwereerd..... Omdat ons project 1 van de grootste van het bedrijf is, zullen al de mensen die voor dit project werken ook niet geplaatst kunnen worden bij andere projecten.

Als je bedenkt dat 60 gezinnen dit nieuws hebben gekregen..... Voor mij is het "vervelend en jammer", maar ik ben geen kostwinner. Maar mijn baas zeg maar, was dat wel en die staat ook op straat. En zo zullen er meer van zijn. Het vreemde is dat het eigenlijk mijn "cyber-collega's" zijn en ik ze dus nog nooit in het echt ontmoet heb. Maar toch tijdens al die vergaderingen leer je sommige mensen wel kennen. Mijn Nederlanse collega en de collega's van Qaulity Assurance, waar ik de laatste maanden mee samen werkte en veel vergaderingen mee gehad heb. Het blijft gewoon een vreemde gang van zaken.

En tsja,... zo gaat dat en "That's life". De zwakke economie heeft er ook mee te maken natuurlijk, er zal vast bezuinigd moeten worden. Dat begrijp ik zeker. Maar moet eerlijk zeggen dat ik aan deze omgang met mensen, die hard voor het bedrijf hebben gewerkt, niet zo heel snel zal wennen. Maar het was weer een nieuwe ervaring, ik ben namelijk ook nog nooit zo ontslagen en voor alles moet een eerste keer zijn. Dus we zijn weer een ervaring rijker, wel een aparte ervaring. En al weer 1 om snel te vergeten.

62. Convenience center

Vandaag ben ik naar het Convenience center geweest. Moet zeggen dat toen ik die naam hoorde ik heel iets anders in mijn hoofd had. Een soort van luxe iets, wat erg handig moest zijn? Maar viel dat even tegen, want heel simpel gezegd is het gewoon, de grofvuil stort plaats. Oftewel, de milieu straat. Maar hier heet dat een "convenience center".....

Alle rommel die we uitgezocht hadden van zolder afgelopen zaterdag, had ik in de auto zitten en daarvoor moest ik naar dit convenience center van onze county. Erg convenient was het wel, want alles wat ik in mijn auto had mocht in dezelfde bak. De "milieu-opleiding" die ik bij de milieustraat in Hellevoetsluis en Zierikzee mocht krijgen, had ik hier echt niet nodig. Weet nog dat toen wij naar hier gingen verhuizen we regelmatige tripjes naar het grofvuil hebben gemaakt. Alles werd daar onder het wakend oog van de 'Opper-milieu-straat-meneer', ordelijk en verantwoord gerecycled. In Zierikzee was het gratis nog, maar in Hellevoetsluis moest je er voor betalen. Hier hoefde ik niet te betalen en was er ook weinig wakend oog.
Op zich leek het bij het aankomen rijden best op de milieustraat van Zierikzee. Een stuk kleiner dat wel, maar allemaal bakken met borden er boven, waar wat in moest. Ook was er zo'n zelfde meldhokje, dus ik meldde me daar netjes voordat ik mijn auto begon leeg te halen. En vertelde, zoals in Zierikzee altijd gevraagd werd, wat er in mijn auto zat wat weggegooid moest worden. In Zierikzee kreeg je daarop dan een hele preek, met in welke containers wat moest. Met alle wild wijzende gebaren van de 'Opper-milieu-straat-meneer'. De man echter in dit hokje keek me duidelijk verschrikt aan. Oef, ik stelde vragen en ook nog over het scheiden van afval. Dit was geloof ik nieuw voor hem?
De convenience center meneer had een heel groot afrokapsel en was van het formaat 'groot' en enorm stylish gekleed in een kanarie geel overal. En was zoals ik al zei erg verbaasd over mijn, door Zierikzee ingeprentte recycle kennis.

Ik had een stel dozen, een opvouwbed, een plastic hondenmand, kussentjes van de tuinstoelen en nog meer van dat soort fratsen. Hij mompelde wat, en wees naar bak nummer 2. Boven nummer 2 stond een groot geel bord, dezelde kleur als zijn overal overigens, waarop stond, "other waste". Hmmm beetje vreemd, want moesten mijn dozen niet in de carton bak? Terwijl ik het piepschuim uit de doos in de other waste bak gooide en met mijn doos richting container nummer 1 liep, van carton, wees de convenience center meneer me weer terug naar bak nummer twee, de "other waste" bak.
Nouwwwww, hier werd niet veel gerecycled volgens mij? Als de milieustraat meneer van Zierikzee dat toch zou zien! Die had me gelijk met een gil terug geroepen. "Wat gaan we doen mevrouwtje?" en had me per direct naar container nummer 1 gestuurd. Met een strenge "zo-niet-dan-toch"-blik. Maarja

de grote covenenience meneer in kanarie-outfit, wilde ik nou ook niet tegen me hebben, dus gooide ik al die dozen dan maar in de other waste bak.

Na alle dozen kwam het opklapbed. Had netjes het matras er af gehaald zodat dat in de nummer 2 bak kon en het spiraal en poten in de ijzerbak kon. Maar alweer werd ik terug verwezen naar vergaarbak nummer 2. Huh? Maar dit was toch ijzer? Nee alles moest in de other waste container. Hij was echt helemaal het tegen overgestelde van de milieustraat meneren in Zierikzee. Ik snapte er in ieder geval helemaal niks meer van.

Eigenlijk werd ik er ook een beetje droevig van, want het is er allemaal aanwezig. Al die mooie gescheiden bakken met mooie gele borden met de zo gepaste namen er boven. Maarja die groot uit gevallen kanariepiet met het afro-kapsel, snapte het spelletje denk ik niet. Misschien zouden ze hem op een field-trip naar Zierikzee moeten sturen? Weet zeker dat hij daar veel zou leren en het milieu zou er een heel stuk beter mee af zijn.

De rest van mijn rommel verdween ook in bak nummer twee. En toen de auto leeg was, deed de convenience kanarie een soort van tralies over bak nummer 2 en drukte op een knop en volgens mij werden al onze spulletjes direct samengeperst tot 1 massa. Hij zei geen eens gedag meer, maar was helemaal gefocused op de samenpers actie. Dat was zijn taak! Misschien vindt hij dat wel het leuke aan zijn werk en was het nou niet echt het achter liggende milieu verhaal waar hij door gefascineerd was? Maar het samen prakken van zoveel mogelijk afval. Waardoor het waarschijnlijk inderdaad in omvang afnam. Maar wellicht in de juiste bak toch beter verwerkt had kunnen worden tot nog minder afval uiteindelijk. Jammer, duidelijk een gemiste kans.....

132

63. Gapend gat

Van de week was Ron een aantal dagen op pad voor zijn werk. Natuurlijk precies in die week zou er via de bouwer van ons huis gekeken worden naar de lekkage die we hadden bij de laatste storm. Nou ja, gekeken was er al, maar er zou nu een metselaar komen. Zaterdag zou die eigenlijk al komen. Maar zaterdag niemand gezien. Maandag ook nog niemand verschenen. Maar dinsdag rond half twaalf waren ze er en begonnen gelijk met hakken en zagen. Daarna hoorde of zag ik een hele poos niks en niemand meer en om twee uur ging het verhaal weer verder.

Rond vier uur, werd er gebeld en ben ik even met die man mee gelopen om te kijken wat hij allemaal gedaan had. Niet dat ik er verstand van heb, maar vond dat wel zo beleefd. Dus ik kom om de hoek en er zat toch een groot gat in onze muur op de bovenste verdieping. Ik schrok me echt het ongans. Niet normaal meer. Het zag er echt niet uit. Niks 1 of 2 steentjes er uit gehakt, gewoon een heel vlak eruit. En zelfs om de hoek hadden ze nog even door gehakt....

"Mevrouwtje maakt u geen zorgen, morgen komen we alles weer inmetselen. Is het goed als we vroeg komen?". Ik die nog helemaal verbaasd en verschrikt naar het gapende gat stond te staren, zei maar ja tegen de beste man. Maar weet bijna zeker dat mijn mond open bleef staan. Allemachies, wat een gat zeg. En echt lekker zat het me dan ook niet en vroeg me af hoe dit ooit weer een strak muurtje kon worden? Zal je zien dat die metselaars nou net moeten komen als Ron er niet is. En echt gerust ging ik die avond dan ook niet slapen.

Om 5 voor zeven de volgende morgen hoorde ik gestommel op het dak, half slapend kon ik het geluid nog niet thuis brengen. Gek hoe je dan ineens zo verward wakker wordt. Ik wist dat er wat was, maar wat was het ook al weer. Maar toen schoot het me al snel te binnen "het gapend gat". Hopelijk kwam het toch nog goed. Feit was dat het opmetselen een heel stuk sneller ging dan het uittikken van de stenen. En na een uur waren ze al klaar. En gelukkig "Gapend Gat" was weer weg en er was zowaar weer een strak muurtje voor in de plaats gekomen. Pfffff, wat een geluk.

Ik had de metselaars nog gevraagd om ook de regenpijp weer terug te zetten, want het zou die avond/nacht kunnen gaan regenen. Maar vast maken konden ze hem niet want alles moest natuurlijk nog uit harden. Ze hadden hem daarom vast gezet met een schroefje aan de dakgoot en dat zou allemaal wel houden. Nou niet dus.... een uur later lag het grootste deel van die regenpijp los op het dak.... En wat nu? Het zou wel gaan regenen en zag het water al over mijn net gemetselde muurtje heen klotsen. Vast niet echt bevordelijk voor het net dicht gemaakte stuk.

Had inmiddels wel een afspraak gemaakt met de man van de dakbedekking
want al het lood hadden ze ook weggehaald en moest weer opnieuw
aangebracht worden. Moet zeggen dat dat gesprek ook al niet zo lekker
verliep, want die man vertelde me dat er heel veel regen aan zou gaan komen.
En hij niet wist of hij de dag erna, als het cement uitgehard was, kon komen
met die regen. Gut oh gut, wat een pret toch weer!
Dus 1. ik had een regen pijp op half zeven, 2. er werd regen verwacht en 3. de
dakbedekking was "even" weg en kon wellicht pas weer gemaakt worden na
alle regen..... Echt allemaal dingen om heel blij van te worden, vooral als Ron
niet thuis is. Kortom er zat niet anders op dan dat ik dat dak op moest.

In de garage had ik een rol ductape gevonden en vond dat dat het wel moest
doen. Daarbij een trapje gepakt, dat onder het raam gezet zodat ik zo het raam
op de 1e verdieping uit kon klimmen en op het dak kon stappen. Ja..... het is
allemaal wat. Nou is dat dak niet zo schuin, maar ik ben zo lenig als die hele
regenpijp. En dat uit het raam klimmen ging dan ook met horten en stoten.
Maar het is me gelukt! Stukkie tape hier, stukkie tape daar en een houtje er
onder ter ondersteuning.... En regenpijp was weer in originele positie.

Voor ongeveer een half uur welteverstaan, want toen kwam er weer een
windvlaag en klaboem daar lag ie weer, los op het dak. Wel "alsjemenou"!!!
(Zei ik niet hoor, ik zei iets veel minder netjes, want ik had er zwaar de pee in)
En nu? Ik weer naar de garage op zoek naar "Mac Gyver'" materiaal. Ken je
die tv-serie nog? Wat zou MacGyver doen in dit geval. Een touwtje, ik moet
een touwtje hebben! En na alle deurtjes en laatjes onder de werkbank van Ron
open getrokken te hebben vond ik een klosje. Leek wel vliegertouw. Helaas
veel beters zag ik niet en dus moest dat touwtje het gewoon gaan doen! En
daar ging ik weer. Letterlijk het dak op. En heb het touwtje aan de regenpijp
gemaakt. En daarop het raam dicht gedaan, zodat het touw onder het dichte
raam klem zat. En zowaar, deze MacGyver truc werkte!!! Een half uur later en
alles zat nog steeds op de plek. En zelfs een uur later nog steeds goed. Hij
bleek zomaar te blijven zitten. Thank you MacGyver!

Voor het slapen gaan had ik nog gekeken en nog steeds hielden mijn touwtjes
het. Daarna ben ik gaan slapen, tot dat ik wakker werd van de regen. Hoorde
de spetters tegen het raam. Het was kwart voor zeven in de morgen. Ik snel
weer naar boven om te kijken of de regenpijp nog goed hing en gelukkig alle
touwtjes deden het werk nog..... Ja het is wat??? Waar een mens allemaal aan
moet denken zo vroeg op de morgen....
Afijn ik loop naar beneden en de deurbel gaat. Is het die dakbedekking
meneer! Of het goed was of hij het dak zo vroeg al mocht maken? Wat goed?
Perfect man! Helemaal super zelfs en ik vroeg hem gelijk of hij die regenpijp
ook wilde vast zetten. Nou eigenlijk was dat niet zijn werk, daar waren de
"gutterguys" voor. Tsja, dat zal gerust, zei ik, maar ga even kijken hoe de
toestand nu is van de regenpijp en dan spreek ik je later wel.

En na een half uurtje kwam hij weer terug. Het lood zat er weer op, alles was gekit en zei hij, ik heb de regenpijp toch ook maar voor u vast gezet. Maar, vroeg hij, wie heeft dat zo achter gelaten mevrouw? Nouwwww, zei ik, dat vakwerk was van mij, vond u het niet een technisch vernuft? Dat laatste stukje zei ik niet. Maar moest wel denken aan het gezicht van die beste man toen hij mijn knutsel constructie aantrof op het dak. Wat zal hij raar hebben gekeken. Overal ducttape en twee vlieger touwtjes die de regen pijp door het raam vast hielden. Oh, zei hij, nouja het werkte wel, nog iet wat verontschuldigend, maar hij zit nu goed vast hoor mevrouw!

God zij dank!!!! Want nog geen uur later kwam het echt met bakken naar beneden! Dit was echt allemaal op het nippertje en moet zeggen dat ik zo blij was dat alles nog op tijd goed is gekomen. Want het mooiste was dat het die hele dag en nacht geregend had en het niet gelekt heeft. Dus het gapend gat en mijn dakklimmerij, alles was niet voor niets geweest!

64. **Het woeit....**

Oftewel het is zwaar economisch weer.... De bailout is afgewezen en de Dow en Nasdaq reageerden fel. De grootste beursdaling sinds tijden was gisteren.

De bailout is een overheidsaankoop van stock, ala de Nederlandse overheid heeft gedaan toen de KPN in zwaar weer zat, maar dan met "ietwat" meer centjes nu. Vraag is natuurlijk hoe die bedrijven in die situatie zijn gekomen. Groot probleem is dat de topmannen, wel hun zakken vullen en de Amerikaanse belasting betalers hier, terecht, niet aan mee willen betalen. Probleem is alleen dat op dit moment banken elkaar geen geld meer uitlenen. Waardoor bedrijven moeilijk geld kunnen lenen en zo ook de burgers. En in Amerika houden de burgers wel van lenen, denk alleen aan al het credit card gebruik. Maar het is ook moeilijk om een hypotheek af te sluiten, waardoor de huizen langer te koop staan. Dus de verliezen op Wall street hebben ook gevolgen voor de mensen op 'Main street'. Het woord 'Main street' is trouwens nu een heel populair woord hier, de laatste dagen heb ik het zoveel gehoord. Afijn, het cirkeltje is rond en dus "het woeit"...

Vandaag kwam ook het nieuws dat 'onze' bank is overgenomen. Wachovia bank is altijd echt een North Carolinian Bank geweest. En de bank deed het ook goed, tot dat ze zelf op het overname pad gingen en dat pakte verkeerd uit. En daarboven op de economische malaise, heeft tot gevolg dat nu de bank zelf wordt overgenomen door Citi group. Een bank met een stuk minder mooi imago. De FDIC garandeert een inleg van 100.000 dollar op de bankrekening. Dus mocht een bank failliet gaan en die heeft een FDIC goedkeuring, is er een waarborg van $ 100.000. Desondanks zie je dat veel mensen nu het geld bij hun banken weghalen, juist nu de banken het geld hard nodig hebben omdat er moeilijker geleend kan worden. Alweer dat cirkeltje.
Verder is er ook nog een tekort aan benzine dezer dagen. Dit komt door hurricane Ike, waardoor de olie industrie een poos niet gewerkt heeft en nu op halve capaciteit werkt. Er zijn dus nu benzinepompen die geen benzine meer hebben. Met alle gevolgen van dien. Hier in de buurt kon ik gisteren nog wel gewoon tanken, maar het schijnt meer naar het noorden al een stuk ingewikkelder te zijn.....
Het is dus allemaal somber nieuws hier op het moment. Je hoort nu ook ineens veel minder leuke nieuwtjes. De buuf hier tegen over is ook ontslagen en gister ook op tv, Sony-Ericson, die hier een vestiging in de buurt heeft, ontslaat de helft van zijn personeel. Het lijkt of nu ineens al het slechte nieuws te gelijk komt. Het "woeit" echt!
En..... nog meer 'woei' nieuws. De "Three Dog Bakery" in Apex, waar ik onlangs nog Connor's verjaardags taart heb gekocht, gaat ook sluiten...... Durf het de hondjes nog niet te zeggen, ben dan ook maar met ze gaan wandelen. Om het geheel wat afleiding te geven. Nu maar hopen dat ze het nieuws niet gehoord hebben van de hondjes die we onder weg tegen zijn gekomen. Zelfs voor de hondjes "woeit" het..... Waar moet het heen in de wereld?

65. Op de kiek

Vandaag zijn we voor pasfoto's op pad geweest. De vorige keer hadden we ze bij een fotograaf hier laten maken en die kostte toen zo'n $18,00 per setje. Daar ging het allemaal vrij onprofessioneel, want toen moesten we voor een deur, midden in de winkel, op een half gaar krukje poseren. Het resultaat was wel goed, maar vond het vrij prijzig, eigenlijk. Vooral toen ik een reclame bord bij de CVS (de plaatselijke Kruidvat) zag dat ze daar maar $ 7,99 kostte. Dan waren we in totaal bijna net zoveel kwijt als 1 setje bij de fotograaf. Vond het alleen raar, want ik had er nog nooit iets van in de winkel gezien. Waar zouden ze die dan maken?

Maar als Hollandertje ga je toch voor die goedkope prijs niet waar. "Ons ben zunig", toch? En bovendien CVS zit bij ons op de hoek. Dus toen we bij de kassa vroegen naar pasfoto's, zei de mevrouw loop maar even mee. Ze graaide ook een super ouderwets digitaal cameraatje mee in de gang er naar toe. Ron en ik keken elkaar nog verbaasd aan, gaat het met dat toestelletje gebeuren?

Ze liep naar het gedeelte in de winkel waar de koelingen zijn en trok ergens aan een touwtje wat vanuit het plafond bungelde.... en hopla, daar kwam het achtergrondje naar beneden gerold. Ik moest zo lachen.... Was dit het? Heel tactisch zei ik tegen Ron ga jij maar eerst.... En de mevrouw keek zo eens op naar Ron en zei al dat hij veel te lang was. Hier moest ze wat voor halen. Dus bukte ineens en ergens onder een 1 van de schappen haalde ze een trappetje vandaan. Maar dit hulpmiddel was nog niet genoeg, want ze vroeg "Can you squat a little, honey?". En echt ik moest zoooo lachen, het was geen gezicht. Ron, een beetje door zijn knieen gezakt tussen de koelingen en de rest van de spullen midden in de Kruidvat een pasfoto aan het maken. Het hele plaatje klopte gewoon niet. Maar de CVS mevrouw, keek uiterst geconcentreerd door haar super cameraatje. Echt serieuze business hoor. Ze nam voor de zekerheid maar twee foto's want je weet maar nooit.

Daarna mocht ik en keek ze weer zo geleerd door haar cameraatje. Ik moest echt mijn best doen om niet te lachen. En terwijl ze probeerde mij op de foto te nemen, hoorde ik een zucht en stapte ze van der krukje af. En deed het ding een halve meter achteruit. Daarna klom ze er weer op en ging weer gluren door de camera. En ook ik mocht twee keer op de foto. Daarna stapte ze weer af en ging naar een computer en stopte het geheugen kaartje van de camera in dit apparaat. Afijn ik was reuze benieuwd naar het resultaat.

Die van mij vielen eigenlijk reuze mee, en konden door de keuring heen. Maar op die van Ron was er weerkaatsing op zijn bril te zien dus hij mocht nog een keer squatten. Maar eerst moest ze een paar mensen aan de kassa helpen, want ook dat was haar taak. Echt ik moest zo lachen... Stonden we dan te wachten tot ze klaar was. Fotograaf en kassajuf tegelijk was ze gewoon deze mevrouw. Maar na drie klanten kwam ze er weer aan met haar supersonische camera....

Ron weer squatten en twee keer op de foto. Tussen de gekoelde cola en jus d'orange. En ik op veilige afstand alles bekijkend. Daarna weer snel kijken naar het resultaat, maar alweer een grote ster midden in zijn gezicht. Gek he? Hoe kan dat nou toch met zo'n mooie camera en geweldige flitser?

Afijn toen kwam Ron op het idee om dan maar zonder bril op de foto te gaan, anders had hij daar de hele dag voor sier in die winkel voor die kassa juf staan poseren. En dat vond de mevrouw ook goed een goed plan. En dus volgde er squatsessie voor Ron zonder bril!

En toen.... toen heb ik gevraagd of ik er een foto van mocht maken aan die mevrouw, want dit moest gewoon.... Ze keek me verbaasd aan, maar vond het een eer dat we haar op de foto wilden. En echt ik moet er elke keer zo om lachen als ik die foto zie! Zo midden in de winkel achter zo'n knullig schermpje en die vrouw op dat opstapje turend door het kleine gaatje.....

Maarja, je moet er wat over hebben om een mooie pasfoto te krijgen? Dus toen deze squatsessie ook klaar was, hoopten we nu toch wel op een goed resultaat, want Ron's geduld begon aardig op te raken. Maar we moesten toch weer even wachten. Want haar kassa vroeg weer de aandacht. En na deze twee klanten weer geholpen te hebben, waren wij dan weer aan de beurt. En gelukkig deze sessie zonder bril was goed!!!! We namen afscheid van onze fotograaf/kassajuf en betaalden gauw. Hopelijk heeft niemand ons herkend, ha ha ha. Zo wil je toch niet gezien worden…..

65. De bloemenschuur

Vandaag had ik een afspraak staan. Namelijk een interview, of wel een sollicitatie. Had van de week een advertentie gelezen dat ze bij een bloemist hulp vroegen bij het maken van boeketten en bloemstukken. Nou heb ik in een grijs verleden heel wat jaren cursussen gevolgd bij een tuincentrum in Hellevoetsluis. En het leek me wel leuk om dit te gaan doen. In de advertentie stond dat het voor 2 a 3 keer per week voor 3 tot 5 uur was. Leuke uurtjes dus. Niet te veel, voor mijn gevoel. En misschien toch wel weer een manier om "onder de mensen" te komen. Afijn afgelopen zaterdag zijn we alvast bij "de bloemenschuur" langs gereden. Wist namelijk niet goed wat ik er van moest denken. Het telefoon gesprek verliep aardig en ik werd al snel voor een gesprek uit genodigd. Maar toch had ik dat "Aalsmeerse-aan-de-lopende band-gevoel". Je weet wel van die lopende band bloemstukjes die je met de kerst in Nederland vaak ziet.
Helemaal toen ik het adres van de bloemist gegoocheld had. Just in the Middle of nowhere en net buiten het grens gebied van "ons" dorp.
Dus zaterdagmiddag Ron en ik nog langs gereden en nou heette deze bloemist the Flower Barn. En niets was minder waar. Al zag ik zo op het eerste gezicht niet veel flowers, wel veel Barn. Jeetje..., echt "onder" de mensen ga ik hier niet komen volgens mij. Het was echt op een verlaten weg in een echte schuur. Met aan de voorkant van die schuur een gat gezaagd, wat door moet gaan als etalage. Landelijker kan bijna niet!

Hmmm wat nu? Ik had de hele zondag en maandag nog de tijd om te denken wat te doen. Zondag zou ik wel heen gaan en maandag dacht ik toch maar niet? En wat trek je dan aan als je gaat solliciteren bij een schuur? Met mijn vorige solliciteer ervaring, waarbij bijna iedereen in begrafenis outfit verscheen en ik veel te frivool was gekleed, volgens mij, wist ik het echt niet meer. Dus bij de 'wel-niet' gaan, kwam ook nog wat trek ik aan....?

Afijn vanochtend dacht ik, wat heb ik te verliezen? Dus ik ben naar de "barn" gegaan in mijn begrafenis outfit toch maar. Toch maar op zeker.
Had de auto geparkeerd op de gravel parkeerplaats. En kon vanuit de auto zien dat het bordje bij de voordeur op "Open" stond. De schuur was open zeg maar. Op de voordeur zat verders een groot plakkaat van de baptisten kerk, voor een of andere bijeenkomst. En terwijl ik de deur open deed ging heel hard een bel. Er was volk!!!, luider kon het bijna niet klinken.

De winkel waar ik in binnen kwam, was zoals de bloemist van zo'n 20 jaar terug bij ons op de hoek in Rotterdam, maar dan met vloerbedekking op de grond. Altijd handig vloerbedekking bij een bloemist? Lekker makkelijk met schoonmaken ? (Ahum) Het gaf in ieder geval wel een huislijk gevoel. Dat konden we wel vaststellen. De bel bleef maar door klingelen en ik deed een paar stappen de winkel. Om me heen rieten mandjes met plantjes met grote strikken. Zoooooooooooo heel anders dan bij een bloemist in Nederland.

Maar in ieder geval geen "Aalsmeer-aan-de-lopende-band-werk". En toen ik opkeek en de deur net achter me dicht gedaan had, verscheen ook de mevrouw die ik waarschijnlijk aan de telefoon had gehad. Gekleed in spijkerbroek en wijd t-shirt. Stond ik dan in mijn begrafenis outfit. Pfffff, hoe bedoel je overdressed? Het is ook nooit goed he? Ja, nou weet ik het ook niet meer hoor.

Ze vroeg me in ieder geval mee naar achteren te lopen. En daar stonden een paar hoge tafels en zij zelf was bezig met het uitpakken van het groen voor bloemstukjes. Dit gedeelte van de schuur kwam wat moderner bij me over. Ze vroeg me wat over me zelf te vertellen en dat deed ik dan ook. Toen ik klaar was met vertellen vroeg ze me of ik bereid was een boeket te maken? Kijk, en dat vond ik nou weer heel leuk. Ik kan zo veel praten als ik wil, maar laat me mijn gang gaan en dat zegt veel meer dan al mijn Neder-Amerikaanse woorden.

Ze lag wat groen en bloemen en een vaas met een kan met water voor me neer en vroeg me een eenzijdig boeket te maken. En of ik een schaar of een mesje prefereerde. Mesje, zei ik en kreeg een mesje aangereikt en ik ging aan het werk. Terwijl ik bezig was, kwam er nog een mevrouw binnen. Geheel in Halloween stijl moet ik zeggen. Halloween oorbellen en halloween shirt. Na even over het weer gepraat te hebben (ook zij vond het koud) kreeg ook zij een mandje met bloemen klaar gelegd. Naar mijn idee hadden zij elkaar vaker gezien en zij moest een bloemstuk van een plaatje namaken. Tussen mijn werkzaamheden door keek ik zo nu en dan op en zag dat die mevrouw niet van het snelle type was. Alles ging in een soort van slow-motion en elk bloemetje werd tot in den treure bestudeerd. Dat zou een goeie voor op de bloemenmarkt in Rotterdam zijn zeg. Die zou daar dikke vette stress hebben!

Afijn toen ik klaar was met mijn in mijn ogen "old-fashioned" bloemen boeket, liet ik het aan de mevrouw van de winkel zien en vroeg om een elastiekje. Nou dat was een wel een hele aparte vraag. Hij werd dan ook door haar herhaald...... "Elastiekje????, voor wat????" Nou om het boeket mee te binden, zei ik. Ik kreeg een groot vraagteken gezicht naar me toe geworpen en ze vertelde dat ze niet aan elastiekjes deden. Oh? zei ik. En waarschijnlijk had ik dat zelfde vraagteken gezicht nu ook. Dus ik plaatste het boeket daarmee dus los in de vaas. Godzijdank bleef het keurig in model. De mevrouw kwam daarna aangesneld en vroeg me of ik dan al klaar was, want dit was wel heel erg snel. "Ja, zei ik, ik ben klaar hoor". En nu kreeg ik een nog verbaasder gezicht mijn kant op geworpen. Oh, laten we dan maar even gaan kijken dan. "Nou, nou", zei ze, "het ziet er nog mooi uit ook", zei ze wat verbaasd. Alsof het eigenlijk niet mogelijk had kunnen zijn. Kortom ze was helemaal perplex van mijn snelheid en dat er dan ook nog goed resultaat uit kwam.... Ze had het duidelijk anders ingeschat. Tjsa, geloof dat dat niet veel over mij zegt, maar meer over het huidige personeel misschien? Echt, ik zou zo graag hun gezichten willen zien als ze een Nederlandse bloemist binnen stappen. En vragen om een boeket. Maar denk dat dat niet zo snel zou gebeuren.

140

Bovendien had ik haar nu misschien juist afgeschrikt door 1. mijn elastiekjes vraag en 2. mijn snelheid en 3. het laten zien van mijn werkvergunning. Want na het maken van het boeket mocht ik mijn resume afgeven en liet ik zelf zien dat ik een werkvergunning had. Om e.e.a. toch maar voor de zekerheid uit te leggen. Ze zei er niks over, maar haar gezicht sprak boekdelen. Alsof ik de enigste loslopende Nederlander in Amerika was. Dus ja wat moet ik er verder van zeggen of denken. Weet het eerlijk gezegd niet zo goed. Bovendien werd er verder niet veel mee gedeeld wat mijn evt. taak en salaris zou moeten zijn. Dus, ja ik vond het wel weer heel erg leuk om wat met bloemen bezig te zijn geweest. Maar weet niet of zij klaar waren voor mijn Hollandse kijk op het bloemen gebeuren. Ben eerlijk gezegd bang van niet..... Had het er nog met de buurvrouw over en ze vertelde dat ik vast 1. te snel en 2. te buitenlands was. We moesten er toch wel allebei erg lachen, ja dat was namelijk twee keer een F. "Too Fast and too Foreign". Hier in Amerika gaan ze alleen voor "A" Students. Een F wordt nou eenmaal niet echt gewaardeerd. Laat staan twee keer een F..... Gaat het niet worden denk ik.....

67. Go and see the new president???

Op het moment zijn het echt alleen de verkiezingen op tv en worden we overspoeld met bij behorende reclame spotjes op tv. Met aan het eind de standaard, "I'm Barack Obama (or John McCain) and I approve this message". Oervervelend inmiddels. Want in die spotjes wordt de tegenstander vaak zwaar negatief afgeschilderd. Ipv hun boodschap, waar zij zelf voor staan, naar de mensen te brengen.

Maar van de week zag ik op de tv dat Barack Obama vandaag bij Halifax mall in Raleigh zou zijn. En eigenlijk...., eigenlijk wilde ik daar wel naar toe. Zo net een paar dagen voor de verkiezingen zou dat toch wel iets speciaals zijn. En toen ik gisteren dan ook nog een mailtje van mijn Nederlandse vriendin Jessy kreeg die daar ook zo over dacht, hadden we samen afgesproken daar heen te gaan. En ook Jackie, weer een andere Nederlandse vriendin, ging mee en ik ben met haar mee gereden.

De hekken zouden om 10.00 uur open gaan. Dus dat was vroeg op pad. Om kwart over 8 om precies te zijn. Nadat we Norah, de dochter van Jackie naar school hadden gebracht, zijn Jackie, haar dochter Isabelle en ik richting Raleigh gereden. En gelukkig waren er geen files. De eerste parkeer garage die we probeerden bleek vol te zijn, maar bij de tweede hadden we wel geluk en stonden we een paar blokken van Halifax Mall geparkeerd. Heel erg nadenken over hoe we moesten lopen hoefden we niet, want er ging een stroom aan mensen allemaal de zelfde kant op. Al gauw zagen we dan ook de ingang en..... het begin van de rij.....

En het was een lange rij..... Een hele lange rij.... Mooie is wel altijd hier in Amerika, iedereen sluit netjes achter aan. Geen duwen of voordringen. Iedereen blijft keurig staan en wacht op zijn/haar beurt, wat het geheel een stuk relaxter maakt. Niet warmer helaas.... Want het was gewoon koud eigenlijk! Behoorlijk koud! Vooral in de schaduw van het gebouw waar we naast stonden en het gure windje erbij was best wel even "frisjes". Had ik al verteld dat ik een watje aan het worden ben? Het is toch wat, een echte Nederlandse laat zich niet kennen bij een beetje kou, ik weet het. Maar het Zuidelijke klimaat begint mijn lichaam echt binnen te treden, ben ik bang.

Tijdens het wachten was ik ondertussen steeds aan het bellen met Jessy die ons (en wij haar) niet kon vinden tussen de vele mensen, lees wachtrijen. Uiteindelijk is het toch gelukt en hebben we met zijn vijven, Kayne het zoontje van Jessy was er ook bij, verder gewacht. Telkens werd er aan ons door vrijwilligers van Obama gevraagd of we al gestemd hadden. Je kan in onze staat dus "early voten" om de ergste drukte op 4 november te voorkomen. Helaas mogen wij alle drie niet stemmen, omdat wij hier op een visa zijn. Dus we konden die mensen niet blij maken.

Toen het bijna 10.00 uur was en de hekken bijna open gingen, kwam er iemand van de organisatie zeggen dat kinderwagens niet mee naar binnen mochten van de Secret Service. Oeps....., Jackie en Jessy hadden allebei hun kinderwagen bij. Isabelle en Kayne zijn allebei zo'n anderhalf jaar en kunnen dus ook echt niet zo lang lopen of staan. En zo lang gedragen worden, was ook geen optie. Wat nu.....? Hadden we nu al die tijd voor niks staan wachten? Want terug naar de auto, om de kinderwagens daar te brengen, haalden we ook niet meer.

Maar opeens kwam er ook iemand van de secret service langs gelopen. Niet te missen, lange jas, donkere zonnebril en oortje in. En daar is Jackie aan gaan vragen hoe dat nou precies zit. Gewoon recht op de man af, zeg maar. Maar volgens Mr. Secret Service, moest het allemaal geen probleem zijn hoor! Dus wij weer terug in de rij. Uiteindelijk kwam die jongen nog wel drie keer langs om te vertellen van de kinderwagens. Maar wij "geloofden" de Secret Service! Als je die niet meer kan geloven, wie dan nog wel toch? En bovendien kwam ons dat veel beter uit.....

Toen het dan echt eenmaal 10.00 uur was begon de rij te bewegen. En al snel kwam de ingang in zicht. We moesten een trap op en dus de buggy's dragen. Boven aan de trap waren ook de metaaldetector poortjes waar iedereen door heen moest. En net toen we de buggy's neer zetten, wenkte een beveiligings man ons naar hem toe te komen. En zo konden we meteen door de security. En ja wel......, met buggy's erbij! Gelukkig! We mochten toch naar binnen.

Het grote grasveld van Halifax mall, midden in Raleigh, was in vakken verdeeld door middel van hekken. Het eerste vak liep al aardig vol, dus kozen we er voor om bij het hek van het tweede vak te gaan staan. Daar bij die buggy's een beetje tactisch geparkeerd, zodat we wat ruimte hadden voor de kinderen. Er speelde lekkere muziek en het was reuze gezellig. Inmiddels stonden we ook in de zon en dat was een stuk aangenamer!

En eigenlijk ging de tijd heel snel! Er was ook van alles te zien natuurlijk. Want alweer zagen we de Secret Service mannen in lange jassen en met zonnebrillen het terrein verkennen. Echt, het was net een film. En ook de "snipers" op de daken van de gebouwen om ons heen waren in paraatheid. Alsof we in een film beland waren.....

Eerst kwam er een dominee en werd er samen gebeden. Daarna volgde de pledge voor Allegiance.

"I pledge allegiance to the flag of the United States of America, and to the Republic for which it stands: one Nation under God, indivisible, With Liberty and Justice for all."

En iedereen om ons heen dreunde die ook zo mee..... Kan er niks aan doen, maar vind dat van zulke kippenvel momenten. Het is er waarschijnlijk van kinds af aan ingeprent, maar ik als nuchtere Hollandse was er toch wel van onder de indruk. Daarna al weer want toen volgde het volkslied, ook al zo mooi om iedereen om je heen daar aan mee te horen zingen. Ok ik ken wel het Wilhelmus (een beetje) maar de gedrevenheid van de mensen om ons heen maakt dit toch een heel speciaal iets. En vooral dan ook het gejuich van de enorme menigte aan het eind. Want een menigte was het inmiddels wel geworden. Volgens de tv berichten van vanavond, waren er zo'n 28.000 mensen vandaag in Raleigh. Na het volkslied en nog wat muziek uit de luidspeakers, klonk daar "The Rising" van Bruce Springsteen. Heerlijk nummer vind ik dat altijd. En nu vond ik het ook een gepaste keuze.... Maar daar was ie dan, Barack Obama!

De speech duurde volgens mij langer dan een half uur en zo nu en dan werd er luid gejuichd en hoofden knikte duidelijk instemmend mee. Echt een hele belevenis om er nu zo tussen te staan. Wie weet over 6 dagen, is dit de nieuwe president van Amerika waar we naar staan te kijken!

Vooral de enorme menigte er om heen. De mensen zo hoopvol en met volle overgave. Het was een speciale ervaring die ik eigenlijk niet had willen missen! Na afloop van de speech ging hij handjes geven en werd nauwlettend gevolgd door de vele camara mensen die er ook waren!
Door de vakken die er gemaakt waren, konden wij niet die kant op. En misschien maar goed ook wat het was dringen. De man is enorm populair. Niet lang hierna vertrok het gezelschap weer en zijn wij wat gaan eten op Fayetteville street. Het was inmiddels al dik lunchtijd geweest. Vond het echt heel leuk om hier bij aanwezig te zijn geweest! Een "once in a lifetime experience" kunnen we wel stellen....

N.b.
Inmiddels weten we allemaal wat de afloop van de verkiezingen is geworden. Barack Obama werd inderdaad de nieuwe President van Amerika. En nu kan ik in zeker zeggen dat ik hem in het echies van dichtbij heb gezien. En die sfeer van deze verkiezingen live 'geproefd' hebt, door tussen al die mensen te hebben gestaan. Die saamhorigheid en de spirit die er bij kwam kijken, is echt om nooit te vergeten...... En dat zegt veel voor een vrouw, die conform het oer Hollandse poldermodel is groot gebracht!

68. Grill

Zondag hebben we besloten om toch maar wel voor een nieuwe BBQ te gaan kijken. Nou moet ik eerlijk zeggen dat wij de BBQ die we nu hebben niet zo veel gebruikt hebben. Maar sinds dat het bestaan van de 'Beercan Chicken' in ons leven is gekomen, maakt het ding overuren en hij is er duidelijk van in een stress. De knoppen zijn een eigen leven gaan leiden en er is hier en daar ook wat roest zichtbaar. Maarja eigenlijk nog te goed om weg te gooien. Vandaar ons wel of niet nieuwe kopen, al een paar weken. Maar zondag hadden we zoiets, we zetten hem op Craigslist (de Amerikaanse versie van Marktplaats) en komt er een koper dan is ie weg en kunnen wij dat geld bij de nieuwe leggen. En verkopen we hem niet dan blijft hij bij ons 'wonen' en braden we gewoon onze bierkippetjes op de oude BBQ.

Dus zondag morgen om een uur of 11 de BBQ, of zoals ze dat hier "the grill" noemen, op Craiglist gezet. En zondag in de namiddag was ie al verkocht en opgehaald ook! Dat is nog eens snelle handel zeg. De mensen kwamen ook best nog van ver. Maar nu waren we dus BBQ-loos. Er zijn ergere dingen in het leven dat is zeker. Maar door onze weken hier voor van wel en niet een nieuwe, wisten we wel een beetje wat we wilden hebben. Ron wilde heel graag een Weber en ik wilde graag een mooie. Maakt me dan niet uit van welk merk ie is, maar het moet er wel een beetje uit zien. Nou moet ik zeggen dat het type die Ron uitgezocht had ik ook best mooi vond.

En vandaar reden we op zondag avond nog naar de Home Depot hier. Kijken wat ze allemaal een beetje hebben. Ja dat kan allemaal gewoon op een zondag avond. Wat die winkel is volgens mij ook altijd open. Niet 24 uur per dag, maar zeker tot laat in de avond.

Er was duidelijk genoeg keuze bij de Home Depot. Je zou denken zo begin november, duidelijk ver aan het einde van het BBQ seizoen gaan ze wel in de uitverkoop, maar dat viel zwaar tegen. Ook op internet waren er nog normale prijzen. Niks geen aanbiedingen. Afijn toch maar weer naar huis gereden, om sommige prijzen ook op internet te bekijken. En het bleek dat die Weber bij de Home Depot gewoon het goedkoopste was. En die zit bij ons zeg maar om de hoek altijd makkelijk.
De vraag was natuurlijk wel of ze die ook op voorraad hadden, dus op maandagavond zijn we weer heen geweest. Eerst een nieuwe gas fles gehaald. En dat gaat tegenwoordig wel heel handig zeg. Ze hebben een soort van pinautomaat voor die dingen. Net zoiets als de lege flessen bij de supermarkt in Nederland, maar dan anders ;-) Je haalt namelijk je betaalpas door de automaat.... Op het scherm verschijnt dan de vraag of je ook een lege in komt leveren. (wat wij ook hadden) Dan verschijnt er op het scherm dat je hem in een bepaald vak moet gaan zetten en dat luikje gaat dan ook automatisch open.

Je zet dan de lege fles in dit vak en dan verschijnt er op het scherm dat er een ander vak open is gegaan en je daar de volle fles uit kan halen. Dat was wel heel handig zeg. Wat een vernuft! Zo kun je nu, als de winkel dicht is, weet niet wanneer, maar zeg om middernacht of zo, gewoon je gasfles komen kopen hier bij die gasflessen automaat. Altijd handig, niet waar? Gemak dient de mens….

Maar daarna dus naar binnen voor de BBQ. En na even gekeken te hebben zagen we er wel drie staan! Hij was duidelijk in voorraad. Maar het showroom model had een krasje en er stond er ergens achter aan ook 1 maar die had wel meerdere krasjes. Nou stond er boven in een stelling nog 1 en daar zat hier en daar nog het plastic op, wat leek op een nieuwere, dus wij wilden die dan natuurlijk. Wij er een verkoper bij gehaald en die zou hem dan voor ons naar beneden halen met een vorkheftruck. "Dave" was zijn naam. In de tussen tijd zijn wij naar de verhuurbalie gelopen, want na even nameten paste dat ding natuurlijk nooit niet in onze auto! Nou heeft de Home Depot zo'n leen busje, die je tegen een vriendelijk tarief voor 75 minuten kan huren. En toen we aankwamen werd het ding gelukkig net terug gebracht. Dus wij hem gehuurd. Alles op mijn naam, want Ron had geen rijbewijs bij, wat inhield dat ik strakjes dan ook mocht gaan "trucken". Oh jee, als dat maar goed gaat.

Afijn Ron liep terug naar verkoper Dave en ik zou de truck alvast richting ingang rijden. Want de verhuurbalie zit ergens achteraan. En toen ik er in klom en in mijn spiegeltje keek leek het ding nog groter dan op de parkeerplaats. De truck stond zo geparkeerd dat ik hem eigenlijk moest keren of achterom het gebouw van de Home Depot moest rijden. En ik koos voor het laatste. Vooruit rijden gaat altijd nog beter dan achteruit in zo'n groot ding. Toen ik rond was "getrucked", heb ik bij de ingang een gedeelte van de parkeerplaats opgezocht waar geen auto in de buurt stond en het ding netjes geparkeerd.

Toen ik terug kwam was de derde BBQ net vanaf de hoge stelling "geland". Dat wil zeggen met een heftruck uit die stelling gehaald. Dave was duidelijk blij met ons (ahum). Het ding zat echt mega onder het stof en al snel bleek deze niet goed in elkaar gezet te zijn. De voorkant zat gewoon helemaal scheef! Ja dat was nou ook niet een goed plan. Allemachies. Staan er drie nieuwe BBQ's en alledrie hebben ze wat. Zo op het eerste gezicht was die scheef in elkaar gezette niet snel te redden en daarom stelde Dave ons voor om dan een BBQ met een krasje te nemen en dan kregen we 10% korting.

Hmmm, tjsa, als wij hem gaan gebruiken, komt er vast nog wel een krasje bij en het scheelde toch we een behoorlijk bedrag op de BBQ. Dus we namen Daves aanbod aan. En werd de BBQ naar de kassa gerold en net toen hij hem draaide richting de balie, zien Ron en ik ineens allebei dat aan 1 zijkant er een heel stuk af is! Jeetje......, gewoon afgescheurd of afgebroken of zo. Mmmm, dit was wat meer dan een krasje. Hij was gewoon stuk!
Dave echter, was niet van zijn apropos en vertelde dat hij dat deel wel van een

andere zou kunnen halen. En ging zijn "Bob de Bouwer" gereedschap er bij halen. "Can we fix it, yes we can", of volgens de Nederlandse Bob de bouwer, "Kunnen wij het maken? Nou en of!!!".... En voor we het wisten lag hij al sleutelend onder de BBQ. Het duurde even voordat het onderdeel los kwam. Maar Dave gaf niet op! Hij had duidelijk een doel.

Maar in de tussentijd zag ik de 75 minuten van de huurtruck, zomaar voorbij tikken. Als je hem langer huurt dan die 75 minuten moet je dus bij betalen en dat was nou toch niet helemaal de bedoeling. Afijn, met wat hulp van Ron kwam het onderdeel toch los, maar nou moest dat zelfde onderdeel van 1 van die andere BBQ met de scheve voorkant gehaald worden. Als dat weer zo lang zou gaan duren? Dus Ron liep met Dave mee naar die andere BBQ en ik ben weer naar die verhuurbalie terug gelopen. En gelukkig die man zei dat het geen probleem was. Ze zouden de tijd wel resetten, want tjsa als wij nog niet wegwaren...Pfff, 1 zorg minder in ieder geval.

Toen ik terug kwam lopen, waren Dave en Ron nog aan het sleutelen. Ook dit duurde weer even. En toen eenmaal dat onderdeel weer los was, moest het weer op die andere gemonteerd worden. Kortom, het "even" een BBQ ophalen was inmiddels een bijna twee uur durend evenement geworden! Allemachies! Maarja, dan heb je wel van 2 BBQ's, 1 hele gemaakt, met 10% korting.

Gelukkig paste het ding daarna wel weer op die andere en kon er afgerekend gaan worden. Ook dat ging nog even duren want er moest een chef bij komen en een bonnetje ingevuld worden en die chef moest natuurlijk opgeroepen worden. Dus Dave verteld het de cashier en de cashier haalt zijn chef en wat mij dan nog het meeste verbaasde, is dat er helemaal niet gekeken wordt naar de reden van de korting. Dus of die kras er werkelijk wel zit. Maarja, dat was op dit moment wel fijn, want het was al een genoeg langdurige kwestie zo bij elkaar. Toen daadwerkelijk alles betaald en verrekend was, rolde Dave de BBQ de winkel uit en haalde zijn collega er bij en werd onze nieuwe aankoop in de truck gezet. Netjes vastgebonden en al. Die Dave had echt wel geduld! Heel veel geduld. Hij was bijna twee uur met ons bezig geweest inmiddels. Dat is weer die typische Amerikaanse klanten service. Soms niet al te snel, maar wel duidelijk aanwezig.

Nu het ding ingeladen en klaar stond, kon ik daarop al truckend naar huis rijden! Voelde me net de Zuid West Nederland buschauffeur. Echt leuk! Halverwege sprong er nog wel ineens vanuit het donker een hert de weg op. Zal je net zien, ben je lekker aan het trucken komt er ook nog een hert kijken. Even schrikken, maar "de lading" bleef veilig. Snel door rijden naar huis. Daarna het ding uitladen en weer terug rijden naar de Home Depot. Daar de sleutels inleveren weer alles verrekenen en toen weer naar huis. Inmiddels was het zeker tweeenhalf uur later! Maar dan heb je ook wel een mooie 2=1-10% BBQ. Pffffff zware bevalling dat wel, nu maar hopen dat het ding het goed doet.

69. **Triple A**

Vorige week viel het AAA magazine bij ons in de bus. Oftewel het blaadje van de Amerikaanse ANWB. En op de cover een plaatje van een heuse kerstmarkt! Ron liet het me tijdens de andere post doorgaand in een hand om draai zien. En zei zoiets: "Hey zie je dat Amerikaanse kerstmarkten!" Ik was het eten aan het maken, maar voor een kerstmarkt stop ik daar direct mee. Gelijk even kijken natuurlijk! Het plaatje voorop zag er veel belovend uit. Allemaal gezellige kraampjes bedekt onder een laagje sneeuw.

Snel kijken of dit enigszins in de buurt bij ons is. Amerika is zo groot en voor je het weet is het aan de west kust en dus niet "even" naar toe te rijden. Dus mijn kookgerei werd neer gelegd en ik snel verder bladeren, om te kijken waar in Amerika deze markt was. Want ik heb zoiets hier nog niet kunnen ontdekken. Nou puilen wel alle winkels uit van allerhande kerstspul, maar zo'n markt die ruikt naar gluhwein en aangebrande bratwurst? Nee, die had ik hier nog niet ontdekt. Maar volgens de AAA waren er die er dus wel, want anders zetten ze dat niet op de voorpagina niet waar?

Al bladerend kwam ik bij het artikel, er stonden daar zelfs nog meer van die gezellige foto's bij. Allemaal sfeervolle lichtjes en zelfs nog meer sneeuw erbij en van die typische suikerappels!
Alleen in het onderschrift zag ik ineens woorden als, "Germany, Frankfurt en Innsbruck" en zag zelfs ook nog een keer "London" verschijnen.... Ja zeg, zijn ze nou helemaal......! Zitten ze me hier in de maling te nemen of zo? Het hele artikel ging over kersttripjes in Europa! Fraai zeg, zitten me gewoon een partij lekker te maken! Met een zwaai deed ik het blaadje dan ook weer dicht. Zwaar de pest er in natuurlijk. Hoe kunnen ze dat nou doen? Een Amerikaanse ANWB over een Europees iets een heel stuk schrijven en dan ook nog van die leuke plaatjes er bij? Helemaal niet eerlijk, al zeg ik het zelf!

Dat zijn dan net even van die heimwee momentjes en wierp me met alles weer op het koken. Ron stond er bij en keek er naar. "Wat nou?", zei hij. "Nou", zei ik, al die kerstdingen zijn in Europa, enig wat pissig. Nou, zegt hij, "dan ga je toch ook lekker heen!" Even keek ik hem aan of hij me in de maling stond te nemen. Maar het leek of hij het meende. "Hij zegt jij gaat toch naar Nederland in December? Ga je ook lekker naar Duitsland een daagje!".

Ojaaaaaaaaaaaaaa, dacht ik, dat is waar ook. Soms valt het kwartje bij mij gewoon net iets later. Wat een goed idee.... Die Ron is altijd zo lekker nuchter. En soms is dat net wat ik nodig heb.
Ik ga namelijk begin december naar Nederland om mijn I94 weer te verlengen en daarbij ook gelijk Sinterklaas te vieren bij mijn zus en haar zoontje/ mijn neefje Dylan van 6 jaar. Die nog heel erg heilig in de Sint gelooft. Ik natuurlijk ook hoor Sinterklaas! (Je weet maar nooit of hij meeleest he? Sint weet en ziet namelijk alles!)

Maar had er totaal niet bij stil gestaan, dat na het Sinterfeest, natuurlijk ook het kerst gebeuren losbarst in Nederland.

Dus internet afgegoocheld en al snel vond ik "De Snelle Vliet" site. De Snelle Vliet ken ik nog van allerhande schoolreisjes van vroeger. Gingen we weg van school, dan kwam de Snelle Vliet voorrijden. Weet ook nog heel goed de "Tjsolkies" die ik en mijn 'aaallllerrrr' beste vriendin aan het eind van de straat al op hadden natuurlijk.
Maar de Snelle Vliet rijdt nu nog steeds en ook naar Dusseldorf! En dat voor het enorme bedrag van 24 Euro! Wat een feest, ik ga dus nu met drie vriendinnen een daagje naar Dusseldorf. Gluhwijn en bradworsten ruiken! En misschien zelfs nog nuttigen ook!

70. In de rij

Vrijdag morgen keek ik in de mail en zag dat er in Raleigh een 'Job fair' was. Of te wel een banen beurs. Terwijl ik het las dacht ik, misschien moet ik er ook heen gaan. Toen dacht ik weer van niet, want het kwam vrijdag echt met bakken naar beneden. Maar van regen is nog nooit iemand gesmolten en dus besloot ik om toch maar wel heen te gaan. Gehuld natuurlijk weer in mijn begrafenis outfit. Want de foto's van zo'n jobfair op internet zagen er weer "gezellig" uit.

De beurs begon om 11.00 uur en kwart voor elf was ik er. En volgens mij was het er erg druk. Ik kon dan ook nog maar net een parkeer plekje vinden en liep daarna maar achter iedereen aan. De fair was in een hotel in Raleigh en al snel stond ik in een rij in dit hotel. Ik kon niet goed zien hoe lang die rij voor mij was, want de gang liep met een aantal bochten. Wel zag ik dat de rij achter mij in razend tempo opliep. Ik denk zeker dat er 75 mensen achter mij stonden. En heel langzaam gingen we vooruit. Bijna iedereen had wel een mapje bij zich met een CV. De één nog in een mooier mapje dan de ander. En met fraai gekleurd papier, waardoor je CV vast nog meer opvalt (goed idee om te onthouden trouwens). Toen ik voorbij de tweede bocht was, zag ik pas de hele rij, althans dat dacht ik. En wat ik er zo van zag, was die was 'errug' lang. Zeker honderd mensen stonden er voor me in de rij. Jeetje dacht ik. Dat gaat geen succes worden, ben ik bang. Maarja ik stond er nu toch en om dan nu weg te gaan?

Langzaam bewoog de rij en na een uur, ja echt een uur, kwam ik aan het begin van een trap. Ook die trap stond vol met mensen. Allemaal in "Pak 1" of wat voor hen doorging als "pak 1". De één had nou eenmaal een mooier pak 1, dan de ander. Over smaak valt niet te twisten, niet waar?
Mooi was wel dat er om het kwartier om geroepen werd of er militaire veteranen in de rij stonden. Want die mochten voor. Persoonlijk vind ik dat wel een mooi gebaar eigenlijk. Maar echt vlotter ging onze rij er niet door.
Afijn boven aan de trap hoopte ik een glimp van de fair te zien, maar helaas. De rij ging dezelfde gang, 1 verdieping hoger de andere kant op weer terug en het werd dus weer aansluiten geblazen. Dit keer werden we in twee rijen verdeeld op last van de brandweer, werd er door een pittige blonde dame geschreeuwd. Ik telde in elke rij zeker 50 mensen en dat maal twee was 100. Op de 2e verdieping werd ook het blaadje met deelnemers van de jobfair door gegeven. En wel geteld, telde ik 12 bedrijven. Oef...., dat waren er niet veel. Daarbij stonden er ook twee scholen tussen vermeld en border patrol. Waar ik met mijn visum vast niet mocht werken. Maar ook een uitzend bureau en dus dacht laat ik nou maar blijven staan. Je weet nooit, toch?
Na nog zeker een half uur, mocht ik dan eindelijk de fair binnen. Hartstikke druk in dat zaaltje. Zeker honderd mensen daar binnen. En heel weinig kraampjes eerlijk gezegd. Of moet ik zeggen tafels, je kon het echt geen stands of zo noemen. Pfff, wat een teleurstelling.

Er stond wel een tafel van TJ Max, Bed, Bath en Beyond en van een fitness centrum. En bij die laatste hoefde ik zeker niet langs te gaan. Ik zag de vetmeter al op tafel liggen bij ze. Laten we dat maar niet doen!

Dus ik sloot aan bij de rij van het uitzendbureau. De zoveelste rij van vandaag. Na een kwartier was ik eindelijk aan de beurt en ik vertelde de man wie ik was en dat ik een part-time administratieve baan zocht. Al gelijk onderbrak hij me en vertelde of ik wel wist dat part-time minder betaalde? En of ik wel voor $ 8.00 per uur wilde gaan werken. Huh wat? Wat is dat nou weer voor raars. Omdat je part-time werkt krijg je minder betaald? Rare regel en lekker deprimerend ook zeg zo'n eerste zin van hem in een gesprek. Maar ik verblikte of verbloosde niet en de man schreef nog wat gegevens op, maar wat een raar gesprek zeg. Zo ga je toch niet met mensen om. Waarschijnlijk zag hij door alle mensen ook de sollicitanten niet meer, maar toch? Inwendig baalde ik best, want voor die $ 8.00 per uur kon ik ook bij de Walmart gaan werken, niet waar? Ik vroeg me af of dat uitzendburo gewoon $8.00 betaalde aan een werknemer en het meerdere deel wat ze van de werkgever kregen, dan in hun eigen zak stopte. Waarschijnlijk was dat wel het geval. Afijn, heb er uiteindelijk geen goed gevoel aan over gehouden en denk dan ook hier weer niks van te horen. Wat een raar buro...
Verder stond er nog een landelijke huizen bouwer, maar die namen ook geen part-timers aan. Dus ik draaide daar ook om. Een man die mijn gesprek met de huizenbouwer had aangehoord, die weer in een andere rij stond, vertelde me er zeker niks van aan te trekken hoor. Die huizenbouwers gingen toch niet zo lekker op het moment en gaf me een ondersteunend schouder klopje. Gedeelde smart is halve smart niet waar? Dat is wel weer het fijne aan Amerikanen. Ze kunnen je altijd goed en positief motiveren. Althans mij vaak wel in ieder geval.

Al was het nu wel een beetje moeilijk, want terwijl ik daar liep snapte ik ook waarom ik bija nooit wat terug hoor van mijn sollicitatie brieven en mailtjes via het internet. Dit was natuurlijk nog maar een schijntje van het aantal mensen die op een advertentie reageren. En hier stonden al zeker twee- tot driehonderd sollicitanten. Hoeveel reacties zouden er op een advertentie wel niet komen? Zeker als het zo eenvoudig als via internet gaat. Je hoeft er geen eens een post zegel voor te kopen. Je knipt en plak je CV zo aan je sollicitatie en klaar is kees.

Ik liep nog even wat verder en keek nog eens in de rondte. Bij de Bed,Bath en Beyond die seasonal mensen zochten, stond ook een mega rij. En het zelfde bij T.J. Max en vond het ineens wel genoeg zo. En ben naar huis gegaan en zag bij de uitgang dat de rij nog net zo lang was als toen ik aan kwam dus er waren zeker nog een paar honderd mensen na mij gekomen. Je zou er depressief van worden zeg! Al die mensen zoeken werk! Nu zullen ze niet allemaal werkeloos zijn, er zullen er ook tussen zitten die willen wisselen van baan, maar ik was toch behoorlijk onder de indruk van de aantallen.

Nou is het voor mij geen benodigheid dat ik direct werk "moet" vinden. Maar als je dus kostwinner bent en dan ook tussen die honderden mensen staat, is het ineens een heel ander verhaal. Terwijl ik in de rij stond had ik besloten, dat als ik klaar zou zijn met dit alles, dat ik dan even zou gaan winkelen bij Crabtree mall. Dat verdiende ik wel vond ik zelf. Maar eenmaal in de auto had ik daar zelfs geen zin meer in. En echt, dat wil wat zeggen voor mij. Geen zin om te shoppen!

Ben dus direct naar huis gegaan en heb even lekker niks gedaan. Gewoon met een boekie op de bank en ben het eten klaar gaan maken. Toen Ron eenmaal thuis kwam zijn we gaan eten en net toen ik mijn eerste hap deed, ging de telefoon. Ron zei, voor dat hij opnam, dat het een mobiel nummer uit New York was. Dat stond op de telefoon. En nadat Ron had opgenomen, viel hij stil. Het was duidelijk dat de man aan de andere kant van de lijn een heel verhaal tegen hem ophield. En Ron zei alleen maar, ik denk dat je mijn vrouw moet hebben. Maar de man dacht van niet, zei hij. Ron die het inmiddels wel zat was, zei nogmaals, ik denk toch echt dat u mijn vrouw moet hebben en stopte mij de telefoon in mijn hand. Afijn, daarop begon de man tegen mij een heel verhaal. Hij had het over "Santa" en praatte nogal onsamenhangend. Ik snapte er dus helemaal geen bal van! Maar opeens ging het me dagen. Ik had via internet gesolliciteerd voor een "Santa helper". Hier in de winkel centra zitten er met de kerst, kerstmannen, waarmee kinderen op de foto kunnen. En daar zochten ze een fotograaf voor, een zogenaamde Santa Helper. En daar had ik dus op gereageerd, want dat leek me wel eens wat anders voor een paar weekjes.
Dus ik vroeg aan die man of het daarom ging? "Ja", zei hij, "inderdaad Santa". Daarop vroeg hij me welk winkelcentrum het dichtste bij ons was. Dus ik zei in Cary. "Oh mooi", zei hij, daar zoeken we inderdaad nog een "natural bearded Santa" voor. Waarop ik nog net kon uitbregen: "Een wat????". En dus herhaalde hij het nog een keer voor mij, 'een natuurlijk bebaarde kerstman voor het winkel centrum in Cary'.
En toen moest ik zooooooooooo lachen! Die man zocht helemaal geen fotograaf. Hij zocht een kerstman! De stem aan de andere kant bleef overigens nog steeds bloed serieus en ik verontschuldigde me voor mijn lachen. Maar dat het echt een misverstand was en probeerde mijn Santa Helper verhaal uit te leggen. Ron die inmiddels door had wat er aan de hand was, lag ook helemaal in een deuk. Maar nog steeds die man aan de andere kant van de lijn, bloedje serieus. "Oh, dus u bent geen 'natural Bearded Santa'" ? "Nee", zei ik, "dat kunnen we wel als een feit aanvaarden!"
Daarna viel het kwartje bij de man en zei hij dat hij dan mijn "Santa Helpers"-sollicitatie, bij de juiste afdeling zou brengen en dat ik daar vast nog wel van zou horen. "Tuurlijk meneer, ik wacht het af", zei ik. En echt ik moest heel snel gaan ophangen, want ik pieste bijna in mijn broek van het lachen. Wat een verhaal toch weer. Echt weer wat voor mij, of ik even mijn baard wil laten groeien. Goeie tip voor volgend jaar, mocht ik nog niks hebben gevonden. In ieder geval vrolijkte het me wel op! Had ik zo bijna een baantje zeg........

71. Wasa

Ik ben een liefhebber van een Wasa ontbijtje. En ben nog niet over gehaald door alle cereals die ze hier hebben. Ok, soms gooi ik er variatie in en neem ik yoghurt met cornflakes. Maar dat is dus duidelijk niet de Amerikaanse versie met melk. Vind dat persoonlijk een slappe hap en heb in de morgen graag iets knapperigs, vandaar mijn voorliefde voor de Wasa variant.
Die Wasa kocht ik voorheen altijd bij de Whole Foods of bij BigLots. Ja echt Big Lots! Ik weet dat dat een soort van Nederlandse Kwantum winkel is, maar zij hebben dus een internationaal pad en daar hebben ze regelmatig Wasa's. En BigLots is de helft goedkoper dan de Wholefoods. En ik heb niet alleen een voorliefde voor Wasa, ik heb nog een veel grotere voorliefde voor geld in mijn portemonnee houden als dat enigszins mogelijk is.
Afijn, ik dwaal weer af. Nu is er een jaar geleden de nieuwe Walmart hier geopend en zo'n half jaar geleden ontdekte ik dat ze daar zowaar mijn Wasaatjes verkochten. Ok, ze stonden verstopt, op de bovenste plank en je moet op je tenen staan om ze te pakken, maar ze hadden ze! In het pad van de Crackers, net naast de Melba toastjes. En ook al een stuk goedkoper dan de Wholefoods. Helemaal goed! Petra weer blij, niet waar?
Ware het niet dat ik van de week de wekelijkse boodschappen ging doen en het stukje op de bovenste plank in het pad van de crackers, naast de Melba toast leeg was . Ieks!!! Shit, ze zouden ze toch niet uit het assortiment hebben gehaald? De Melba toastjes keken ook niet blij, die stonden nu zo zielig alleen.

Snel nog een keer kijken. Nee, ik zie ze niet. Op mijn tenen dan heel die bovenste plank af. Geen Wasaatjes.... Waarom wel Melba toast, maar geen Wasaatjes meer? Het leven is soms niet eerlijk!
Enigszins sip liep ik met mijn hoofd gebogen het cracker pad uit. Toen in ene mijn rechter oog een "Wasa" glimp op ving. Zag ik dat nou goed???? Ja hoor, het was zo! Ze hadden ze gewoon verplaatst. De Wasa's waren gepromoveerd! Niet meer op de bovenste plank, links achter, ver weg. Ze stonden op de ooghoogte plank! En er was zelfs een nieuwe smaak bij gekomen. Wat een pret! En ik besloot ter plekke niet 1 maar wel 2 pakken deze week mee te nemen. Goh, waar een mens al niet blij mee kan zijn niet?
Sinds dat Oprah openlijk in haar programma reclame heeft gemaakt voor deze persoonlijk door haar nieuw ontdekte cracker, gaat het goed met de Wasa in Amerika. Ik had die show destijds nog van haar gezien. Moest er zo om lachen nog. Alsof het iets nieuws was en dit echt een "must-eat" moest zijn voor de gezondheid bewuste vrouw, die niet zo maar wat eet. Dat hele volkstammen in Europa inmiddels elke morgen achter hun Wasaatje zitten na het ontwaken, was nog niet bij Oprah door gekomen waarschijnlijk. Maar haar promotie had duidelijk geholpen, ze waren nu zelfs op de "snel-graai"-plank in de supermarkt terecht gekomen.

Maar ik ga verder met mijn verhaal. Na al mijn boodschappen gepakt te hebben loop ik naar de kassa en leg al mijn spullen op de band en de cassiere begint mijn spullen te bliepen. Totdat ze bij mijn twee pakken Wasa komt. Ze kijkt me aan en houdt één zo'n pak om hoog. "You know these things taste like Sh**, huh?". Ik kijk haar en moet eigenlijk lachen. Maar ze meende het echt, geen lachje op haar gezicht te bekennen. "Heb je ze al eens geprobeerd", vroeg ik haar. "Oh yeah, just like cardboard only more expensive. Just wanna warn you, sweetie". Ik moest zo lachen, we hebben hier duidelijk te maken met iemand die de show van Oprah niet gezien heeft. En niet echt gezondheids bewust bezig is. Ik durfde eigenlijk niet te zeggen dat ik dit al jaren als ontbijt at, want dan had ze me echt voor gek verklaard volgens mij. "Have you tried them already?", vroeg ze me. Dus ik vertelde dat ik ze inderdaad al 'eens' eerder geprobeerd had. "And….., you are buying them again?", vroeg ze me verbaasd. "How do you eat them then?". Ik wilde zeggen, het lekkerste zijn ze met smeerkaas, Amerikaanse filet of sandwichspread, maar dat zou vast te Hollands overkomen. Dus ik vertelde mijn plakje kipfilet of plakje kaas versie. "Oh????? That's interesting", zei ze. Interesting is hier een ander woord voor "oh wat raar", maar dan op een beleefde manier.

Dus ik vroeg met wat zij ze dan gegeten had. Ondertussen was ze overigens gewoon gestopt met het bliepen van de rest van mijn spullen en was de achterkant van het Wasa pak nu aan het lezen. Met totaal geen erg in de rij die bij haar kassa stond. "Nou", zei ze, "ik had er guacamole bij en echt dat smaakte naar karton. Vond het ook zo'n gedoe, want je moet al die crackers nog zelf gaan breken ook, want ze zijn gewoon veelste groot". Ha ha ha, geweldig, die had ze gewoon voor een party gekocht als dipcracker. Tsja, dat krijg je er van als je ze in het crackerpad zet ipv bij de cereals. "Hmmmm??? So, you eat them as lunch?", vroeg ze me. "Ja", zei ik, "of als ontbijt". Oef fout! Dat laatste had ik er nou weer niet bij moeten zeggen, want al gelijk kwam er een vraagteken gezicht naar boven. De "No-cereal-for-Breakfast"-look, kwam in heel haar gezicht te voorschijn. Ze zei het niet, maar ze dacht het zo heel erg, dat ik het bijna in de ondertiteling kon lezen, zeg maar.

Ze zette het Wasa pak ook direct neer en mijn poging tot promotie van de Wasa cracker in Amerika was definitief mislukt. Had ze me nog geloofd als ik alleen verteld had, dat ik ze als lunch at. Maar "for breakfast?". Duidelijk verkeerd en zelfs niet eens "interesting" meer. "Well, good-luck with them", zei ze. "I'm not buying them anymore!" Oepsie, dacht ik, ik ben bang dat ze binnenkort dus weer op de bovenste plank te vinden zijn bij de Walmart …….

72. Op tournee

Nou na wat stoeien, passen, meten en wegen is het gelukt. Alles zit ingepakt. Het inpakken was wel een opgaaf, niet alles paste en toen het wel paste, was de koffer te zwaar. Dus paste het uiteindelijk toch niet.
En inderdaad heb ik zelf ook niet veel hoop dat het op de terug weg vanuit Nederland veel makkelijker zal gaan. Wellicht nog erger met al die Albert Heijn Goodies die mee moeten natuurlijk.

Even speciaal voor de geinteresseerden, wat ga ik allemaal doen in die 10 dagen in Nederland? Even de korte versie hoor. Ik ga eerst naar Barendrecht naar mijn moeder, dan naar Rotterdam naar mijn zus daar Sinterklaas vieren. Dan naar vrienden in Krimpen a/d IJssel waar we gaan shoppen op de Oosterhof/Alexandrium en naar de Japanner. Dan naar De Bilt, waar ik met broers en zusjes en de mama's van onze honden, Stacey en Connor, gaan wandelen en eten. Dan naar Zierikzee, waar we vroeger gewoond hebben en bij vrienden op bezoek in Noordwelle. Dan ga ik met een stel vriendinnen naar Dusseldorf, kerstshoppen. Dan ga ik naar familie in Soesterberg en 's avonds naar familie in Hellevoetsluis. Dan weer een daagje Barendrecht en Rotterdam. Dan een daagje kerstmarkten in Dordrecht. Dan naar Noordwijkerhout wandelen en eten met heel veel Bearded Collies en hun baasjes. Dan 's avonds naar Voorhout. Dan naar Haarlem naar de kerstmarkt en naar familie in Beverwijk.

En dan.... dan...... vlieg ik 15 december weer terug naar North Carolina.

'Op tournee', kunnen we wel stellen. Strak schema en elke minuut zo wat nuttig en vooral leuk gepland! Laptoppie blijft thuis, dus bloggen zal ook even stil liggen. Maar mochten jullie een heel hard gejuich horen in Nederland, dan ben ik het die net een hap neem van een broodje frikandel speciaal, na twee en half jaar!

73. **Weer in the USA**

Nou ben inmiddels weer in Amerika. Gisteren al vroeg de deur uit en om het nog even af te leren, weer 'fijn' twee uur in de file gestaan richting Schiphol.... Daar inchecken, wat ook 1,5 uur duurde. Toen de douane vragen bij de gate, die tegenwoordig first class klanten voor laten gaan. Waardoor de Economy een rij heeft van gelukkig ook nog zeker zo'n half uur. Afijn, door het lange wachten overal, kon ik wel gelijk boarden. En hoefde ik geen stoeltje meer te vinden in de de overvolle wacht ruimte voor de gate.

Wat wel grappig was dat er zes mensen met veel poeha de first class rij namen bij de gate. Met zo'n opgetrokken neus van ik sta in de korte rij en het is maar dat u het weet. En met zo'n "Wij-zijn-de-beste-vrienden-van Leco"-look en dito outfit je geen blik waardig gunnen. Ze kregen gelijktijdig met mij het gesprek van de douane en hadden praatjes dus het duurde bij hen net wat langer. En omdat ik al in de rij moest staan, want ik vloog dus geen business class, kon ik het mooi volgen. Zo groot is het allemaal nou eenmaal niet die wacht ruimte bij de gate, dus echt veel moeite hoefde je daar niet voor te doen.

Ze waren al zoveeeeeeel keer naar Amerika gevlogen en ze wisten al die vragen al. En zo hadden ze nog een stel van die slimme opmerkingen. "Been-there-done-that", ten voeten uit. Uitermate irritant, al zeg ik het zelf. Afijn het hele spul mocht voor alle andere wachtenden door de metaal detectie poortjes. Natuurlijk weer met hoog opgeheven neus. Echt ik vind dit zo'n rare gang van zaken. Dat het inchecken en zo, apart gaat, maar dit soort dingen zijn van de overheid zouden geen onderscheid moeten maken. Maar dat gebeurde dus wel. Met veel gedoe kwamen ze dan ook eindelijk door de poortjes heen. Hakjes moesten uit en ook zij moesten toch echt hun horloge af doen. Pffff, zuch steun puf...., en zo'n kwartier later was het hele gevolg dan eindelijk door de poortjes. Ze spoedden zich dan ook gelijk naar de balie van United of ze al niet mochten boarden, want ze waren natuurlijk wel business class. En ik zag ze er met de tig handbagage naartoe sjouwen. Wat een vertoning.

Verder had ik er niet meer naar gekeken. Maar toen ik dan eindelijk ook aan de beurt was om door het metaal poortje heen te mogen, kwam het gehele gevolg weer terug. En waarom???? Ze zaten bij de verkeerde gate. Ze moesten naar Atlanta en niet naar Washington. Tot groot genoegen van het klootjes volk wat een kwartier op hen had moeten staan wachten. En daar vertrokken ze weer dan weer met de lederen handtasjes en beauty cases. En er werd luid gelachen in de rij. Ik zelf moest er eigenlijk ook om lachen. Dat krijg je als je al zoveeeeeeeel keer naar Amerika ben geweest, dan gooi je Atlanta en Washington soms net even door elkaar. Zegt overigens ook wel weer wat voor de beveiliging. Want die had het first class gepeupel gewoon door gelaten. Ook niet een heel erg sterke move van ze.

Afijn, ik kon gelijk boarden en was het op de heen weg nog 6,5 uur vliegen, nu terug met tegen wind was het 8,5 uur. Maar ik had een plekje bij het raam en zat prima en ging het al met al best wel snel. Al had ik wel de mazzel dat degene voor me bij de eerste minuut de stoel in de achteruit lig stand gooide. Zelf zit ik voor geen meter met de leuning achteruit en krijg ik last van mijn rug. Toen ze eten kregen ging de stoel weer naar voren, maar eenmaal klaar, huppatee weer naar achter. Niet kijkend of ik misschien nog aan het eten was. Heel fijn, dat verhoogde de feest vreugde ook weer.

We landde eerder dan gepland op Washington en dat was maar goed ook. Want het duurde ruim 1,5 uur om door de douane heen te komen. Het gaat normaal al niet vlot, maar nu helemaal niet. Gelukkig had ik ruime overstap tijd van 2,5 uur, want anders was het krapjes geweest. Had de mazzel dat mijn koffer met Albert Heijn Goodies niet open hoefde en ik dus zo door kon lopen. Daarna was het door stappen naar de gate, want die lag een heeeeeel stuk verder op. Kon nog net even Ron bellen dat ik in Washington was en kon daarna al gelijk weer boarden. Deze vlucht duurde maar 45 minuten en was dus zo weer op Raleigh Durham airport. En daar was Ron en kwamen de koffers als één van de eerste. En zo stapte ik om tien over half zeven al in de auto. Waarbij ik genoot van de temperatuur van 18 graden!!! Wat een heerlijkheid!

En zo was ik er weer, weer bij Ron en de hondjes. Alles was goed gegaan met de doggies. Maakte me toch wat druk om Stace met zijn pilletjes en zijn gedoetjes. Maar dat was dus voor niks geweest, hij had het heel goed gedaan. Vond het hartstikke leuk om weer in Nederland te zijn. Heb genoten om alle familie en vrienden (en ook de vele hondjes) weer te zien. Dat blijft zo vertrouwd. Echt super. Had ook de nodige "Oh-ja"- momentjes weer.... zoals dat shoppen op zaterdag middag 'echt' heeeeel erg druk is. En dat straatjes een stuk smaller zijn dan in Amerika en dat die straatje ook nog gewoon twee richtings verkeer zijn. En dat je bij het starten van de auto, je koppeling in gedrukt moet houden. En dat ik vroeger aardig kon file parkeren, maar dat dat nu niet meer zo is. En dat er ontzettend veel rotondes zijn en dat mensen niet aangeven wanneer ze zo'n rotonde afgaan en jij dan voor niks stil staat en weer moet schakelen. Wat je op tijd moet doen want anders slaat de auto af. En dat voorpiepen bij kassa's, wachtrijen enz. enz. de normaalste zaak van de wereld is, was ook weer een ohja momentje. Niet helemaal een 'ohja'-moment, maar meer een 'oh-jee' moment waren toch wel de vele files, waar bij ik onvrijwillig bij heb aangesloten, meerdere malen. Maakte geen eens meer uit op welk tijdstip van de dag.
Die files waren in mijn ogen wel veel erger geworden dan voorheen. Maar misschien ben ik wel veranderd of is het in mijn selectieve geheugen niet meer geheel terug te vinden.

Want zo merkte ik ook dat ik zelf toch wel wat veranderd ben in die bijna vier jaar sinds we hier wonen. Zo dacht ik altijd dat de Benelux tunnel een grote

tunnel was, maar dat die echt gekrompen is. Echt... hij is heus kleiner
geworden. Dat moet haast wel. Want toen ik ingehaald werd, kreeg ik erg de
'kriebels' want dat ging wel heel snel en veeeeel te dicht bij voorbij.
En dat Nederlanders het niet erg vinden als hun bord niet word opgehaald als
ze klaar zijn met eten. Inmiddels kan ik me ergeren aan van die halve borden
en vind ik de Amerikaanse manier van het direct weghalen prettiger.

Zo sta je er niet bij stil, maar het zijn kleine dingetjes die je doen veranderen.
En het maakt je kijk op normale dingen ineens heel anders. En misschien is het
goed dat je die dingen opmerkt, want zo waardeer de leuke en goede dingen
van Nederland en Amerika weer meer.

74. **Run Petra, Run !**

Deze titel lijkt op die van Forrest Gump inderdaad. Run Forrest, Run! Dit komt omdat ik even iets hypothetisch (ja ja, moeilijk woord) aan jullie voor wil leggen. Stel......, je zit in de bioscoop en zo ongeveer tien minuten voor het einde van de film gaat het brand alarm af ????
Er is geen rook en zijn geen vlammen te zien? Alleen maar de zeer indringende hoge pieptoon van het alarm en een vrouwen stem die omroept dat het brand alarm afgaat en een flitslicht in een donkere zaal. Wat doe je dan? Ga je rennen of blijf je kalm?

Geef jullie even bedenktijd om het scenario voor te stellen..... Bij een tv-show, zou dan nu zo kloktikkend geluid ter gehoren worden gebracht. Maar dat moet er hier maar even bij gedacht worden. Tik, tak, tik, tak.....

Ik heb op tv namelijk wel eens een voorbeeld gezien van zoiets. In twee zalen werden mensen bij elkaar gezet en ook daar deed zich een paniek situatie voor. Van al die mensen was het merendeel betrokken bij het onderzoek. Behalve een aantal die niet wisten wat er ging gebeuren. In 1 zaal reageerden de mensen die aan het onderzoek meededen heel rustig, maar in de andere zaal dus niet en was er een paniek reactie. Er werd gekeken hoe de mensen reageerden die niets van dit alles wisten. Het bleek dat mensen in dit soort situaties kudde gedag vertonen. Ze doen dus net zoals het merendeel van de mensen om hen heen. Blijven die rustig dan zijn zij het ook. Is er paniek, dan worden mensen daar in meegenomen.
Je zou denken dus, rustig blijven in dit soort situaties. Maar het feit was wel dat de paniekers zaal twee keer zo snel ontruimd was, dan bij de mensen die kalmpjes aan deden. Vond dat toen erg interessant om gezien te hebben.

Inmiddels weet ik nu dan echt wat ik zou doen in zo'n situatie overigens. Want het scenario wat ik hier boven stelde, gebeurde gisteren bij ons in de bioscoop. We dachten leuk, met de kerst naar de film! Marley & Me, zou die dag in premierre gaan en ik wilde die film graag zien. Ik had het boek ook gelezen en de voorstukjes zagen er erg leuk uit. Dus wij naar de middag voorstelling, wat ook de premierre voorstelling bleek te zijn. Helemaal vol zat de zaal! En dat gebeurt niet veel hier. Ook omdat er zoveel zalen zijn in de bioscoop en omdat hij ook nog eens in een grote zaal speelde. Maar iedereen moest opschuiven, zodat alle mensen in de zaal konden.

Was weer eens "ouderwets naar de film", dacht ik nog. Want normaliter zitten er hooguit 20 mensen in een zaal, maar nu dus nokkie vol. Afijn de film begint en het was inderdaad een leuke film. Erg grappige scenes en ook herkenbare stukjes. Onze eerste hond heeft destijds een heel achterboard van een ééns-persoons bed op gegeten en kon ook altijd door hordeuren heen, dacht ze. Zo niet de eerste keer, dan met een aanloopje zekers de tweede keer. Ook zijn we met haar twee keer "blijven zitten" op de gehoorzaamheids cursus. Ja echt, ook dat kan! De scene met de gehoorzaamheids cursus deed me dan ook echt weer aan Kim, onze eerste Bearded Collie, denken. Ze was echt een heerlijk apartje, maar oh zo lief (voor ons). Afijn, toen we in de film zo een beetje bij het eind kwamen, ging op eens het brand alarm af! Hele hoge pieptonen en een groot flitslicht ging door de zaal. Ik schrok me echt te pletter eigenlijk. Wat is dat nou? Ik snel mijn laars aangedaan, want ik had wat last van mijn linker voet tijdens de film en had mijn laars uit gedaan. Afijn, ik frommel snel mijn voet in mijn laars en kijk daarna weer op en zie dat er in die hele bioscoop geen beweging zit. Ik stond al lang klaar om te evacueren, zeg maar. Met mijn 'tassie' al onder mijn arm. Maar het merendeel van de bioscoop bezoekers zat nog gewoon! Ja zeg, hallooooo, het brand alarm gaat af jongens! Huppatee actieeeeee!

Maar echt, dit was het standaard voorbeeld van kudde gedrag! Het leek wel dikke vette stroop al die mensen. Zo sloompjes en politiek correct. En daarachter liep ik, het Europese hittepitje, die die mensen wel in een hoogste versnelling zou willen schakelen. Kom op tandje er bij mensen, actie, actie! Die nood-uitgang was helemaal voorin de zaal en bestond uit 1 deur en daar moest die hele dikke brij aan mensen door naar buiten! En met het tempo waar in de bezoekers nu bewogen, ging dat nog wel even duren. Ongelooflijk hoe mensen reageren.
Moet zeggen dat ik het altijd enorm waardeer dat normaliter hier in Amerika iedereen netjes aan sluit in rijen en dat er niet voor gepiept wordt. Maar bij een luid afgaand brand alarm gelden andere regels, niet waar? Kom op jongens vaart er in!

Wij zaten iets naar boven in het midden en hadden dus zeker twee derde van de bioscoop gangers voor ons. Ik kreeg het warm en had de neiging om via lege stoelen naar beneden te gaan. En niet zoals iedereen dat braaf via de zijkanten deed. Kreeg het daarna nog warmer toen ik een zeer sterke brandgeur rook. Kom op nou zeg, even de pas er in mensen. Maar echt niet he? Gewoon in sukkel gang!!!
Tsjonge jonge, ik keek om me heen en zag dat de rechterkant veel sneller ging, want er gingen daar ook mensen via de normale uitgang naar buiten. Eigenlijk wilde ik in 1e instantie niet die kant op, want daar kwam de geur vandaan. En nooit richting brand lopen, klonk het stemmetje in mijn hoofd. Maar we konden natuurlijk wel die kant de trap af en dan aan de andere kant richting nooduitgang deur gaan. Dus ik Ron aan zijn hempje getrokken en we draaiden om. Richting rechts, maar wel naar die exit deur helemaar vooraan.
En het ging inderdaad ietsjes sneller, maar nog stonden we voor die ene deur. Waar ook nog mensen net voor de uitgang weer gingen verzamelen, waardoor er geen andere mensen naar buiten konden. Jemig zeg! Denk even na!!!

Inmiddels ving ik ook een glimp op van een hele stel brandweer auto's die buiten stonden. Dat krijg je als je 1 meter 85 bent, dan zie je dat soort dingen

160

omdat je over mensen heen naar buiten kan kijken. En echt, ik werd van dat aanzicht nou echt niet rustiger. Nou weet ik wel dat je hier in Amerika niet zo heel veel hoeft te doen om zo'n hele rits met van die zwaailichten voor je deur te krijgen, maar moet zeggen dat ik die liever van buitenaf wilde aanschouwen. Maar in de tussentijd stonden wij nog steeds binnen.

Uiteindelijk was er iemand die het "licht" zag en die zware nood uitgang deur open hield en de mensen sommeerde door te lopen eenmaal buiten. Vast iemand die dat filmpje van het kuddegedrag ook gezien had, want er bleven steeds meer mensen die net buiten waren voor de deur stil staan.
En toen......, toen waren wij dan eindelijk ook buiten! Pffffffff wat een opluchting. Misschien dat het bij elkaar maar een aantal minuten geduurd had om buiten te komen. Maar eigenlijk kon ik ook niet precies zeggen hoe lang het nou echt geduurd had. Voor mijn gevoel een eeuwigheid.

Ron wilde eenmaal buiten nog even gaan staan kijken, maar ik had het helemaal gehad! Dadelijk komt er een ontploffing of zo? Dus doei! Zo ver mogelijk hier vandaan. Of zou ik nou echt te veel films gezien hebben? En gebeuren dat soort ontploffingen alleen in films? Moet zeggen dat ik in de gauwigheid ook geen uitslaande vlammen ergens zag en ook geen massa's rook. Maar toch he? Je weet het niet.
Wist nog wel dat de meeste slachtoffers van de vuurwerk ramp in Enschede destijds, ook mensen waren die stonden te kijken. En dat ging mij dus echt niet gebeuren. Graag zo ver mogelijk er vandaan.

En zo stonden wij op enorm grote afstand even te kijken naar wat er buiten allemaal gaande was. En we telden ontzettend veel ladderwagens van de brandweer en nog veel meer politie wagens. En, veel volk. Heel veel volk, met enorme bakken popcorn en 2 liter bekers cola in hun handen. Met zijn allen op de parkeerplaats van de bioscoop. En gelijk vroeg ik me af???? Als er nou brand is, is dat dan het eerste wat je denkt? Oh jee, mijn popcorn en mijn cola? Laten we die snel meenemen? Ik vatte dat totaal niet. Laat staan dan en zorg dat je buiten komt. Maarja, hordes mensen stonder er met hun drinken en popcorn.

Afijn, het was weer even duidelijk dat ik toch echt uit Nederland kom en ik erg nuchter ben en sommige dingen dan niet snap. Maar deze eerste kerstdag-actie wordt er één voor in de boeken......

75. Van de ene naar de andere

Wat heb ik vandaag gedaan? Ik ben weer op baantjes jacht geweest. Vorige week al trouwens, want zag toen een leuk baantje bij het Petsmart hotel aan de receptie op het website van Petsmart. Nou dat leek me leuk zeg! Afijn ik gelijk online het sollicitatie formulier in gevuld, maar bedacht me dat het misschien wel goed was om ook persoonlijk mijn CV af te gaan geven. En zo gezegd zo gedaan. Ik gevraagd naar de manager. Hartstikke aardige man, maar hij vertelde me ook dat ze op het moment "not hiring' waren. Huh? "Maar de advertentie stond op de website", zei ik. "Ja", zei hij, "dat staat er het hele jaar op". Hmmm, lekker is dat! Ze laten gewoon alle advertenties het hele jaar op zo'n website staan. Want je weet maar nooit wanneer je iemand nodig hebt? Ik dus weer een illusie armer ......

Ben vrijdag ook nog langs een hotel in Cary geweest en daar mijn resume achter gelaten. Ook daar vroegen ze iemand voor achter de balie. Kreeg daar van de receptioniste een heel boekwerk wat ik in moest vullen en daar gelijk kon achterlaten. De manager was er op het moment niet, maar die zou me gaan bellen. Nou niks meer gehoord. Dus ik vandaag maar zelf gebeld en van de week zou ze de interviews gaan doen en zou ik nog meer horen. We wachten dus verder af.

Ook nog een brief gestuurd naar het zwembad, waar ze ook een receptioniste zochten, maar daar ben ik denk ik één van de velen. Zal daarvoor ook van de week nog even bellen. Dat bellen en nogmaals refereren aan je eerste brief, schijnt hier heel normaal te zijn. En het is hier echt heel triest gesteld met de reacties van de werkgevers. Ze laten gewoon niks van zich horen. Natuurlijk zijn er op het moment zoveel werk zoekenden, dat er wellicht ook geen beginnen aan is om iedereen te beantwoorden. Maar heb overigens ook gehoord dat ze hier in Amerika niet aan afberichten doen, vanwege lawsuits. Want stel dat ze je het idee hebben gegeven dat ze je een baan aan zouden bieden, is dat voor de sollicitant een reden om te gaan "sue-en". Dus die brief blijft vaak achterwege.

Vandaag ook weer op pad geweest. Eerst bij een hotel hier in het 'dorp'. Ook als receptioniste. Die advertentie stond van de week in een klein krantje hier uit de buurt. Dus daar vanmorgen mijn cv gebracht en toen door naar Kohls. Op zich vind ik Kohls altijd een leuke winkel en misschien hadden ze wel part-time mensen nodig?
Ik dus naar de customers service en gevraagd of ze mensen aannamen op het moment. En toevallig was dat zo en was er vanmiddag een interview mogelijkheid om 2 uur. Of ik vanmiddag terug wilde komen? Wel ja, laten we dat maar doen. In de tussentijd kreeg ik al weer een formulier wat ik in moest vullen en ik om twee uur moest inleveren.

Nou ik kwam daar dus om twee uur en met mij 13 andere sollicitanten. Echt waar, nog 13 andere mensen waren er met mij. Het was dus weer een groeps interview, net als destijds bij Bath & Body works. En moet zeggen dat ik dat nou niet als prettig ervaren had.

Ook hier weer de meest maffe vragen. Zoals, als je een keukenmachine mocht kiezen, welke zou jij dan willen zijn? Ja zeg..... lekker belangrijk! Waar gaat het over? En dan 14 keer achter elkaar een wazig antwoord van de sollicitanten. Want iedereen in de kring moest antwoordden natuurlijk. En zo waren er meer van die uiterst onnuttige vragen.

Er was één vraag die ik wel goed vond en waarmee je gelijk kon zien wat voor vlees je in de kuip hebt. Namelijk een klant koopt iets voor $32,55 en betaald met $40,00, hoeveel geld krijgt ze dan terug. En dan moesten we alle 14 het bedrag opschrijven. Echt waar, je schrikt je een hoedje als je ziet, hoe lang sommige mensen daar over doen. En met wat voor vragen ze komen, over wat ze er nou precies mee bedoelden, of wat het bedrag ook al weer was? De interviewers keken dus hoe snel je er mee klaar was. Dat is iets waar je in een winkel op moet letten, niet waar? Niet welk keuken machine je wilt zijn toch? Of of je ooit een conflict met een collega hebt gehad. Iedere gek kan daar een nuttig antwoord op verzinnen, niet?

Natuurlijk lag er op elke stoel ook een nog grotere stapel papieren die ingevuld moesten worden. Echt je zou denken dat je als store manager van de zaak kwam solliciteren. Maar nee het was voor allerlei functies. Afijn het hele interview duurde bij elkaar twee uur. Ja je leest het goed twee uur! En aan het eind werd dan het begin uurloon gemeldt, wat duidelijk niet hoog was. Echt niet hoog. Randje minimum. En dan toch zo'n stapel formulieren en zoveel tijd aan zo'n interview besteden. Lijkt mij nou niet echt een efficient plan. Maar het zal de bedrijfs policy zijn? Maar goed dat ik geen store manager ben.

Persoonlijk leek mij de part-time functie van add-setter wel wat. Kohls heeft volgens mij wel drie keer per week een nieuwe folder met dito aanbiedingen. En de addsetter verwisselt dan de bordjes met de prijzen zeg maar. Niet echt mijn levenswens kwa baan, maar het was tenminste een part time baan. Echter in het interview hoorde ik dat de werktijden van de addsetter van 11 uur 's avonds tot diep in de nacht zijn. Hmmmmm, dat ging hem ook niet echt worden geloof ik. Maarja, we zijn weer een ervaring rijker niet waar?

76. Captain Sully

Amerika heeft er een nieuwe held bij, namelijk Captain Sully van de US airways vlucht die een noodlanding moest maken. De beste man heeft het vliegtuig veilig in de Hudson rivier weten te landen. Hulde aan hem en terecht! Het is ongelooflijk dat iedereen er, op een nat pak na, ongedeerd heeft uit weten te komen.

Grappig is dat Ron en ik ook een keer hebben mee gevlogen met Capt. Sully. Het was op een vlucht naar Florida. Weet nog dat we net ingestapt waren en de stewardess omriep dat de vlucht vandaag verzorgd werd door Capt. Sully. En ik dacht nog wat is dat nou voor een naam voor een piloot? Sullie? Fijn hebben wij weer, een sukkeltje achter het stuur van ons vliegtuig.

En moest ook gelijk aan CSI denken. Ja ik weet het ik heb een levendige fantasie, maar zo net voor het opstijgen van een vliegtuig, ben ik echt wel op mijn scherpst. Ben helemaal niet bang om te vliegen, maar ben wel altijd alert. Enorm alert. En zo weet ik ook nog dat de stewardess bij het landen weer zei dat "Captain Sully" en zijn crew heten uw welkom op Miami airport. Toen zei ik nog tegen Ron, zou die man nou echt zo heten? Vond het zo sukkelig klinken.

Afijn inmiddels is het duidelijk dat hij verre van een sullie was. En eigenlijk uitermate slim. En dat zijn naam niet Capt. Sully in het echte leven is, maar Sullenberger. Wat het tikkie beter doet in mijn inschattings vermogen voor een piloot. Feit is wel dat de Capt. Sully's naam was blijven hangen bij me. Ja, ja ik weet, nutteloze info op mijn harde schijf, maar dat is het aard van het beestje. Al met al denk ik dat de 150 mensen aan boord die naam ook niet snel zullen vergeten. Want het zal je toch gebeuren dat je vlucht naar Charlotte, NC eindigt in de Hudson rivier....

77. Naar de film

Gistermiddag was ik met onze over buurvrouw, naar de bioscoop gegaan. We zouden naar de film Bridewars gaan. Op internet stond dat hij om tien over 1 zou draaien. Echter...., eenmaal bij de kassa van de bioscoop, bleek dat dat tien over 2 was. En dat kwam niet helemaal lekker uit. Of wat zeg ik, helmaal niet, lekker uit. Want buuf der dochtertje zou dan al met de schoolbus gearriveerd zijn, eer wij uit de bioscoop waren. Achter ons stonden twee vrouwen in de rij en ook zij wilden naar die film, maar besloten rechts omkeer te gaan, toen ze de tijd hoorden.

Maar wij besloten ter plekke, om dan maar naar een andere film te gaan. Het meisje achter de kassa noemde een aantal films op die eerder begonnen en verwees ons naar een briefje wat aan de zijkant van het loket hing. Daar konden we een korte samenvatting lezen van die films. Uiteindelijk werd het de film "**Mall cop**". Begon om tien voor 1, zei de cassierre.
Het was inmiddels al vijf voor 1 dus wij nog een beetje haasten, komen we de zaal in zit er gewoon niemand. En die film was ook nog niet begonnen, zelfs nog geen reclame. Hmmm, beetje vreemd? Maar we begonnen maar vast aan de popcorn en gingen verder met 'beppen'.

Afijn om 1 uur nog steeds geen beeld in de zaal. Wel een beetje vreemd he? Dus ik bedenk me, laat ik even kijken op het kaartje of we dan wel in de goede zaal zitten,. Maar de zaal was goed, maar toen pas zag ik dat de film niet tien voor 1 maar tien voor 2 zou beginnen. Ahum...., niet zo raar dus dat er niemand in de zaal zat, zo'n 50 minuten voor de voorstelling! Lekker slim. Volgens mij waren ze een beetje in de war met de tijden daar in die bioscoop. Maarja, tien voor 2 zou ook weer een beetje krap worden weer met de school bus. Afijn....., wij griebelend die zaal uit.

In de bioscopen bij ons in de buurt is er echt heel weinig controle. Ja, bij het binnen komen wordt je kaartje bekeken, maar verder geen controle. Dus buuf en ik zijn de gang maar afgelopen om te kijken welke film snel begon. Best een beetje spannend, want zal je zien, dat er net die dag wel controle was. Maar we vonden een film die net begonnen was. En...., dat was **Marly en Me**. De film waar ik het einde nog niet van gezien had, door dat brand alarm laatst. En we de zaal moesten verlaten. Buuf had deze film ook nog niet gezien, dus die werd het. Wij snel naar binnen geglipt en in het donker een plekje gezocht. Op zich ook nog niet zo makkelijk zo op de tast. Maar eindelijk we zaten in een zaal waar een film speelde.

Nou kan ik je zeggen dat eenmaal aan het eind van die film het tranen met tuiten is. Dus of het achteraf gezien een goed idee was geweest om toch het einde van die film te gaan kijken. Ik weet het niet. Voor mijn gevoel had ik best zonder deze wetenschap kunnen leven. Maar ik was er nu getuige van dat

Marley, de hond uit de film, uiteindelijk het toch niet zou redden. De tranen biggelde over mijn wangen. Vooral toen de kinderen van het gezin afscheid gingen nemen van hem. En bij buuf was het al net zo.... Gezellig!!!

De buurvrouw en ik kwamen dus allebei met dikke rode ogen de bioscoop uit en echt opgeknapt waren we er zeg maar niet van! Een beetje mislukt plan uiteindelijk. Beth is onlangs ontslagen en we vonden het wel een goed idee om samen een filmpje te gaan kijken, zo door de weeks. Even gewoon wat anders, iets leuks! Maarja zo alles bij elkaar, moeten we hem misschien nog maar een keer overdoen. Bij een andere bioscoop en een andere film misschien toch maar. En natuurlijk van te voren maar even bellen of de tijden op het internet kloppen......

78. Buiten lopen

Vandaag was ik dan zowaar bij les 10 met Evy aangekomen. Ik volg inmiddels trouw weer de podcasts om met Evy te leren hardlopen. Evy zegt dan wanneer je moet hard lopen en wanneer te wandelen in die podcasts. En, het gaat nog steeds goed.

En 's morgens bedacht ik me dat het misschien een idee was om een keertje buiten te gaan lopen. De voorgaande lessen had ik steeds op de loopband gedaan. Een vriend van ons had me van de week tijdens de lunch gezegd dat hij veel liever buiten, dan op een loopband loopt. Omdat hij lopen op een loopband veel saaier vond. En nou moet ik eerlijk zeggen dat ik eigenlijk ook wel vaak kijk op het klokje van de loopband. Maarja, buiten lopen..... Dan ziet iedereen je natuurlijk wel! Voor mij een niet echt geruststellende gedachte....

Maarja, zo 's morgens vroeg was er vast nog niemand wakker genoeg, om te realiseren dat ik het was die daar liep. Belangrijk feit was wel dat ik voor kwart over 8, weer klaar moest zijn, want dan komen de schoolbussen hier weer in de wijk. En om langs alle wachtende moeders met kinders te joggen zo voor een eerste keer, was natuurlijk geen optie!

Dus snel schoenen aan en rennen met die hap! Natuurlijk, al in de eerste minuut van het loopje, kwam het boertje die hier net achter woont aan gereden. En die begon me spontaan aan te moedigen en maakte hardloop bewegingen achter het stuur van zijn auto en reed even met me op. Nou gaat het lopen met Evy best aardig op het moment, maar je moet niet tegen me gaan praten hoor. Dan ben ik zo van de wap. Laat staan met me mee rijden en me aanmoedigen. Och hemeltje lief....., wat nu?
Waarschijnlijk kwam mijn "dit trek ik niet hoor"- reactie toch ook wel over bij boertje, want na een laatste "You go girl!", liet hij me gelukkig weer alleen verder lopen. Pffff, nu maar hopen dat ik verder niemand tegen kwam zeg. Dit is dus niks voor mij hoor.

Maar bij de volgende bocht kwam boertje nummer 2 al aan. Maar, hij reed me voorbij! Gelukkig! Hij zag mooi niet dat ik het was. Althans dat dacht ik, want ineens zag ik daar de remlichten gaan branden. En volop in de ankers ging de pick-up truck. Oh nee he? Kan ik nou niet even anoniem aan de jog?
De auto stond zo'n 50 meter voor me stil, het raampje ging open en ineens kwam daar een duim omhoog naar buiten. Moest er eigenlijk wel om lachen, want het was best een grappig gezicht zo. Dus ik kopieerde zijn gebaar en daarna werden gelukkig de ankers weer opgehaald en met een dot gas reed hij weer verder. Pfffff, het is wat zo vroeg op de morgen. Hoop toch echt niemand meer tegen te komen hoor.

En gelukkig bleef het inderdaad bij de twee boertjes en ging al met al best aardig het buiten joggen. En onze vriend had gelijk, de tijd gaat veel sneller als je buiten loopt. Vooral als je naast Evy ook twee boertjes tegen komt die je proberen aan te moedigen.

Wel merkte ik dat in onze wijk meer heuveltjes zijn dan op mijn loopband. Gek he? Maar dat zijn vast weer extra caloriën die verbranden, zullen we maar denken. Precies op tijd was ik weer binnen en ben geen moeders onder weg tegen gekomen. Zo, dat was vroeg beginnen, maar dan heb je het wel al mooi gedaan niet waar?

79. Zou het dan toch?

Ik nam net de eerste hap in mijn bammetje en toen ging de telefoon. We hebben een nummermelder en op de display stond "de bloemenschuur". Huh? What???? Toch niet **DE** bloemen schuur he? Ik was daar namelijk in oktober geweest voor een gesprek. Was toen een lichtelijk chaotisch verhaal en heb er dan ook niks meer van gehoord.

Maar nu belde ze me? Zo'n drie maanden na dato? Nou ja, opnemen dan maar? En zowaar, het was inderdaad die mevrouw waar ik dat proefboeket voor moest maken. Ze vroeg me of ik nog beschikbaar was. Uh ja, dat was ik wel ja. "Ook in de week voor Valentijn?". "Ja ook in de week voor Valentijn", was ik beschikbaar. "Ok", zei ze, verder kwam er niet zo heel veel uit. Ze wilde deze week e.e.a. gaan rondbreien, voor het extra werk voor Valentijnsdag en de te verwachten drukte en dus zou ze me volgende week terug bellen, of dat goed was? "Ja hoor, dat is goed", zei ik nog steeds enorm verbouwereerd. Maar had nog wel de helderheid om haar te bedanken voor haar telefoontje.

Verbaasd hing ik dan ook op en dacht bij me zelf, zou het dan toch? Het had vandaag precies 3 maanden geduurd eer ik wat terug gehoord heb. Ik had destijds wel het gevoel gehad, dat ik misschien te 'anders" (lees, niet uit North Carolina) was en ze daar even aan moesten wennen. Maarja 3 maanden wennen? Dat was wel erg lang niet waar?

We gaan het zien, misschien is haar telefoontje van volgende week ook weer over drie maanden en kan ik met Moederdag dan echt beginnen? Je weet het niet he? Kan nu echt alles verwachten. Maar wie weet sta ik volgende week net voor Valentijn die "oermooie" Amerikaanse boeketten te maken! We gaan het zien!

80. **Met alle liefde.....**

had ik hem het raam uit gegooid.... Oh wat was ik dat ding zat zeg! Twee en half uur ben ik er mee bezig geweest en het wilde gewoon niet lukken. En dan heb ik het over mijn iPod. Het ziet er allemaal gelikt uit, moet ik toegeven. En het apparaat werkt zelf ook super, maar om er muziek op zetten is echt drama. Ik en iTunes, zijn absoluut niet compatible, zeg maar. Het begon al toen ik mijn Ipod aan de laptop aan sloot. Spontaan begon iTunes te synchroniseren. Geheel niet volgens planning, want ik gebruik iTunes graag zo weinig mogelijk, aangezien mijn vorige pogingen met dat programma geen gigantisch succes waren.

Afijn door het synchroniseren, was alles van mijn iPod af. Lekker!!!! Heb ik gevraagd om te gaan synchroniseren, Nee! Maar toch doen he? Dit was het begin van mijn woede op het ding. Daarna kwamen er allerlei kreten over 10.001 updates die er voor iTunes waren. Dus die laten ratelen en uiteindelijk de iPod kunnen loskoppelen. En bleek het ding was gewoon helemaal leeg. Niks stond er meer op. Al mijn vorige hardlooplessen van Evy, mijn leuke muziekjes, foetsie! Weggesynchroniseerd door "iStunt". Dus ik slepen met alle nieuwe lessen van Evy naar het podcast mapje. Dat neemt nog al wat tijd in beslag want 1 les is ongeveer een half uur aan muziek en gepraat, zeg maar.

Afijn had ik ze er bijna allemaal op zegt "Istunt", dat mijn iPod vol is. Ok, kan ik begrijpen. Misschien dan een lesje minder.... Proberen er een paar te verwijderen in Istunt, maar dat mocht niet van het programma. Allerlei boze pop-ups kreeg ik van hem. Dus ik weer die iPod van de laptop af. En ook dat mag niet zomaar! Nee DAT kan niet "zomaar"....., want in het iPod scherm staat met koeieletters, niet loskoppelen. Dus eerst weer dat knopje zoeken voor te ontkoppelen en daarna legaal de iPod weer bekijken. En nou komt tie, er stond dus gewoon helemaal niks op. NUL,NUL!!!! En oohhhhh, daar word ik echt niet vrolijk van zeg! Ik dat ding weer in de stekkers en synchroniseren met het spul. Weer loskoppelen en weer kijken. Weer niks he? Maar "iStunt" maar blijven volhouden dat dat ding vol is. Ik was inmiddels al behoorlijk ziedend op het ding, dat moge duidelijk zijn. Maar zag toen bij het knopje synchroniseren, een ander knopje, "iPod in originele staat terug zetten". Tsja als ik er toch niks op kan vinden op die iPod, dan maar die he!

En ja hoor, iStunt vond na alles op het begin punt gezet te hebben, dat hij nu wel leeg was. Gelukkig we waren weer op 1 lijn, want ik had al geconstateerd dat er weinig leven meer in het ding zat. Maar het duurde even wat langer bij de iPod zelf helaas. Bij toon alles, bleef het scherm gewoon elke keer hartstikke leeg. Maar toch volhouden dat ie vol is hey? Diepe zucht en dan maar weer opnieuw beginnen...

Mijn stemming was inmiddels tot ver onder nulpunt gezakt! Echt, ik snap gewoon niet waarom iedereen zo blij is met die iPod en iTunes. Als ik bijv.

onze memory stick gebruik, sleep ik gewoon alles naar het mapje van die stick toe en huppatee, klaar! Waarom moet je in hemelsnaam, dat super ingewikkelde iTunes gebruiken? Die ongevraagd synchroniseerd en allemaal wazige kreten naar je toe werpt? Over loskoppelen, bibliotheken, to-go mappen en shuffles? Echt, ik snap niet waarom het zo ingewikkeld moet zijn.

Ik vind heel iTunes gewoon echt 1 groot drama! Het is dus duidelijk, het was geen grapje dat iTunes en ik niet compatible zijn. Het is gewoon echt waar! Drama was het weer. En ik had het al zo lang mogelijk uitgesteld dit feest. Maar om nou weer diezelfde les te gaan lopen met Evy, dat is nou ook niet de bedoeling....

Ron, die toen ik bezig was, zelf in de garage bezig was met zijn mountain bike. Kwam niets vermoedend binnen en kreeg (natuurlijk) de volle laag. Hij was namelijk de eerste persoon die ik zag en die terug praatte, na mijn iStunt! Nou die was er ook blij van (ahum). Maar bood wel aan om het voor me te gaan doen. Hij ging kijken en het bleek dat van de 14 lessen die ik er opgezet had, er 1 was aangekomen op de iPod na de tigste keer synchroniseren.

Nou toen was ik helemaal blij! Al die tijd gewoon op niks zitten wachten. Wat synchroniseren, weet het ding wel wat synchroniseren is? En toen...., toen had ik het helemaal gehad. Wat een gemeut zeg om die paar lessen er op te krijgen. Echt, wat was ik er sjacherijnig van zeg!

Normaliter kan ik me aardig redden op de computer, maar al vanaf het begin wil het absoluut niet lukken met die iPod en doe ik gewoon al twee jaar met de zelfde liedjes op het ding. Het is echt niet even zo, dat als ik een leuk nummertje hoor, die even snel op mijn iPod zet. Ik kijk wel link uit....., dan is straks alles er weer af. Wat dus ook vandaag weer gebeurde. Van nijd ben ik op de loopband gaan stappen. Even stoom afblazen! Ron was voor me aan de slag gegaan en ik hoorde hem ook mopperen op het ding. Maar hij kwam op een gegeven moment de iPod bij me brengen. Het was hem gelukt!
Nouja, bijna dan. Want les 13 wilde niet? Waarom niet? Alleen iStunt zal het weten? "Nou," zegt Ron, "dan sla je die les toch over". "Ja, halloooooo, ik mag blij zijn als ik les 13 haal, dus laat staan overslaan!". Nee geen optie. Zou die iPod bijgelovig zijn of zo? Ook dat nog, een iPod met een eigen mening....

Het lopen gaat best lekker, maar overslaan is echt geen optie hoor. Heb echt alle lessen nodig. Heel erg nodig zelfs. Afijn, er zijn natuurlijk veel ergere dingen in de wereld, maar ik snap gewoon echt niet waarom dat hele gebeuren zooooo ingewikkeld moet zijn? Daar moet toch iets makkelijkers voor bestaan? Maarja, die les 13 zien we dan wel weer, die andere lessen staan er op. Al het andere is er wel van af, maar god zege de greep dat we weer verder kunnen met Evy.....

81. Eén klein stapje verder

Nou we zijn inmiddels één klein stapje verder in mijn sollicitatie pogingen. Op de vele advertenties voor diverse baantjes, heb ik inmiddels nu zelfs al twee keer een reactie gehad. Ja, ja, ik zie duidelijk een stijgende lijn!
Desondanks heb ik nog niet de illusie, dat ik nu nogmaals een reactie ga krijgen van de desbetreffende bedrijven, maar er is in ieder geval een response. En dat geeft me een beetje het idee dat mijn inspanningen en brieven in ieder geval gelezen worden. Nou moet ik wel erbij zeggen dat er 1 bedrijf bij is die in Londen gevestigd is. Dus die zijn denk ik wel van de etiquette en geven sollicitanten wel netjes (en beleefd) een antwoord op hun brief. De ander was een plaastelijk bedrijf en daarvan kreeg ik een zeer persoonlijke reactie, wat mij zeker aan stond. Dus al krijg ik die functies niet, die twee bedrijven in kwestie zijn enorm in mijn aanzien gestegen.

En dan hebben we natuurlijk nog de bloemenschuur achter de hand. Wellicht wacht Mevr. Bloemenschuur het aantal bestellingen af voor Valentijn 2009. Die misschien door alle economische malaise ook wel een stuk lager zullen uitvallen dan voorheen. Althans dat lijkt mij zo? Of ze is gewoon nog vreselijk aan het plannen en duurt het gewoon weer drie maanden eer ik iets hoor, dat kan natuurlijk ook. Je weet het niet he? Maar we gaan het vast zien!

Verder heb ik deze afgelopen dagen al voor de derde keer buiten gejogd! De laatste twee keren wel in de avond, want in het donker ben ik namelijk veel moeilijker te herkennen en dat scheelt weer aanmoedigingen van deze of gene. De tweede keer buiten ging bijna helemaal zonder aanmoedigingen. Bijna inderdaad, want net voordat ik weer bij ons huis aan kwam, kwam de buurman aangereden en natuurlijk raampje open en klonk er een heel klein "cheertje" uit de auto. Wel grappig toch weer.

Gisteren is het me wel gelukt om geheel anoniem mijn rondje te lopen. Het lopen op zich gaat eigenlijk best goed, alleen had ik maandag erwtensoep gemaakt en dat was geen goed idee. Nou ja, de erwtensoep wel, maar het lopen erna niet. Het voelde als een stuk beton in mijn maag. (Ja, ja, in mijn zelf gemaakte erwtensoepen van tegenwoordig blijft een lepel recht op staan.)

Natuurlijk had ik dit met een beetje logisch denkwerk ook zelf kunnen bedenken, maar dacht dat het los zou lopen. Maar er liep letterlijk niet veel los, het tegendeel zelfs. En vandaar voortaan geen erwtensoep meer op mijn loop daagjes. Die hadden we snel geleerd....

82. Alarm

En..... jawel! De bloemenschuur heeft gebeld vanmorgen! En ik mag volgende week vier dagen komen werken. Leuk! Vind het een genot om met bloemen bezig te zijn. Alleen kosten ze hier een vermogen en is er beperkte keus. Naar Nederlandse maatstaven dan. Dus freubel niet zo vaak meer als dat ik in Nederland deed. Maar des te leuker om het voor anderen te doen en nog betaald er voor te worden ook. De tijden komen ook goed uit met de hondjes. Want ik hoef pas om 11 uur te beginnen, helemaal niet verkeerd!

In de avond ben ik met Ron naar Raleigh geweest. Daar was nu de jaarlijkse auto beurs. Voor het eerst in het nieuwe conventie center van Raleigh. Gelukkig konden we heel makkelijk naast het conventie center parkeren. Het is allemaal vrij nieuw daar, maar echt heel makkelijk te bereiken, al is het midden in het centrum van Raleigh.

Natuurlijk heel veel auto's gezien. Te verwachten op een autoshow he? Weinig opdringende verkopers wat een groot pluspunt is, kunnen we wel stellen. En ik had natuurlijk weer wat. In bijna elke auto mag je zitten op deze auto show. Zelfs de duurste Maserati's staan open, wat mij dan wel weer verbaasd. Maar het kan allemaal en iedereen dat doet dan ook. Hele gezinnen zie je in een auto verdwijnen, zeg maar.

Nou vind ik de nieuwe Dodge Journey een hele leuke wagen. Dus dacht ik, laat ik ook eens gaan kijken. En natuurlijk hoor, ik doe de deur van die wagen open en alle alarm bellen gaan af! Knipperlichten, toeters, de hele reutemeteut! Nee zeg, ik schrok me echt drie ik in de rondte. Heb ik dat? Wil ik in een auto kijken, mag het niet bij die ene auto. En, wat blijkt, bij Dodge stonden helemaal geen mensen van het bedrijf, alleen de auto's. Dus het hele alarm gedoe, hield ook zeker nog een aantal minuten aan.
Goh wat voelde ik me knullig.... Petra gaat een auto bekijken...... Ja wat doe je in zo'n geval? Hard weg rennen? Net doen of jij het niet was? En dan een beetje verschrikt kijken van "Oh, wie doet dat nou?". Eigenlijk hoopte ik, dat ik ineens onzichtbaar zou worden of zo. Want alle ogen ware nu wel heel erg op mij gericht. Ok, ok, ik zal het nooit meer doen. Hoe haal ik het ook in mijn hoofd. Mijn moeder zei vroeger al, "kijken doe je met je ogen, niet met je handen". Had ik nou nog niks geleerd, zoveel jaren later? Ik had me gewoon door alle Amerikanen laten beinvloeden en wilde ook ineens in een auto zitten.

Later zag ik iemand van Audi in de Dodge duiken om het loeien van het ding te stoppen. Wat even lukte, maar verderop hoorde en zag ik hem weer afgaan... Afijn, we weten in ieder geval dat de Dodge Journey een goed alarm systeem heeft. Helaas niet hoe hij er van binnen uit ziet, maar loeien kan hij zekers!

83. **Schutkleren aan**

Ron en ik hadden in de planning om vanavond naar de film te gaan. En aangezien het ook vandaag mijn loopdaagje weer was, moest ik nu dan toch weer echt in het daglicht gaan lopen. Want vanavond was ik er niet.
Moet eerlijk zeggen dat ik er een beetje tegen aan zat te hikken. Maar na op de Skype met mijn vriendin gesproken te hebben, (zij doet in Nederland vrolijk met me mee aan de lessen van Evy) had zij me aangespoord om vooral toch te gaan lopen. En ben me na het Skype gesprek, om gaan kleden en gaan lopen.

Nog geen drie mintuen op pad en de eerste buuf kwam me al tegemoet. "Waar zijn de hondjes?", riep ze me toe. Ja moeilijk uitleggen, ik loop eigenlijk altijd met de twee stappers in mijn kielzog door de wijk. Dus maar even stoppen, uitleggen van mijn hardlooppogingen en na een korte babbel weer door.

Daarna liep ik in het nieuwbouw gedeelte en daar is het redelijk "veilig" (lees stil). Er zijn wel huizen, maar er zijn er nog maar een paar bewoond en die mensen zag ik gelukkig in de verste verte niet. Die werken vast allemaal overdag. Gelukkig, want nu kon ik even lekker doorlopen. Dit keer was de les 1x2, 1x3 en 3x5 minuten. En het ging best aardig weer. Bij de laatste vijf minuten kwam ik een buurvrouw tegen die zelf ook altijd hard loopt en net van plan was om te gaan lopen. Ze vroeg me of ik al klaar was? Anders was ze met me mee gelopen. Wel aardig van haar, maar ik ga nog niet zo snel hoor. "Maakt niks uit zei ze! Zo had zij het ook geleerd". Zij is altijd zo aardig en wie weet ooit... maar nu nog even niet! Ik vertelde haar dat ik in de laatste vijf minuten was en ben daarna weer door gelopen.

Toen kwam ik de overbuurman tegen. Die buurman is een personal trainer van DE sportfaciliteit hier in de buurt. Nouja sportschool, het is officieel "the Country Club". En behoort bij een stikdure wijk, met dito golfbaan en clubhuis. En zo ook de sportschool binnen die club. Zwaar sjiek in ieder geval en om daar personal trainer te zijn, moet je wel weten waar het allemaal over gaat niet waar? Die buurman is overigens altijd reuze aardig hoor. Maar ik moest nog ongeveer één minuutje lopen en mijn gelaats kleur was op zijn roodst waarschijnlijk. Wat een timing toch weer! Waar komen die mensen toch vandaan? Als ik met de hondjes op pad ga zie ik bijna nooit iemand hier in de wijk. En als ik in sportoutfit me door de lessen van Evy worstel, komt er van alles op me af.

Natuurlijk kon ook hij het niet nalaten om mij luid en duidelijk aan te moedigen. Klappend in handen en met heuse aanmoedigings kreten kon ik hem passeren. Ok, dat is zijn werk, dus is vast het aard van het beestje. En had ik eigenlijk gewoon even naast Evy op mijn koptelefoon, een gratis personal trainer. Maar toch, waarom kwam ik dat nou weer allemaal tegen? En dan ook nog op het laatst, als ik zowat op mijn tandjes loop. Want het is toch best ploeteren voor mij hoor.

Het was weer fraai. Waar zou ik toch zijn zonder al die persoonlijke aanmoedigers? Afijn ik had het weer gered. Snel douchen, aankleden en aan het eten beginnen. Maar toen Ron thuis kwam, bleek hij snip verkouden te zijn en dus geen puf te hebben om naar de film te gaan. Heel begrijpelijk en natuurlijk kan hij daar ook niks aan doen. Maar bedacht me toch wel even, dat ik dan eigenlijk gewoon veilig 's avonds had kunnen gaan lopen. Lekker in het donker waar niemand me ziet, met mijn schutkleren aan!

84. De bloemenschuur II

Vandaag was het dan de dag dat ik bij de bloemenschuur zou beginnen. Moest er bij nader inzien al om 10.00 uur zijn, omdat ik ook alle papieren in moest vullen. De eigenaresse was er en haar man. En nog een vrouw die aan een bloemstuk bezig was. Na het invullen van alle "legal stuff" kon ik gelijk aan de slag. In tegenstelling tot wat ik verwachtte, mocht ik geheel naar eigen idee een bloemstukje maken voor een bestelling voor iemand die jarig was.

Belangrijk was om de bloemenprijzen goed te weten en welke je in je boeket gebruikte. En of dat overeen kwam met de prijs. Daarna was je helemaal vrij om zelf iets te maken. En vond het heerlijk om weer een bloemstukje te maken. Ik heb een biedemeier boeket gemaakt. Toch wat traditioneel misschien. (lees ouderwets) Maar geloof dat ouderwets wel een trend is hier, zeg maar. Ik zag ook het stukje wat de mevrouw naast mij maakte en was bang dat mijne misschien toch weer te Nederlands was. Haar stukje was met allemaal verschillende bloemen en van allerlei kleur. Echt geheel niet mijn ding.... Dus hield mijn hart vast. Maar de eigenaresse was helemaal content met mijn bloemstuk. Echt prachtig, zei ze.

Gelukkig maar. Gezien ook mijn eerste ervaring met haar, was ik toch wel wat voorzichtig. Heb er dan ook maar een prachtige pof strik ingedaan, om het toch wat Amerikaans te houden. We moeten ze niet te veel laten schrikken op zo'n eerste dag niet?
Later op de ochtend kwam er nog een meisje helpen en zij was een stuk vlotter met haar ideeën ook. En dat stelde me toch wat gerust. Al denk ik wel dat degene waar ik vroeger les van heb gehad zijn wenkbrauwen er bij opgetrokken had. Weet nog zo goed dat ik het maar niks vond als Meneer Geilvoet, zo heette de beste man, bij je stukje kwam kijken op cursus. En dat hij er dan van alles uittrok. Tot groot ongenoegen van mij en de mede cursisten. En hij vertelde je dan gewoon dat het of groter of meer rond of ovaal moest of zo. En kon je weer over nieuw beginnen. Het is maar goed dat hij er vandaag niet bij was. Hij had vast de dag van zijn leven gehad..... Het gaat gewoon heel anders hier. Bovendien worden boeketten gewoon in de vaas opgemaakt, met alle stelen kris kras door elkaar. In Nederland worden boeketten gewoon echt gebonden en niet als bloemstuk opgemaakt. Duidelijk verschil, maar..... dit is wel makkelijker natuurlijk. En als je de moeilijke manier kent, is de makkelijker manier eigenlijk veel leuker, moet ik zeggen.

Na het maken van het verjaardags bloemstuk. kwamen de bestelde bloemen binnen en die moesten uit de dozen en in het water gezet worden. Heb emmers schoon gemaakt en afgespoeld. Ook heb ik nog een aantal (lees zeker meer dan honderd) kleine waterbuisjes gevuld, voor rozen die zonder "arrangement" werden verkocht. Daarna nog een heel stel van die prachtige pofstrikken gemaakt. Allemaal voorbereidend werk voor van de week. Ze hopen dan toch zeker een heel stel bestellingen te hebben.

De volgende dag was het duidelijk een heel stuk drukker. Ik heb zoveel bloemstukjes vandaag gemaakt, dat ik de tel gewoon kwijt ben. Vele dozijnen aan rozen in ieder geval. Dus twaalf rozen in een vaas opgemaakt met varenblad. Is hier echt helemaal hot. Inderdaad zo als vroeger, met gipskruid en al... Ik weet het, in Nederland bijna niet meer te krijgen, maar hier aan de lopende band. En echt na een stuk of wat, begin ik ze nog mooi te vinden ook.

Het eerste echte bloemstuk wat ik moest maken vandaag was voor mensen waarvan hun hond was overleden.... Ging al bijna huilen bij het lezen, bij wat er op het kaartje moest. Toen moest ik het nog maken. Heb er extra mijn best op gedaan. Het werd gegeven door de dierenartsen praktijk. Het schijnt dat zij vaste klant zijn. Niet zo goed natuurlijk voor een dierenarts, want het is de bedoeling dat je klanten blijven leven, lijkt mij. Maar wel heel lief dat ze dat doen. En ook best nog voor een flink bedrag ook.

Heb vandaag ook een paar boeketten gemaakt en daar toch gewoon een elastiekje voor gebruikt. Vol bewondering werd het bekeken en moest het ze zelfs leren. Het gaat dadelijk de nieuwste trend worden! Ze vonden duidelijk dat het veel sneller ging en de bloemen beter vorm houden. Moet zeggen dat ik het eigenlijk heel knap van ze dat ze openstonden voor het nieuwe en vreemde "Europese" gedoe. En dat al op dag twee van mijn aanwezigheid.

De meeste boeketten worden thuis bezorgd en twee keer per dag komt er een mevrouw in de winkel die alles ophaalt en de bestelling bezorgd. Vandaag hebben we ook al veel bestellingen gemaakt voor vrijdag en dan morgen beginnen we aan de bestellingen voor zaterdag. Weet weer helemaal hoe je pofstrikken maakt en hoe doornen van rozen voelen in je handen. Maar het voelt heerlijk om zo bezig te zijn en had het reuze naar mijn zin.

Valentijnsdag zelf was een mega drukke dag in de bloemenschuur. Was er aan de eind van de dag erg moe van, zeg maar. De hele dag staan ben ik echt niet meer gewend.... Maar het was weer leuk. Zo was er een boertje dat langs kwam met zijn eigen meegebrachte vaas. Of we er wat leuks in konden stoppen voor zijn vrouw. Had geen cent te makken, maar was blij met alles wat er in kon. En zo was er een man met zijn zoontje, die bloemen uitzochten voor zijn vrouw/moeder en dochter/zus. Ik kan daar zo van genieten om dat te zien.

Verder komen eigenlijk alle bestellingen via de telefoon of het internet. En die mensen zie je dus niet. Van familie leden die bloemen sturen aan moeders. Voor Valentijnsdag zelf waren er vijf bestellers die rond zouden gaan rijden de hele dag. Kun je nagaan hoeveel bloemen er bezorgd moeten gaan worden. Gisteravond toen ik weg ging stond de hele "schuur" vol met klaar gemaakte boeketten voor vandaag, Valentijnsdag. En we waren nog niet klaar met maken gisteren.

Mijn favoriete roos is inmiddels de "lavender" roos. Echt prachtig is ie en heb er een aantal "one dozen" boeketten mee gemaakt. Maar standaard en meest gevraagd is toch rood. Waar in mijn ogen een mega bedrag voor gevraagd wordt. Maarja, wie ben ik?

Verder boeketjes met namen zoals "Heart & Soul" en meer van die fraaie namen. En natuurlijk met ballonnen, beertjes en chocolaatjes! In ieder geval vandaag dus nog gewerkt en misschien dat ik op andere feestdagen ook gevraagd wordt te komen. Vind het wel leuk zo af en toe bij springen.

85. Aan het fietsen

Sinds een week of drie ben ik ook op **Facebook**. Dat is een soort Amerikaanse hyves site. Ja wat een mens allemaal niet bij te houden heeft met zo'n internet verbinding en al die moderne sociale websites he? Afijn, nou had ik daarop geschreven dat ik met Ron naar de American Tobacco trail geweest was. Waarop een buurvrouw me schreef of ik geen zin had om met haar door de weeks daar te gaan fietsen. En gezien mijn afval pogingen is elke beweging mee genomen niet waar? Dus wij afgesproken.

Toen bleek dat twee andere buurvrouwen daar ook wel zin in hadden, dus we zouden al met zijn vieren gaan. Dat is dan weer het positieve van de hele economische crisis. Er zijn meer buurvrouwen thuis op het moment, vanwege het geen werk hebben op het moment. Ware het niet dat de weersvoorspelling een beetje koud was en dus zegden ze allemaal af. Ze moesten eens weten dat het in Nederland altijd zo is op je "fietsie". Door weer en wind. Nou ik ook niet echt in Nederland hoor. Ben wat dat betreft niet echt een fietser. Nooit geweest ook .....

Uiteindelijk viel het nog mee en werd er op de dag zelf besloten om dan door de wijk te gaan fietsen. Nou hebben we onlangs een paar straten er bij gekregen in de wijk, maar echt groot is de wijk nou ook niet. Dus wist eigenlijk niet goed wat er bij voor te stellen. Maar ik ging op de afgesproken tijd naar Rhonda en zag al snel dat de andere buurvrouwen geheel in sport tenue waren. Ikke, dus niet! Ik was in mijn spijkerbroek en mijn laarzen en natuurlijk met mijn Nederlandse oerdegelijk Batavus fiets. Ron had nog net de boodschappen zijtassen er af gehaald, de avond er voor. Veel had ik het ding hier nog niet gebruikt, dus hij was nog in gehele Hollandse staat.

Afijn ik viel duidelijk uit de toon, tussen de mountain bikes en gympen en trainings tenues. Oh jee, het intergreren gaat wel weer met horten en stoten he? Maar de Amerikaanse buufjes maakten hele lieve opmerkingen over mijn fiets. Ze vonden hem heel "stoer". Goede omschrijving he? Voor een fiets die je eigenlijk heel raar vindt, maar dat niet hardop wil zeggen. Maar goed dat ik er geen kinder zitjes op heb, voor en achter, want dat zou helemaal schokkend geweest zijn.

Maar we gingen dus op pad. En ik moet toegeven, eenmaal met de vaart er in was het best koud inderdaad. Er stond een koude wind. Maar daar moet ik als Hollandse toch wel tegen kunnen niet? Na heel de wijk door gereden te zijn stelde Rhonda voor om de weg achter onze wijk te nemen. Daar zit een diepe afdaling in en dat zou een goede "exercise" voor ons zijn. En nou dat was het! Wat na die afdaling kwam ook de klim. De Batavus en ik vormden een team en ik heb het gered zonder af stappen. Maar pfffff dit was veel hoger dan alle dijken in Zeeland. Poehey, waar zijn de fietskuiten, als je ze nodig hebt?

Nou zijn ze aan die weg achter onze wijk een nieuwe school aan het bouwen en eerlijk gezegd ben ik absoluut geen voorstander om hier langs de weg te fietsen. Ze rijden zo met 80 km per uur langs je heen. En ze zijn niet veel fietsers gewend en gaan vaak volop in de remmen als ze er 1 zien. Hartstikke link, vind ik. Maar dit was een rustige weg. Met de nadruk op 'was', want er is nu veel werkverkeer dat was duidelijk. We veroorzaakten gewoon een file op dat stille weggetje! Toen er ook nog een hele grote brede hijskraan achter ons aan reed, zijn we dan ook met zijn vieren de berm in gegaan en gestopt.

Conclusie van het verhaal.... met zijn allen rechtsomkeer en weer die afdaling en super steile hol op..... Goed voor de calorietjes. Had het na de tweede keer die hol op, dan ook helemaal niet koud meer. Gek he? Daarna weer veilig de wijk in en nog een rondje daar gereden. En uiteindelijk afgesproken om volgende keer toch maar voor de Tobacco trail te gaan. Wel zo veilig en minder holletjes, hoop ik.

's Avonds heb ik les 17 gelopen met Evy en zo met de zon onder was het helemaal koud zeg. Dit keer was de les van 1x 2, 1x3, 2x6 en 1x7 minuten lang, met wandelstukjes van twee minuten. Ondanks de kou vond ik het toch lekker om te lopen en de frisse lucht te voelen. Gek hoe je daar dan ineens van bewust wordt. Niemand tegen gekomen. Perfect dus!

De vorige keer toen ik was gaan lopen trouwens, had ik ineens een grote Deense dog en een labrador achter me aan rennen. En ik kan je vertellen, zo in het donker zien een Deense dog er nog groter uit, dan bij daglicht. Gelukkig was Ron er toen bij op de fiets, al hadden ze een duidelijke voorkeur voor mij. Het waren honden die ik ken in de wijk, dus bij het roepen van hun naam, werden ze ineens een stuk liever. God zij dank..... Maar nu waren zij ook veilig binnen en heb ik geheel op mijn gemakkie kunnen 'sjoggen'. Nu dus op naar les 18! Het gaat nog steeds goed!

86. Kleine Annie

Eind januari kregen we een brief van het nieuwe ziekenhuis in Apex in de bus. En daarop stond dat februari "hart-maand" was. En om die reden kon je je opgeven voor een aantal cursussen en check-ups. Nou stond er ook een CPR class voor familie en vrienden (reanimatie) in en dat leek me wel leuk. Moet tot mijn spijt zeggen dat ik dat nog nooit geleerd heb. En het kunnen toepassen van CPR is toch wel belangrijk. Stel je voor dat je ooit in die situatie terecht komt en niet weet wat te doen? Dus ik had me zelf opgegeven en gister middag was de cursus.

De cursus kostte $ 10,00 en toen ik ging betalen kreeg ik zowaar ook een doos van de mevrouw. En daarin zat "little Anne", vertelde ze me. "Little Anne?" vroeg ik. "Ja je oefen pop, sweetie". En bij nadere bestudering van de afgebeelde inhoud op de doos, zag ik een kaal hoofd en bovenlijf. Zou dat Annie zijn? Had helemaal niet verwacht een eigen prive pop te krijgen vandaag. Maar zo zie je maar weer, het leven kan verrassend zijn niet waar? En zo had iedereen een opblaaspop in de les waar we op gingen oefenen! Ok, dat wordt interessant. Wel slim ook, want die pop mocht je na afloop mee naar huis nemen en kan jij, maar ook andere familie leden, thuis verder aan het oefenen. Ze is overigens niet zo heel aantrekkelijk om te zien deze kleine Annie. Ze ziet behoorlijk bleekjes en heeft een uitermate schriel nekje als je het mij vraagt. Maar het dient het doel, zullen we maar denken. De cursus was eigenlijk niet meer dan het samen kijken van de DVD, die ook in datzelfde pakket zat. Het schijnt dat momenteel het belangrijkste is dat je het bloed in het lichaam kan laten pompen. En dat houdt in hartmassage geven. Er wordt niet meer zo gekeken naar hartslag. Het is direct gaan masseren en 911 bellen. Aldus de mevrouw die de curus gaf. De manier waarop je mond op mond beademing geeft, staat overigens wel op de DVD en kan je thuis dus op kleine Annie oefenen. Maar het belangrijkste is de hartmassage.

En ik moet zeggen dat ik heel verbaasd was over hoe hard je wel niet moet drukken op de borst. Dat kost heel veel kracht en levert vast ook een stel gebroken ribben op. Maarja beter gebroken ribben dan het andere alternatief, dat is ook weer zo wat, niet?

Als je op de juiste manier en plek drukte, dan gaf Annie een klik geluid. Zo wist je of je het goed deed. En aangezien de zaal waar het gegeven werd, vol was met cursisten, zeker zo'n 50 mensen, klikte het er aardig op los. Arme Annies..... Die waren na afloop vast bont en blauw. Het was overigens wel grappig om te horen, zo'n zaal vol hartmassage gevende mensen en die kleine Annies. Na het praktijg gebeuren konden er vragen gesteld worden. En daarna was de cursus klaar en iedereen kreeg na afloop een diploma en ik was zeker wat wijzer geworden. En een Annie rijker! Ben blij dat ik gegaan was en dat kleine Annie nu bij ons woont.

87. Tuincentrum

Gisteren ben ik met de buurvrouw naar **Broadwells** geweest. Broadwells is een tuincentrum hier zo'n 20 minuten vandaan. Nouja tuincentrum is een groot woord. En het is ook niet echt een kwekerij, maar zij hebben veel verschillende soorten bomen en planten. En ook nog eens voor weinig geld. Je rijdt met je auto over hun velden met planten en als je wat ziet, gooi je dat in je auto. En zo ga je alle paadjes af. Een soort van drive-in tuincentrum zeg maar. Aan het eind staat een grote Mexicaan met een cowboy hoed, die kijkt in je auto, rammelt wat op zijn rekenmachine en geeft je een prijs. Heel wat anders dan bij de Intra tuin, dat kunnen we wel stellen. De buuf en haar man hebben een pick-up truck en die is wel heel handig om je plantjes in te zetten. Geen blubber gedoetjes in je auto en zowat alles past wel in een pick-up.

Prijzen zijn altijd een gokje bij Broadwells en zo ook welk soort je koopt. Als je mazzel hebt zit er een geschreven briefje aan de boom en zo weet je naar wat voor veld met planten je zit te kijken. De prijs wordt pas bekend bij de Cowboy Mexicaan.

Buuf wilde graag een kersenboom. En dus bij het oprijden van het terrein vroeg ze of ze fruitbomen hadden. "Ja die hadden ze", zei Cowboy Mexicaan. "Apple, peer, pruim....". "Geen kers?", vroeg Buuf. "Nee geen kers vandaag", klonk er onder de hoed vandaan. "Oh wat jammer, ze was echt op zoek naar een Japanse kers", zei Buuf.
"Oh lalalala, Japanse kers, ja maar die hadden ze wel", zei de hoed nu. Moest er zo om lachen. Het was net een film. Ze stonden in de schuur aan het eind, vertelde hij. Mooi! Die zouden we zeker even bekijken. En reden daarop hun veld in. Al gauw zag ik een hele mooi **Camelia**. Chinese roos wordt hij in Nederland ook genoemd. En die ging als eerste in de truck.

Toen reden we verder en zagen van allerlei nog kale bomen, maar ja als er geen kaartjes bij staan is het echt gokken wat het kon zijn. Dan zijn het vooral alleen takken. Zag wel ook mooie tulpen struiken, ofte wel magnolia's. En twijfelde even, zal ik er één mee nemen of niet. Maar toch maar niet gedaan, want ik zag de pot waar ze in stonden..... Daar moest een enorm groot gat voor gegraven worden. Waarvan ik inmiddels weet dat dat niet zo heel makkelijk is in onze rode klei grond.

Wij weer door en na zo'n 20 minuten kwamen we dan bij de schuur. Mijn hemel, wat een bomen zeg. Denk zeker zo'n 4 a 5 meter hoog en met een hele flinke stam en dito kluit. En die kostte dus maar $ 60,-. Dat is voor hier echt een koopje. Maarja, die zet je niet even snel in je pick-up. Dus wij weer over de velden naar de Cowboy Mexicaan gereden en die regelde een vork-hef truck voor ons. De boom werd aan een ketting gedaan en werd zo in de pick-up gehesen. Geweldig toch weer. Vroeg me af hoe Buuf en haar man die uit hun wagen gingen krijgen en bood nog aan om samen met Ron te komen helpen. Maar daar hadden ze een manier voor. Afijn op de terugweg vonden we nog een kas vol met Clematissen. In allerlei kleuren. Ik vond een mooie donker paarse en zo te zien klein bloemig. Zo **één** hadden we vroeger in in de tuin toen we in Hellevoetsluis woonden ook. En die bloeide altijd uitbundig. Dus daar er ook **één** van in de pick-up gedaan. Wat een zielig gezicht zo'n klein plantje naast die enorme boom. Maar wie het kleine niet eert.....

Nu moesten we nog day-lilly's zien te vinden. Weer terug naar de Cowboy. **Daylilly's** kunnen echt goed tegen de enorme hitte hier zomers en zijn niet kapot te krijgen. Kunnen met weinig water en bloeien heel lang. Cowboy wees ons de weg weer en daar gingen we weer met de truck het veld in.

Hoe anders dan bij Intra tuin. Ik zat echt te genieten! We vonden ze al snel, maar ook hier geen kaartje met welke kleur of zo. Dus op goed geluk, twee uit het zelfde veld gepakt, die al "leven" vertoonden en in de truck gezet. Daarna gingen we naar de Cowboy en volgde de rekening. Na twee keer rammelen op zijn rekenmachine werd de "schade" bekend, $ 27,00. Viel weer reuze mee! En Buuf had ook haar mega boom voor een koopje afgerekend. Met een big smile verlieten we dus weer Broadwells. Wat een pret!

Buuf komt uit Washington DC en heeft een geweldig gevoel voor humor. Iets wat ik bij andere Amerikanen soms mis. Ik vroeg haar op de terug weg, hoe ze de boom uit de truck kregen. Maar haar truuk met de truck was dus een paar keer hard remmen. En daarmee zou de boom vanzelf uit de truck glijden (lees donderen). En daarna konden ze hem zo naar de plaats van bestemming rollen. Ook dat is een manier natuurlijk..

88. Week 8

Vanavond hebben Ron en ik, de laatste les van week 8 met Evy gelopen. Buiten was het nog 16 graden. Wat een heerlijk gevoel was dat. Afgelopen woensdag was het namelijk nog min 4 toen we moesen gaan lopen.

Toen was het maar goed dat Ron mee ging, want ik kwam naar buiten en voelde die gure wind en wilde zo weer naar binnen gaan. Maar Ron viel niet voor mijn smoezen en we hebben dus gewoon gelopen. Gebikkeld zeg maar door die min vier heen. Die les was 1x10 en 2x 12 minuten, met tussendoor 1 minuut wandelen.

In die laatste 12 minuten, kwam er vanuit het donker ineens een zwarte hond op me afgelopen. Ik schrok me echt het ongans. En was even helemaal van mijn padje af. De vermoeidheid denk ik en de schrik deed mijn hartslag in eens op hol slaan en weg was mijn ritme. Gelukkig bleef de hond keurig in zijn eigen tuintje. De mensen hebben denk ik zo'n electric fence, waarbij de hond een halsband om heeft. En als hij buiten het tuintje komt, krijgt hij een soort van schok. Vreselijke dingen. Maar in dit geval niet onwenselijk, want hield deze hond wel van joggers?

Tsja dat wist ik niet en ik wist ook niet dat hij zo'n band om had natuurlijk. Ik had hem ook helemaal niet blaffend aan horen komen, omdat ik met die iPod op loop. Ron doet daar niet aan en die had de hond tijdens het eerste rondje al gezien. Maar ik was er enorm van geschrokken. En omdat ik ineens een soort rare huppel beweging maakte van de schrik en Ron wilde waarschuwen achter me en me daarom gelijk omdraaide, schoot ook nog eens mijn veter los en toen was mijn loopje helemaal van slag..... Het is toch wat?

Als je me dat 8 weken geleden gevraagd had, had ik heel hard gelachen. Ik uit mijn ritme met hardlopen? Yeah right..... Maar, het kan dus wel! Mijn hart klopte als een gek en ineens was alles ongecontroleerd. Zo'n raar gevoel. Echt helemaal niet echt prettig. Voortaan dus mijn Ipodje wat zachter zetten, zodat ik nog enigszins contact hou met de buiten wereld (lees zwarte honden).

Dat alles was dus bij de vorige les. Maar vanavond was les 24, 1x 10 minuten joggen, 1 minuut wandelen en toen 20 minuten aan 1 stuk. Het is ongelooflijk, maar die 20 minuten zijn me gelukt! En om in "Evy" termen te spreken, "we hebben er weer een ferme lap aan gegeven". Ze heeft altijd van die grappige uitdrukkingen tijdens haar podcasts. Evy is Belgische en heeft een Vlaams accent en dito uitdrukking. Moet er soms wel een beetje om lachen. Maar zeker weten dat het mij enorm helpt. En dat ik ontzettend blij ben als ze in mijn oor roept, na 18 minuten lopen, nog twee minuten! Dan weet ik dat ik die laatste twee ook nog wel red. Want ik sta toch nog steeds verbaasd dat ik nu gewoon 20 minuten achter elkaar gelopen heb.

Twintig hele minuten, zonder stoppen! Vorige week was het eerst 2 x 15. En ook daar was ik al helemaal blij van. Het is toch ongelooflijk?

Les 24 is dus achter de rug. Nu nog drie lessen aankomende week en de start to run cursus voor 5 km zit er op. Ben benieuwd hoe het van de week gaat. In feite moet alleen de 1 minuut wandelen er nog tussen uit en dan loop je 30 minuten en dat staat gemiddeld voor zo'n 5km. In mijn geval is het 4,75 km. Want ik heb via een website nagemeten. Die website is gebaseerd op Google Earth en je kan zo met pijltjes aangeven wat je route was. En de site rekent dan de afstand. Hartstikke handig! Wat een techniek toch tegenwoordig! Met podcasts leren hardlopen en dan via internet websites de lengte van je route laten berekenen. Het moet toch niet gekker worden.

89. **Chili Dog**

Vandaag was de Spring Beardie Bounce van de Carolina's Bearded Collie Club. Waarbij ook de jaar vergadering gehouden zou worden. Helaas zat het weer echt niet mee vandaag. Want het heeft zowat de hele dag geregend. En dat is nou niet zo leuk als je met een heel stel Beardies hebt afgesproken. Het zou bij iemand thuis gehouden worden. Dus veel hondjes in een huiskamer. Nou zijn de Amerikaanse huiskamers een stuk groter dan die in NL, maar het is toch even wat anders dan een bijeenkomst waarbij ze lekker in de tuin kunnen sjesen met zijn allen. En bovendien associëren die twee van ons het zien van Beardies nog vaak met een wandeling wat we in NL altijd deden. En weten ze maar al te goed dat het zien van andere Beardies een feestje betekent!

Maar nu was er duidelijk minder bewegings ruimte. En na een rit van 2 uur waren ze eigenlijk wel aan wat beweging toe. We hadden ze wel nog voordat we op de plaats van bestemming aankwamen in de wijk ervoor uitgelaten, maar ja dat is meer benen strekken voor een Beardie natuurlijk. Rennen en sjesen met je kameraden, daar wordt je pas moe van natuurlijk.

Afijn rond half 12 waren we op de plaats van bestemming. Het was inmiddels al aardig druk en het was leuk weer even bij te kletsen. Connor vond de dwergpapegaai zeer interessant. Vooral toen er ook nog geluiden uit het kooitje van het beestje kwamen. Zo grappig om te zien. Het leek net of hij het beestje hypnotiseerde, maar als er dan een fluitje uitkwam ging zijn Connor's koppie schuin. Hij begreep duidelijk niet hoe dat harde geluid uit zo'n klein beestje kwam.

Stace bleef vandaag verdacht veel bij ons in de buurt. Denk toch dat het in huis met zoveel andere hondjes hem iets meer stress gaf dan normaal voor hem. En dan is het bij vrouwtje en baasje in de buurt blijven wel het veiligste natuurlijk. Connor vond na de papegaai een andere reu zeer aantrekkelijk en die was daar vooral mee bezig. Ze wilden steeds met elkaar spelen, maar ja in een huis vol meubels is dat wat moeilijker natuurlijk. Ze hebben nog wel even in hun tuin gerend, maar het zachtjes regenen ging over in een enorme plensregen en allemaal natte honden in je huis is ook geen pretje lijkt me. Dus weer met zijn allen naar binnen.

Na bijgekletst te hebben werd de Chili Cookoff gestart. Bij deze bijeenkomsten neemt iedereen altijd wat te eten voor de lunch mee. En dat wordt dan op een grote tafel gezet. En wordt het als het ware een soort buffet met allerlei verschillende meegebrachte hapjes. En nu was er ook een wedstrijd wie de lekkerste chili had mee genomen. Er waren iets van 5 chili's te proeven. Die stuk voor stuk erg lekker waren. Mijn voorkeur ging naar chili nr. 2. Deze zat vol met vlees en had een heerlijke saus. Later werd er op gestemd en de winnaar kreeg een presentje. En er waren meer mensen het met me eens, want de winnaar was chili nr. 2. Verder waren er heel veel verschillende taarten als toetjes en veel verschillende soorten brood te eten. Dat wordt morgen zeker een stukje verder hardlopen denk ik!

Na het eten was de jaarvergadering van de club. Die is altijd tijdens een bijeenkomst. Want vanwege de grote afstanden in de Carolina's is dat toch het makkelijkste. Veel leden zijn dan toch al aanwezig. Iedereen verzamelde in de woonkamer en de vergadering begon. En toen de vergadering zo'n vijf minuten gaande was viel me al op dat Stace ineens niet bij mij in de buurt was. Wat hij ervoor steeds gedaan had. Maar Ron zat aan de andere kant van de kamer met Connor en ik dacht dat hij vast bij hem zat.
En dat dacht ik tot dat Stacey ineens zijn entree in de woonkamer maakte. Duidelijk mij zoekend, maar met een vrolijke zwaaiende staart. En enorm vrolijk rond stappend tussen alle mensen, zijn bek nog aflikkend. Echt, aflikken, tot in de mondhoeken aan toe! En daarbij nog een nasmakkend geluid ter gehore brengend. En hij kwam zo op me afgestapt en ik zag ook meteen dat zijn baard niet meer mooi wit was, maar mooi chili rood!!!!

Oh neeeeee, die had mooi zijn kans waar genomen, toen iedereen in de woonkamer zat. En was waarschijnlijk via een stoel, die bij de tafel stond zo in chili schaal nr. 2 gedoken met die snoet van hem!!!! Ok hij had wel smaak, want chili nr. 2 was echt de lekkerste. Maar het was de bedoeling dat die voor de tweebeners was en niet voor de vierbeners! Wat een stiekemerd!!! Al was het duidelijk dat hij er enorm van genoten had en zich van geen kwaad bewust was, anders had hij het wel uit zijn hoofd gelaten om mijn richting uit te komen.

Hoe we uiteindelijk te weten kwamen dat het chili nr 2 was? Nou de schaal van chili nr. 2 was blinkend schoon. En kon zeg maar zo de kast weer in. Zo is Stace dan ook weer. Als je het doet, moet je vooral zo weinig mogelijk sporen achter laten.... Je schaamt je toch drie keer in de rondte als je hond zo lekkerbekkend in een vergadering je uitgebreid gedag komt zeggen. Als hij nou naar Ron was gegaan, maar nee, naar mij natuurlijk! En ik zat naast de president, vice president te spelen. Heb ik dat? En in dit geval kon ik ook niet zeggen, die hond ken ik niet. Zowat iedereen aanwezig, weet dat Meneer de Bruin bij ons hoort. Tsja..... het is ook zo'n lekker ding. Dus ik heb me maar geëxcuseerd en ben zijn snoet gaan poetsen, want echt beschaafd was hij die schaal niet in gedoken. Dat was duidelijk..... Het zat echt overal, tot aan zijn oren aan toe......

Afijn, ondanks de streken van ons lieverdje, ben ik nadat ik terug was in de vergadering, toch weer herkozen tot vice president voor het komende jaar. Gelukkig zijn het allemaal honden liefhebbers bij elkaar en lag natuurlijk iedereeen in een deuk om onze Chili dog! Nu maar hopen dat het vannacht en morgen ook goed gaat met de naweeën ervan.....

En zo werd ik zondag morgen al vroeg wakker en dacht gelijk weer aan het chili verhaal. Het idee van een mooie oranje/rode chilivlek op ons nieuwe Ikea vloerkleedje deed me besluiten om toch maar even bij Stace te gaan kijken. Maar Meneer de Bruin lag zelf nog diep in dromenland en snurkte gewoon door. Toch dacht ik dat ik hem misschien maar beter even uit kon laten. Je weet maar nooit wat die chili allemaal veroorzaakt had bij zijn darmpjes, he? Dus in pyjama met een jas er overheen met hem en Connor om half zes op zondag morgen naar buiten. Altijd fijn! Zo wordt je lekker wakker.

Nou, Mr. Chili deed helemaal niks! Niks geen hoge nood. Het leek dus allemaal mee te vallen. Want hij dook daarna gelijk weer zijn mandje in en ging verder met slapen waar hij gebleven was. Ik heb daarna dan ook maar het zelfde gedaan, weliswaar in mijn eigen mandje natuurlijk.
De rest van de zondag kwam er ook geen grote boodschap van Stace. En ik begon me een beetje zorgen te maken. Het zal toch niet een tegen overgestelde effect hebben, zo'n chili? Dat alles verstopt raakt? Afijn voordat we gingen slapen ging Ron nog even met ze lopen, voor het laatste rondje. En ja hoor, Ron was de gelukkige! Ik zal jullie het uierst aromatische verhaal van Ron besparen, maar de chili was er uit. En vanmorgen was alles alweer in normale staat en hebben we het chili verhaal overleefd. Ik in dit geval een beetje makkelijker dan Ron, dat kunnen we wel stellen.

90. NY,NY

Gistermorgen zijn we met de eerste vlucht die vanuit Raleigh vertrok naar New York gevlogen. En die was vroeg. Om 6 uur zou het vliegtuig vertrekken, wat inhoudt, om half 6 boarden. Dus errug vroeg ons bedje uit. Een vriendin zou voor de hondjes zorgen vandaag. Al maakte ik me toch een beetje druk, want er werd slecht weer voorspelt met onweer en mogelijke tornado's. Vrijdag avond was het ook al raak geweest 1 county onder die van ons. Een tweetal tornado's waren daar gesignaleerd en hadden de nodige schade aangericht. En om dan de hondjes alleen thuis te laten, zat me helemaal niet lekker. Maar mijn vriendin had gezegd dat ze ze gewoon bij haar in huis zou nemen als er wat zou zijn.

Eigenlijk ook wel weer een beetje vreemd van mij, want ik maak me dus meer druk om de hondjes, dan ik die moet vliegen bij weersvoorspellingen met mogelijke tornado's.... Misschien ook maar goed ook, want zo had ik daar nog niet zo'n hele erge last van. Hoe ging het Cruyfiaanse gezegde ook alweer? Elk nadeel, heb zijn voordeel.

In New York hadden we afgesproken met onze zwager en neef bij hun hotel. Zij waren een midweek in New York en natuurlijk harstikke leuk om hen daar dan te kunnen zien en samen de dag in New York door te brengen. Het vliegtuig vertrok keurig op tijd en even voor half 8 waren we in New York. We kwamen aan in de nieuwe terminal op JFK en die is heeeeel groot. Dus we moesten een aardig eindje lopen. Maar rond 8 uur waren we bij de taxi standplaats. Eenmaal in de taxi waren we een kwartier later, volgens mij echt een record, bij het hotel waar Richard en Jesse verbleven. Midden in Manhattan. Op zaterdag morgen is het dus duidelijk een heel stuk rustiger om Manhattan in te komen, dan door de weeks.

Beneden in de hal van het hotel was het een drukke bedoeling, want het was ook ontbijt tijd. Richard kwam ons al snel halen en het was heel vreemd om een bekend gezicht uit de lift te zien komen. Heel raar en apart om elkaar hier gewoon echt in New York te ontmoeten. Daarna zijn we naar boven gegaan naar hun kamer en daar was ook Jesse. Ron had Jesse al een poos niet gezien, dus was helemaal leuk gewoon. Na bijgekletst te hebben zijn we met zijn vieren gaan ontbijten en zijn we de stad ingegaan. Hun hotel zat vlakbij Times Square. Mijn favoriete gedeelte van New York. Het is er altijd levendig en al die reclames... Heel indrukwekkend.

We hebben daar een aantal winkels bezocht, aan Times Square en daarna zijn we over Fifth Avenue richting Central park gelopen. We wilden naar de Apple store daar. Onderweg kwamen we langs Rockefeller plaza en Trump Tower waar er de nodige Maybach's door de heren gesignaleerd werden. Een Maybach is een zeer luxe wagen, voor degene die denken dat een Maybach DE nieuwste modeontwerpster is. Het was de vraag natuurlijk welke nou van

Donald Trump was natuurlijk... Gek hoe je in New York dingen ziet die je eigenlijk al kent, zonder er nooit te zijn geweest. In zoveel films en op de tv zie je zoveel van New York dat het heel bekend voelt in ieder geval.

Daarna kwamen we bij de Apple store. Deze winkel is wel heel apart, want hij is ondergronds, maar met een soort van glazen dak, echt heel modern gevormd. Heel apart. Het was er ongelooflijk druk binnen. En ik vroeg me dan ook ernstig af of deze mensen dan geen punthoofd krijgen van iTunes. Zoals ik bijvoorbeeld. Maar deze mensen keken helemaal niet gestressed in de rondte. Ik zag niemand boze blikken naar enig apparaat werpen. Sterker nog, ik zag zelf dames van naar schatting midden 70 met hun iPhone aan de gang in die winkel?

Kreeg er bijna een minderwaardigheids complex van! Zij snappen het waarschijnlijk wel? Of zouden ze in die winkel zitten te spelen, dat zij het zo'n geweldig apparaat vinden. En worden zij gewoon dik betaald door Apple voor het acteren. Dat kan ook natuurlijk. Het was in ieder geval een zeer gevarieerd publiek kunnen we wel zeggen. Jesse heeft er ook nog een iPod Touch gescoord, dus wie weet kan ik binnenkort aan hem vragen hoe het programma werkt.

Hierna wilden we bij "Dank U" kroketten gaan eten. "Dank U" is een door Nederlanders gerund restaurant en op de menukaart staan dus kroketten en sate en zelfs poffertjes! En dat allemaal in New York. Aangezien ons kroket gehalte sinds jaren al ver beneden peil is, was dit onze kans natuurlijk. En eenmaal binnen wilden we natuurlijk een kroket. Waarop de verkoper vroeg, "Do you want the beef version?". Waarop ik volmondig "Yes please" riep. Waarop de verkoper een sip gezicht trok en zei, "Oh I'm sorry then, we are out of those!". "What? You gotta be kidding me!". "No mam I'm sorry, we are sold out!". Nou zeg ben ik daar lekker mee. Vlieg ik tig miles om kroketten te komen eten en dan krijg ik te horen dat ze zijn uitverkocht? Heb ik dat dan? Fraai! Ze hadden nog wel de Mac& Cheese versie en de spinazie/artichoke, vertelde de verkoper. Tjsa, op 1 of andere manier klonken me die niet lekker.... Dus heb ik gekozen voor dan maar een sateetje met bami goreng. Ron die in nog grotere kroket nood zat dan ik, nam de Mac&Cheese kroket en vond die eigenlijk heel lekker. Maar op 1 of andere manier, moest ik niet aan kaas macaroni in een kroket denken. Zal wel aan mij liggen.

Daarna zijn we richting Park Avenue gelopen. En hebben we een tour door het Waldorf-Astoria hotel gedaan. We moesten nog even wachten eer we zouden vertrekken en zodoende ben ik eerst even naar het toilet in de lobby gegaan. De vorige keer met Erna werd hij gerenoveerd, maar nu waren ze weer open. En echt, ze zijn heel sjiek. Er staat een mevrouw, die je wijst welk toilet je mag nemen. En ze zijn echt super schoon! Binnen is overal marmer te vinden en lampjes met gouden engeltjes. Op zich al een hele ervaring vond ik. Niet wetende wat we allemaal nog meer zouden gaan zien later.

Want toen we aan de toer begonnen gingen we eerst naar de suites. Als je geen kamernummer hebt boven de negende verdieping kom je dus ook niet hoger. We begonnen met de Historic suite, prijs per nacht..... varierend van $10.000 tot $20.000,- afhankelijk van welke tijd van het seizoen... (oeps slik) Dat was wel heeeeel veeeeel geld zeg! En ik was al blij met een mooie wc.....

Deze hadden een mooie zitkamer met open haard, aparte keuken en aparte slaapkamer en prachtig uitzicht en een mooie badkamer incluis boudoir. Ongeloof groot, zeker voor New Yorkse maten! Je zou er zeg maar in kunnen verdwalen... Daarna gingen we naar een hoek suite met balkon. Deze was kwa uitzicht echt supermooi. Er was een balkonnetje en het uitzicht was echt geweldig! Je keek zo heel Park Avenue over. Ook nog goed voor zo'n 3.500 tot 12.000 dollar per nacht....

Daarna volgde nog de Guerlain Spa en de Grand Ball room. De gang naar die Grand Ball room is al prachtig en dan ben je nog niet in de zaal. Zo groot!!! En al die balkonnetjes! Heel bijzonder! Vanuit de ball room liepen we naar de keuken. En dat is gewoon een hele verdieping van het hotel. Enorm groot! En hiermee eindigde ook de tour en hebben we nog wat gedronken in de lobby van het Waldorf hotel. Hebben we toch nog een beetje op het pluche van het Waldorf gezeten.

Na weer wat gerust te hebben zijn we richting Grand Central station gelopen. Grand Central Station is een trein station midden in Manhattan. En hierna, via de Empire State building, zijn we naar TGI's aan Times Square gelopen. Zowaar kregen we een tafeltje aan het raam zodat we de vele mensen op Times Square konden bewonderen. Na het eten weer moesten we weer terug naar het hotel en hebben we weer afscheid genomen van Jesse en Richard. Dat blijft toch niet 1 van mijn sterkste kanten. Maar het was hartstikke leuk om elkaar, al was het maar voor 1 dag, zeker in New York, gezien te hebben!

Met de taxi waren we twaalf uur later weer op JFK. En het was dus duidelijk drukker dan vanmorgen. Snel ingecheckt en daar zagen we dat ons vliegtuig vertraagd was. Inmiddels zagen we ook op de tv's in de wachtruimte de buien die boven North Carolina hingen. Dat beloofde niet veel goeds. Uiteindelijk werd het kwart over 11 eerdat we vertrokken. En dan ook dat was nog niet zo makkelijk.

Want om kwart voor tien gingen we boarden maar het duurde en duurde maar eer de deuren van het vliegtuig dicht gingen. Op een gegeven moment kwam er een balie medewerkster het vliegtuig in en die vroeg vrijwilligers om weer uit het vliegtuig te stappen en om naar een hotel te gaan en dan morgen weer door te vliegen. Daarbij kreeg je ook nog eens $ 250,- vergoeding, betaald in tegoed bonnen van hun maatschappij. De reden was dat omdat het zulk slecht weer was, er meer benzine in het vliegtuig moest. Het vliegtuig was dus nu te zwaar en daarom moesten er mensen uit. Die extra benzine was nodig, om een eventuele uitwijk route te hebben. Dus mocht het vliegtuig niet in Raleigh kunnen landen, het dan op een ander vliegveld zou kunnen landen. Moet eerlijk zeggen dat het hele verhaal me niet zeker maakte of ik uberhaupt wel in dit vliegtuig wilde zitten. Maarja Stace en Connor zaten natuurlijk wel op ons te wachten....

Er stond 1 mevrouw op, maar er werden 4 vrijwillirgers gezocht. En zodoende kwam de balie medewerkster even later het vliegtuig weer in om te vragen voor nog meer vrijwilligers. Maar er waren geen gegadigden meer. Waarop ze dus vertelde dat ze dan namen ging noemen en die mensen 'moesten' dan direct het vliegtuig uit. Tumult in het vliegtuig dus! Dit was geen leuk grapje, dat was duidelijk! Afijn, de man achter ons werd omgeroepen en die ging compleet uit zijn stekker. Wij zaten helemaal voorin en hadden het genoegn om dit allemaal lijflijk mee te maken. Het was een joodse man en hij moest naar zijn zieke stervende moeder. Heel triest verhaal uiteindelijk, maar de baliemedewerkster verblikte of verbloosde niet. Ze zei, ik kan nou eenmaal niet de levens van de mensen in dit vliegtuig riskeren om u mee te laten vliegen. Tsja, weet niet of ik dat zo glashard had vol kunnen houden in deze situatie, maar ze buigde niet. Uiteindelijk ging er nog een vrouw en een meneer uit en was het feest compleet. We hadden vier slachtoffers en we zouden gaan vertrekken. Met de nadruk op zouden.... Want ineens kwamen er nog drie jongens aan boord. Let wel, aan boord. Niet eruit....Ik hoorde de stewardess verontwaardigd praten, dat dit geen stijl was, maar de baliemedewerkster zei dat dit "minors" waren. Dus kinderen en ook al waren ze veel te laat, die mochten ze niet weigeren. Ik kon me het gezicht van de Joodse man die inmiddels uit het vliegtuig gehaald was al bijna voorstellen. Wat een raar verhaal dit!

Maar we gingen nog niet weg! Want ineens zag ik die man die eerst achter ons zat weer terug komen. Met een gezicht op onweer en zijn jas en spulletjes weer in de ruimte boven zijn stoel proppen. Ook kwam weer 1 van de vrouwen terug. Die maakte nog een stennis bij de deur, dat ze niet in zou stappen als haar koffers niet weer terug geplaatst waren. De stewardess zei dat dit zo was, ook al geloofde ik persoonlijk daar geen bal van. Maarja, ze stapte daarop toch eindelijk in. En daarna ging dan eindelijk de deur van het vliegtuig dicht... Wat een gedoe zeg!
In het begin was er aardig wat turbulentie, maar boven Raleigh was het onbewolkt en konden we gelukkig (en veilig) landen. Inmiddels was het wel kwart voor 1 eer we uit het vliegtuig waren. En half 2 waren we dan weer thuis. Wat een dag!!!! Ik was nu echt wel doodop! Mijn hoofd tolde helemaal..... Maar we hebben weer wat meegemaakt!! New York in 1 dag. Net zoiets als een daagje Dusseldorf, maar dan anders.....

91. **Alleen**

Van de week was ik vreselijk verkouden. Op zich niet zo erg, maarja, die nieuwbakken hardloop carriere van me wil ik niet verliezen natuurlijk. Ben als de dood dat als ik een week niet loop, ik gelijk die condititie weer kwijt ben. Nou zal het niet zo'n vaart lopen, maar je weet maar nooit bij mij. Er zijn me gekkere dingen overkomen...

Afijn maandagavond met mijn snotneus toch gaan lopen. En toen ik terug kwam zat niet alleen mijn neus verstopt ook ineens mijn oor. Het lopen zelf ging ook echt voor geen meter. Had gewoon twee keer moeten wandelen om weer even op adem te komen. Woensdag precies het zelfde en dacht laat ik ook even naar mijn hartslag kijken terwijl ik nu aan het wandelen ben. Die was natuurlijk veel te hoog en had het dus goed gevoeld. Wat een toestand... Daar gaat mijn conditie, dacht ik. Heb ik dan zo hard voor lopen ploeteren. En zag erg tegen mijn volgende loopje op. Kon ik weer beginnen. Was net zo blij dat ik nu eindelijk 5 km achter elkaar door kon lopen.

Donderdag was gelukkig mijn verkoudheid een heel stuk verdwenen en vrijdagavond weer gaan lopen. En wonder boven wonder, ging het weer als vanouds. Niks geen hoge hartslag, maar gewoon lekker kunnen doorlopen. Wat een geluk zeg! Ik kon het nog! Ron had dat ook in de gaten had, want ik bleef aardig bij hem in de buurt en dacht daar gelijk gebruik van te maken, door er een extra rondje tegen aan te gooien. En dus hebben we gisteren niet 5 km, maar zowaar 6 km gelopen. Super! Ik was er helemaal blij van! Gewoon weer zonder stoppen gelopen na het snotneuzen verhaal. En nog 6 km ook! Dat was toch wel een heerlijk gevoel, moet ik zeggen.

Verder was het van de week een regenachtig geheel. Vieze miezer en somber weertje. Goed voor het gras wat we van de week gezaaid hadden, maar erg gezellig was het niet. De temperatuur was overigens nog wel steeds goed. Zo in de twintig. Dus ik had het slaapkamer raam lekker open gezet voor wat frisse lucht. Verder van allerhande klusjes gedaan en het huis heeft de voorjaar schoonmaak weer ondergaan. Niet zo heel ernstige schoonmaak, maar hier en daar een lekker fris sopje tegen aan gegooid.

Maar gedurende de dag hoorde ik steeds gepiep en tikjes. En ik kon nou niet thuis brengen waar het vandaan kwam. Het klonk een beetje als een muisje, maar dat tikken? En echt, ik hou helemaal niet van muisjes en vreemde tikjes. En zeker niet in mijn huis. Je weet maar nooit hier. En zo was het geluid er en zo hoorde ik het niet meer. Waarna het een kwartier later weer terug was. Heel vreemd. En toen ik aan de badkamer wilde beginnen met schoonmaken, liep ik langs ons slaapkamer raam. En hoorde ik pas dat het niet in huis was het geluid, maar dat het van buiten kwam.

Ik keek naar buiten en zag dat er een kardinaal op de schutting zat rondom de hottub. En die zat luid te piepen. Ik ben even op bed gaan zitten om te kijken wat er nou was. Het was een vrouwtjes kardinaal. Die zijn minder rood gekleurd. En terwijl ik daar zat, zag ik wat er aan de hand was. Want in onze schutting hebben wij, om het geheel wat op te vrolijken, spiegels tussen de afrastering.

Het lijkt dus net of je er door heen kijkt, maar het zijn gewoon spiegels. Leuk om te zien, maar die kardinaal zat nu de hele tijd tegen de spiegel te tikken en begon dan te piepen. Waarschijnlijk dacht ze dat er aan de andere kant ook een kardinaal zat.

 Vond het zo'n zielig gezicht. En zo had ze de hele morgen zitten piepen en tegen de spiegel zitten tikken. Want zolang had ik dat geluid al gehoord.
En nu, zit ze er dus al zeker drie dagen! Wat een volhoudster....
Het heeft een heel hoog, "Remi" gehalte vind ik. Zo van alleen op de kardinalen wereld, zeg maar. Maarja, hoe maak je zo'n vogeltje duidelijk dat er geen collega kardinaal aan die andere kant van de spiegel zit?

97. Me and my shadow

Had gisteren op het internet wat foto's zitten kijken van de marathon van Rotterdam. Voorheen gingen Ron en ik daar vaak kijken. Het mooiste vond ik om de kopgroep met de super sterke lopers voor bij te zien komen lopen. Nouja lopen, die zweven eigenlijk meer. Ongelooflijk hoe soepel die heren voorbij komen. En hoe hard! Prachtig gezicht.

Vaak zie je geen eens dat ze de grond raken. Ze zweven echt gewoon. Het zijn natuurlijk ook vaak licht gewichten die in de kopgroep lopen en die kunnen dan ook wel een soort van zweven. Grote passen, snel thuis. Mooi om te zien.

Nou waren Ron en ik gisteren ook weer wezen lopen. En nog steeds ben ik een voorstander van in het donker lopen. Het is goed voor mijn meditatie momentje tijdens het lopen. Niet al te veel afleidingen. Het is mijn muziekje, het asfalt waar we op lopen en ikke. Ik focus daar toch altijd een soort van op. En je wilt niet weten wat er allemaal voor gedachten door me heen gaan tijdens het loopje.

Maarja, hier is ook de klok inmiddels vooruit gezet. Sterker nog hij was al drie weken eerder vooruit gegaan dan in Nederland. En wil je een beetje in het donker lopen, dan wordt het wel een late aangelegenheid inmiddels. Dus ik moest er aan geloven. Petra ging in het daglicht lopen. We gaan steeds zo rond 7 uur aan de hol en dat was voor heen een beetje rond zonsondergang. Toch nog een veilig soort van schemer. Helaas sinds gisteren dus niet meer! Het zonnetje scheen nog volop en op de plek waar ik me normaal op focus, het asfalt, was er ineens iemand die met me mee liep. Mijn schaduw!

En ik kan jullie vertellen, die leek in de verste verte niet op het plaatje van die Afrikaanse lopers in de marathon van Rotterdam. Zelfs niet een klein beetje! In mijn gedachte heb ik toch nog een aardig gangetje. Net als dat ik met het motorrijden destijds had. Voor mijn gevoel een lekker vaartje, gaf vol gas en alles om me heen vloog voorbij. Maar ik reed maar 15 mile per uur. Je gevoel kan je ernstig bedriegen. En nu dan ook met het hardlopen. Mijn schaduw was gewoon een heel ander plaatje. Er was niks zwevends te zien. En ging dan ook helemaal niet zo hard. Mijn meditatie momentje tijdens het lopen was door die vrouw, die steeds met me mee liep ernstig verstoord. Ze ging ook echt niet weg en het stoorde me mateloos.

Hoe het er uitzag dan? Nou eigenlijk zag het er niet uit. Dat had ik snel gezien. Vandaar dat ik ook helemaal uit mijn loopje was door die achtervolgster. En het is ook moelijk te omschrijven. Maar **één** ding is duidelijk. En dat was dat ik niet zweef. Helemaal niet zeg maar. Niet dat ik me dat had voorgesteld, maar een iets meer athletisch plaatje had wel leuk geweest, niet waar?

Het was meer een soort slowmotion. Waarbij voor mijn gevoel de bomen om me heen voorbij schieten. Maar die schaduw zelf, gaat helemaal niet zo hard. Wat een teleurstelling he? Gelukkig heeft het wel resultaat op de weegschaal al het geploeter. Maar echt hardlopen kan ik het nu, na het zien van mijn schaduw niet meer noemen. En ik hoop dan ook heel stilletjes dat het vrijdag avond, tijdens mijn volgende loopje, bewolkt is, zodat die vrouw niet weer met me mee loopt. ......

93. **Het haasje**

Hier in Amerika hebben ze een mooi gezegde en die luidt: "Be careful, what you wish for". En dat moet ik inderdaad maar worden. Voorzichtiger zijn met wat ik wens. En niet zo maar meer wat roepen, want stel dat het echt gebeurde? Wat had ik dan gewenst? Ik sloot mijn vorige berichtje af met een hoop op een bewolkte vrijdagavond. Zodat ik die achtervolgster, tijdens mijn loopje kwijt was. Maarja, laat ik dat nou toch krijgen! En het was niet alleen bewolking. Nee, er kwam zelf regen naar beneden zetten. Dat was nou ook weer niet de bedoeling. Alleen wolkjes waren wel genoeg geweest. En vandaar liep ik daar dan in de regen, alleen! Nouja, met Ron dan wel, maar die vrouw was mooi niet mee gekomen gisteren. Ze is misschien dan niet zo atletisch, maar slim is ze wel. Als het regent blijft ze lekker thuis.

Verder hier ook paas voorbereidingen. Op een internetforum waar ik vaak kom, zag ik de sjeikste paasmenu's voor bij komen. Voel me dan altijd wel een soort schuldig, want ik ben niet zo'n kookwonder. Heb dat ook nooit zo gehad. Taarten en dat soort dingen wel, maar ingewikkelde hoofdgerechten, niet echt. Urenlang in de keuken bivakeren en binnen zo'n 20 minuten is het hier op zeg maar. Duidelijk geval van zonde van mijn tijd. Hou het dus graag makkelijk. Wel lekker, maar niet te veel poes pas. Manlief heeft het daar toch ook al niet zo op, dus het hele uitgebreide koken gaat hier niet plaats vinden met de pasen. Toch was ik op zoek naar iets leuks. Al was het maar een kleinigheidje. Misschien een leuk toetje, wat ik in elkaar kan flansen of eens een keer iets anders.

En laat ik van de week nou bij de Traders Joe lopen en daar hadden ze een honing ham te proeven. Heerlijk was hij. En.... hij kwam uit een crockpot. En dat kan ik wel, koken met een crockpot. Daar hoef je namelijk niet veel aan te doen. Je gooit alle ingredienten en kruiden er in **één keer in. Deksel op het ding, stekker er in en dat laat je zo een paar uur sudderen. Dat, dat kan ik wel.**

Ik vragen natuurlijk aan dat meisje. Hoe dat dan ging. Nou het was vrij simpel allemaal en geloofde zelfs dat me dat ging lukken. Ze wees me naar de plek waar ik die hammetjes kon vinden. Nou ik kwam daar aan bij het koelvak en we kunnen wel stellen dat dat geen "hammetjes" meer waren. Noem het gerust "hammen"! Wat een joekels zeg! De keuze was reuze, maar daarmee de prijs ook. $ 35,00 dollar voor zo'n ham. Een rekensommetje in mijn hoofd bedacht gelijk dat we voor dat bedrag ook lekker uit eten konden gaan hier. En dan was het pas echt pasen, niet? Niemand die in de keuken hoefde te staan en we konden beiden iets lekkers kiezen toch? Die mega ham, ging hem dus niet worden. We hadden drie weken nadien nog ham gegeten.... Wat een joekels.

Bovendien is het nog maar de vraag of het hier nou wel echt pasen wordt? Donderdagavond waren Ron en ik wezen fietsen bij de mountain bike trail bij

Harris Lake, die eindelijk nu weer eens open was, na een paar dagen droog weer. En toen we terug kwamen hebben we een poosje met een buurman op onze oprit staan praten. En hij vertelde dat de pasen, dit jaar gecancelled was. Waarom? Hij had die morgen een drijvende "Easter Bunny" uit zijn zwembad gevist. Het is toch wat? Geen chocolade eitjes dus hier in de buurt. Vond het zo'n triest verhaal. De easterbunny was verdronken, tijdens een zwemfeestje woensdagnacht. De bunny was duidelijk het haasje, zeg maar..... Dus volgens de buurman hoefde ik niet veel te verwachten dit jaar. Het is triest, maar waar.

Ondanks dit gegeven ging ik gisteren dan toch maar wel wat boodschapjes halen voor het weekend. Beredruk in de winkel. En tot overmaat van ramp hadden ze besloten om op vrijdag middag vakken te gaan vullen. Natuurlijk komt dat omdat het zo druk was en ze er waarschijnlijk niet op gerekend hadden. Er waren nu veel lege schappen en die moesten bijgevuld worden natuurlijk. Maar het maakte mijn paaswinkelbeleving er niet gezelliger op. En ik liep dus in een soort automatische stand door de winkel en pakte wat op mijn briefje stond. Op dat briefje had ik ook ham, met een vraagteken geschreven. Het had toch wel indruk gemaakt, die lekkere honing ham. Maar helaas hier ook alleen halve varkens te vinden. Niet normaal meer. Nog groter en duurder dan bij de Traders Joe. Maar ze gingen als zoete broodjes, of beter gezegd als zoete hammen. Maar helaas geen klein hammetje voor ons te vinden.

Ik liep daarna door naar het koelingsvak waar de afbak croissantjes liggen. Dat vind ik gewoon altijd bij pasen horen. De geur alleen al doet het naar pasen ruiken, zo 's morgens. Dus die moest ik zeker meenemen. En geloof me, onze supermarkt is echt groot. Met hele brede paden, echt heeeeele brede paden. Maar, de heren die hier de vakken vulden, hadden echt over de hele lengte van het koelvak wat neer gezet. Dus het was een soort van "pak-je-boodschapjes-met-hindernissen". Spel zonder grenzen, wat vroeger op tv was, was er niks bij. Er stond gewoon meer voor de koeling dan in de koeling. En er waren veel lege vakken. Oei oei, dit verhoogde mijn paasvreugde echt niet! Ik graaide de croissantjes en ging snel weer tussen alle dozen en vakkenvullers vandaan.

Zo, nu op naar de vleeswaren. En wat ziet mijn oog daar? Een allerliefst klein honing hammetje. Voor het gezellige prijsje van $ 6,75. Kijk dat is wat ik zocht.... Dus die ging in mijn karretje. Ik was er helemaal blij van. Toch iets paasachtigs op het menu hier. Die lol was overigens heel snel weg toen ik bij de kassa kwam, want daar stonden me toch een rijen. Echt niet normaal meer. Alsof je het gratis kreeg. Volgens mij gaat iedereen aan het koken van het weekend. En we hebben hier eigenlijk maaar 1 paasdag, dus waarom al die moeite? Maandag mag iedereen gewoon weer aan het werk in Amerika. Niks geen tweede paasdag hier. En al helemaal geen lekker lang weekend, alleen pasen op zondag.

Natuurlijk had ik ook nog de mazzel dat toen ik naar mijn auto liep, het met bakken naar beneden kwam. Ook fijn, nog meer pret! Eenmaal thuis alle boodschappen opgeruimd en hopen dat er een pauze kwam in de regen 's avonds. En die kwam er om half zeven werd het droog en volgens de buienradar bleef het een poosje droog. Dus wij aan de hol, maar de regen kwam al snel terug. Nou moet ik eerlijk zeggen dat ik die regen niet zo heel erg vind. De temperatuur was best nog warm. Maar halverwege het derde rondje, hoorde ik op de achtergrond van mijn loopmuziekje een soort van extra bas geluid en deed 1 koptelefoontje uit mijn oor en hoorde dus dat dat geen extra bas, maar gewoon onweer was. Dat werd dus een sprintje naar huis! En degene die een beetje opgelet hebben in mijn vorige berichtjes, weten dat ik niet goed ben in sprintjes. Ik zweef namelijk absoluut niet en dat is wel handig als je een sprintje trekt. Dus met een hartslag van "tig" kwam ik thuis en daarmee was de dag wel klaar....

Zaterdag de dag voor pasen, waren we extra vroeg wakker, want Stace had hoge nood. Om zes uur zat hij naast mijn bed en dat betekent dat hij echt naar buiten moet. Hij doet dat bijna nooit, maar als hij het doet, kun je maar beter gelijk naar buiten gaan. En zo waren we lekker vroeg wakker op deze zaterdag morgen. En nu we toch zo vroeg wakker waren, begon ik maar gelijk aan het maken van het "nulste paasdagontbijtje". Zo hebben we toch die twee dagen, begrijp je? Een beetje paasontbijt, kan je hele pasen goed maken naar mijn idee. En ik grijp met die gedachte naar de croissantjes in de koelkast. En terwijl ik aan het lezen ben, op hoeveel graden ik de oven moet zetten zie ik ineens dat ik een hele andere versie dan normaal heb. Wat is dat nou voor raar plaatje. Is dat nou een knoflook op de voorkant?

Gatverredamme! Wie verzint zo iets? Knofloof croissantjes? Wat een idee? Daar gaan mijn paasgedachtes weer! Heb het idee dat het niet goed gaat komen dit jaar. Hopelijk valt het allerliefste hammetje mee, maar mijn gevoel zegt dat pasen echt gecancelled is dit jaar. En dat allemaal door het zwembad van de buurvrouw, waar de Easter Bunny in is verdronken....

94. Wat kan het leven mooi zijn!

Zonder iTunes! Er is een nieuwe ster verschenen op onze computer, namelijk WINAMP. Wat een zaligheid.... Mijn iPod is er helemaal van opgeknapt en ik zit al smilend achter de laptop. Het is toch ongelooflijk. Daarom..., wat kan het leven mooi zijn! Wat is er gebeurd?

Gisteren kreeg ik van een oplettende lezer van mijn blog, een emailje uit Nederland, met DE tip! Installeer WINAMP op je computer en de plug-in van WINAMP en je hoeft geen iTunes meer te gebruiken voor je iPod. WINAMP zou een veel gebruikersvriendelijker programmaatje om je iPod mee te beheren moeten zijn. Gewoon eentje waarmee je je muziekjes kan slepen naar de mapjes die je zelf heel makkelijk kunt aanmaken. En......, nu komt het belangrijkste, het programma gaat ook niet gelijk aan het synchroniseren, waardoor je muziek spontaan van je iPod verdwijnt. Echt waar, het bestaat!!!

Vanmorgen er mee aan de slag gegaan en het werkt! Wat zeg ik, het werkt perfect! En zo geschiedde het dat ik nu gewoon muziek uit 2009 op mijn iPod heb. Het is een wonder! Zonder enig pruttelen van mijn kant en geen enkel verdwenen muziekje. Het kan dus echt. Je ziet ook dat de muziekjes er werkelijk op gaan. Met een heel handig balkje, waarop je ook kan zien hoever de toestand van het overschrijven is. En je kan op een liedje gaan staan en dan alleen dat **ENE** liedje verwijderen. Niet dat dan je hele afspeellijst verdwijnt, zoals bij iStunt! Echt ik ben zo blij. Het leven is geweldig!

Want zo zijn mijn iPod ergenissen in **één klap verdwenen**. Maar goed dat ik hem nog niet uit het raam had gegooid. Want dan had ik dit moois nooit mee kunnen maken. Het is echt een heuglijke dag, want vandaag heeft mijn iPod dan ook gelijk een verjongingskuur gehad. En is van de anno 1996 muziek, met een sprong in 2009 belandt. Mooi he? Mijn dag kon niet meer stuk! Dat het ooit nog zou kunnen gebeuren?

Ron's iPod, die een tijdje terug spontaan, vanwege grote ergenissen, met pensioen was gegaan, is ook afgestoft en heeft nieuw leven gekregen. Totaal gereanimeerd het ding. Wat een feest, lang leve WINAMP!!!

Ik verheugde me gewoon op ons loop rondje van vanavond. Want ik had mooi "verse" liedjes onze iPodjes kunnen zetten. Het kon me zelfs niet schelen dat die vrouw van vorige week ook weer met me mee liep vanavond. Sterker nog, ook zij liep er een stukje harder van. Het is toch wat? En misschien was ze er wel van geschrokken, want bij het derde rondje was ze ineens weg! Ja, allemaal dankzij mijn nieuwe muziekjes! Ik ga zoooo snel (kuch, kuch). Of zou het kunnen zijn dat de zon onder ging, dat kan ook natuurlijk? Ach wat maakt het uit, het lopen ging lekker en zeker ook bij Ron een stukkie sneller met onze nieuwe "verse" iPodjes! Bedankt oplettende lezer! Helemaal toppie!

95. Duo

De morgen begon vroeg vrijdag. Het zou weer warm worden en dan is het lekkerder om 's morgens met de hondjes te gaan wandelen. Maar toen ik wakker werd zag ik dat het best bewolkt was en er stond een behoorlijke wind. En daarbij ook nog, het zonnetje was helemaal niet te zien. In Nederland zou je je jas pakken en je laarzen weer uit de kast halen, bij dit plaatje. Maar, ik trap daar niet meer in. Want ik kijk nu altijd op ons weerstationnetje naar de temperatuur buiten, voordat ik me aan ga kleden. En ja hoor, die stond al op 21 graden. Zou je dan lopen puffen met je laarzen en dikke Zuidwester.

Het werden dus teenslippertjes en zomers tenue. Het was echt lekker om te lopen, want de wind maakte het heel aangenaam. Op de terug weg zie ik terwijl ik onze straat weer in loop twee hondjes bij onze brievenbus snuffelen. Ze liepen los.... Ik zie ook gelijk van wie ze zijn. Ze wonen namelijk een aantal huizen verderop. Maar komen normaliter niet veel verder dan hun eigen tuintje. Maar vandaag is het feest voor ze waarschijnlijk, want ze zijn samen op pad. En waren de buurt aan het verkennen. Het is wel een mooi duo om te zien. Een van de twee is een zwarte herder en de ander is een pug, oftewel een klein mopshondje. Je weet wel zo'n knorrend gevalletje op vier pootjes.

Afijn, als ik op zo'n 150 meter afstand aankom lopen ziet de herder me aankomen en schrikt als ik hem in zijn snuffels stoor. Hij kijkt op en rent als een gek terug naar zijn huis. Het varkentje is niet zo zeer van mij en de hondjes onder de indruk, maar zet het ook op een rennen, alleen de andere kant op. Oh jee dat gaat niet goed. Want hij rent de kant van de uitgang van onze wijk op. En daar is een drukke kruising aan het eind waar de auto's niet zachtjes rijden....
En dus zet ik het met mijn hondjes ook op een rennen. Breng onze stappers snel in onze tuin, doe hun riemen af en ren achter knorretje aan met 1 van die riemen. Maarja, hoe harder ik ren hoe dichter hij bij die weg komt. Dus ik bedenk me te stoppen met rennen en geef een gil. Hij hoort het gelukkig en stopt ook. Maar staat in twijfel wat te doen. Ik probeer hem met mijn meest vrolijke hoge stemmetje te roepen. En alsof er een kwartje in het beestje werd gestopt..... Hij draait zich om en komt nu op mij afgestormd. Even denk ik oh jee..... wat als hij helemaal niet lief is? Loop ik hem te roepen? Oeps..... En zie me door de straten van onze wijk heen rennen met knorretje achter me aan. Tong, scheef uit zijn bek hangend en ik ook half hijgend van de achtervolging.

Maar gelukkig, als ik goed kijk zie ik zijn krulstaartje kwispelen en bedenk me dat hij misschien gewoon echt blij is. Dus ik blijf stil staan en praat op hoge toon verder. En binnen no-time zit hij aan mijn voeten, wel met die tong half uit zijn bekkie, want het was nog al een beweging zo voor het kleine beestje. Ik geef hem een aai over zijn bol en doe gelijk onze hondenriem om. Hij is helemaal blij, dat is duideijk. Dus dan ook maar even met hem kroelen. Wat een leuk ding zeg. Zwaar knorrend geniet hij van de aandacht die ik hem geef en is helemaal blij. En met helemaal bedoel ik ook echt helemaal. Want zijn hele lichaam is blij. Het schud en het knort aan alle kanten! Wat een beestje. Na de kroeltjes, probeer ik aanstalten te maken om richting zijn huis te gaan. En zowaar, mijn nieuw gevonden vriend loopt keurig met me mee. Maar in de verte zie ik nu ineens de zwarte herder op me af komen stormen.

Oh nee, was ik net nog even in twijfel over knorretje, die zwarte herder was veel erger. Maarja, hier kon ik niet tegen aan rennen. Met grote sprongen kwam hij op me af. Veel tijd om me te bedenken had ik niet, want voor ik het wist stond hij voor me. En met heel zijn gewicht gaat hij overdwars tegen mijn benen aan. En komt daarbij tot stilstand. Uh, uh, wat nu? Wist nog steeds niet of hij nou uit blijheid of uit agressie naar me toe kwam sjesen. Ik liep natuurlijk wel met zijn kameraadje te wandelen. En of hij dat nou leuk vond?

Maar nadat hij tot stilstand kwam, keek hij omhoog naar mij en hij keek lief. Hij had lieve oogjes. En ik besloot mijn hoge stemmetje er maar weer op los te laten en wonderbaarlijk vond hij dat ook leuk en wilde gewoon ook zo'n knuffel sessie als knorretje. Geef hem eens ongelijk? Stond ik daar dan met een herder die me bijna omver duwde van enthousiasme en een knorrende en schuddende andere viervoeter. Die het leven vandaag geweldig vond. Het geheel had zeker wel een foto waard geweest.

Toen ik aanstalten maakte om weer een stukje verder te lopen ging de herder gelijk netjes los volgend aan de voet en liep zo met me mee naar zijn huis. Heel goed zeg! En zo liep ik dan door onze straat met twee vreemde hondjes. Zo gewoon eigenlijk, maar dit keer met een hele andere combi. Herder en mopshondje. Een andere buurvrouw had het hele gebeuren waarschijnlijk ook gezien en kwam naar buiten. We moesten wel even lachen om die combi. Knorretje was nog steeds aan het nahijgen, maar was overduidelijk heel blij om ineens van alles mee te maken op deze morgen.
Na even gekletst te hebben ben ik doorgelopen naar hun huis en heb ze veilig terug gebracht. De baasjes waren thuis en wisten niet dat hun hondjes buiten waren. Waarschijnlijk stond er ergens een deur of hek open en waren ze ontsnapt. Ze verontschuldigde zich en bedankte me. Ik kreeg nog even een knuffeltje van het duo en ging terug naar huis. Het was echt een leuk viervoetig duo geweest eigenlijk.

Daarna ging ik terug naar onze lieve hondjes, die alles door de spijlen van ons tuinhek probeerden te volgen. Waar zij niet erg vrolijk van werden. Vrouwtje buiten met twee andere hondjes aan het wandelen en kroelen. Dat werd duidelijk niet gewaardeerd! Dus toen ik in de tuin kwam werd ik uitbundig besnuffeld. Het is maar goed dat zij niet kunnen praten, want ik had de wind van voren van ze gekregen. Eindelijk actie in de wijk en zij moeten in de tuin blijven. Geen juist plan, vrouwtje! Maar na de snuffel actie bedaarden ook zij en was het weer over met alle actie zo vroeg op de morgen. Alle hondjes weer op de juiste plek en konden we verder met de orde van de dag.

96. **Klaar!**

Nou ik heb de bloemenzee voor moederdag overleefd. Het was echt ontzettend druk. Veel drukker dan met valentijnsdag. Vrijdag van 8 uur tot half 8 's avonds gewerkt en vandaag ook weer om 8 uur begonnen.

Er waren grote problemen met de bezorgers op vrijdag. Er waren drie bezorgers. 1 kon niet komen vanwege een "personal" situation. De tweede was net met een wagen vol bloemen op pad. En kwam met diezelfde wagen vol bloemen weer terug, omdat zijn vrouw gebeld had dat hun keuken blank stond en er een leiding gesprongen was. En de derde rijder, belde om het kwartier dat ze verdwaald was. Dus dat liep niet echt lekker. Het kwam er dus op neer dat mijn baas zelf moest gaan rijden met bestellingen. En mijn bazin de telefoon moest gaan doen. Maarja, die telefoon bleef rinkelen gisteren. Ook stroomde via internet de orders binnen. Mijn bazin schoot spontaan in algehele stress en besloot ter plekke om de telefoon gewoon helemaal niet meer op te nemen. En alles over te laten gaan op het antwoord apparaat. Niet een erg strak plan... Ik deed nog een suggestie om wel op te nemen en in ieder geval mensen te woord te staan. Misschien waren ze ook blij met een plant? Daar stond de winkel nog vol van. Of gewoon een eenvoudig boeket? En dat op zaterdag te laten bezorgen als de andere twee bezorgers er weer waren. Maar nee, ze wilde er niks van horen. Ze kon het allemaal niet meer aan.

Complete stress, die bot gevierd werd op haar man toen die terug kwam van de bestellingen. Die op zijn beurt pissig was op haar vanwege het volle antwoord apparaat. Altijd prettig om een echtelijke ruzie live mee te maken. (ahum) Mijn collega en ik hielden maar wijslijk onze mond. Al was duidelijk dat het dispuut tussen hen vanmorgen nog steeds niet opgelost blijkbaar. Want in de loop van de morgen vloog er ineens bezem richting de baas, door de winkel, toen bazin boos werd. Je maakt nog eens wat mee he? Ik moest er eigenlijk wel om lachen. Het ging eigenlijk om niks en er was zoveel werk te doen, maar het bleef maar ruzie zoeken met elkaar. Wat een pret!

Afijn...., vanmorgen waren wel alle bezorgers present en de baas bleef weer in de winkel. En hij kwam ons vertellen dat hij het internet weer af gezet had en geen nieuwe bestellingen meer ging aan nemen. Dus ik stelde hem ook voor, waarom probeer je niet bloeiende planten of simpele boeketjes te verkopen? Mooi papier er om heen en dan lijkt het toch heel speciaal, maar kost niet veel tijd om te maken. Boeketten worden hier altijd in een vaas opgemaakt als een bloemstuk zeg maar. Bijna altijd met vaas en bijna helemaal niet als een los boeket. En aangezien het bord nog helemaal vol hing met bestellingen voor dat soort bloemstukken en mijn collega en ik daar best druk mee waren, misschien een idee? "Mmmmm, ik weet niet" en keek mij zeer bedenkelijk aan. Maar volgens mij had hij wel door dat nee verkopen erger is, dan iets anders verkopen. En later hoorde ik hem in zijn kantoortje met een klant aan de telefoon. En ja hoor!! Boeket verkocht! Dus ik kon aan de slag met het maken van echte Nederlandse boeketjes! JAWEL, die MET elastiekjes! De eerste van meerdere, het tij was gekeerd. Goh die waren toch eigenlijk wel mooi..., zei bazin. Ook werden er nog een stuk of 10 bloeiende azalea's en hortensia's verkocht. Mos over de aarde en een mooie moederdag pofstrik er in en klaar! Pofstrikken doen het hier overigens nog altijd erg goed!

Er kwamen net als bij valentijnsdag weer niet zo veel mensen in de winkel. Wel de dames en heren voor de corsages voor promnight. Wat natuurlijk gelijk met het moederdag weekend viel. Vond het leuk om hun gezichten te zien, toen ze ze op kwamen halen. Ook kwam er in de loop van de morgen een meisje, denk 15, 16 jaar in de winkel. Ze wilde bloemen voor haar moeder, vertelde ze. De bloemenschuur is heel anders dan een bloemen winkel in Nederland. Het is ten eerste nogal afgelegen gelegen.

En je ziet helemaal geen bloemen bij binnenkomst. Niks geen boeketjes of stukjes, die je zo mee kan nemen. Bijna alles wordt op bestelling verkocht. Maarja dat meisje komt binnen en toevallig stond ik bij de computer een code voor een boeket van Teleflora op het internet op te zoeken. Naast me stond mijn bazin achter de toonbank het meisje te woord. En hoorde haar zeggen, onder de $35,00 hebben we niks te koop hoor. Vond het zo zielig voor het meisje. Kwam helemaal naar ons toe om te horen dat ze niet genoeg geld had? Dus ik zei tegen mijn baas, je kan misschien ook twee lelies mooi in pakken, die zijn $ 6,50 per stuk. Het meisje hoorde dat en zei dat haar moeder zo van lelies hield. Dus mijn baas zei, nou ja, ok, dat kon dan wel. Dus ik met vloeipapier een mooi iets gemaakt en er weer een grote roze strik (die in tientallen op voorraad zijn) er op gedaan. En het meisje was helemaal blij en het zag er nog super sjiek uit. Weer iemand blij niet?

Vandaag had ik trouwens ook een nog bloemstuk naar eigen "inzicht" gemaakt. Op het werkbriefje stond naar keuze van de bloemist en dan mag je zelf wat verzinnen. Dus ik bedacht een beetje modern, maar nog wel behoorlijk traditioneel bloemstuk. Het waren rozen en anjers, maar dan een beetje hoger geschikt en dicht bij elkaar. Afijn, ik had het stuk bij de bestellingen die klaar zijn en bezorgd kunnen worden gezet. En even later zie ik mijn bazin er mee langs schuiven. En riep me even daarop bij haar. Ze wilde over het bloemstuk praten. Ze vond dat je er zo door heen keek en dat kon toch echt niet. Mensen gingen dat toch zeker niet mooi vinden. Eigenlijk bedoelde ze vast dat zij het niet mooi vond, maar ze zei het tactisch met "mensen". En daarna zei ze dat ze het wel voor me zou gaan aanpassen en het weer mooi maken. Dat ik het maar even wist. En ik moest van binnen eigenlijk zo lachen. En het was duidelijk. Mijn poging tot modernisering in de schuur was danig mislukt! Ze was er helemaal nog niet klaar voor. Even later zag ik haar weer langs komen met het bloemstuk en het was een eenzijdig, driehoekig bloemstuk met mega veel varenblad geworden. Met ook nog blauwe gele irisen er bij die in het midden uitstaken.....

Helaas, maar ik heb het geprobeerd.... Ondanks alle toestandjes en mijn mislukte bloemstukrevolutie vond ik het toch erg leuk om met zoveel bloemen aan de gang te zijn. Mijn lichaam is erg moe en daarbij in bijzonder mijn voeten. Het was even wennen voor ze zeg maar. Voorlopig hebben ze weer even rust, want zou zo snel even niet weten wanneer ik weer mag aantreden, maar dit hebben we weer mee gemaakt niet?

97. **Dudok**

Aan het eind van de middag hebben we een "Summer-kick-off pool party" bij onze buurtjes. Memorial day weekend is HET begin van de zomer. Zij zorgen voor de hamburgers, hot-dogs en drinken. En wij moesten dan een side dish meenemen. Nou zat ik van de week al te bedenken wat ik dan zou mee gaan nemen. En dacht aan een appeltaart. Maar ik moet heel eerlijk bekennen dat ik die alleen nog maar uit een pakje heb gemaakt. En dus nog nooit zonder Koopmans zeg maar. Schandalig ik weet het, maar eens moest de eerste keer zijn niet? En daarom ging ik op zoek op het internet naar een leuk recept. En kwam terecht op het **appeltaarten** weblog. Een weblog vol met alleen appeltaart recepten. Nooit geweten dat er zoveel zijn!

Maar.... daar zag ik hem. DE DUDOK appeltaart. Dit is echt mijn all-time favoriete appeltaart. Te koop aan **De Meent in Rotterdam, in het Dudok gebouw. Echt** dit is zo'n lekkere appeltaart. En nog nooit heeft een andere appeltaart deze kwa smaak overtroefd. Maarja,..... de Meent is hier een behoorlijk eindje vandaan, zeg maar. Daar rijden we niet zomaar naar toe. En dus heb ik al in geen tijden een stukje Dudok appeltaart gegeten. Nouja stukje...., het is altijd een heel stuk. Want de Dudok taart is ook nog eens behoorlijk hoog. Bij mijn laatste bezoekje aan Nederland had ik hem trouwens bijna weer geproefd. Maar uiteindelijk toch nog misgelopen. Ik had hem als dessert besteld bij een restaurant in Rotterdam, waar we gingen eten. Maar helaas kwam de serveerster terug om te vertellen dat de taarten uitverkocht waren. Vette pech!

En nu? Nu zag ik op het appeltaarten weblog een recept om de Dudok appeltaart zelf te maken. Zou het? De echte Dudok taart? Dat zou wat wezen zeg. En besloot meteen dat die het moest gaan worden! Een betere en lekkerdere kan gewoon haast niet! De vulling is altijd zalig en de bodem heerlijk krokant.

Dus van de week heb ik de ingrediënten gehaald. Bastard suiker, vanille suiker, bloem en 1,5 kilo appels. Probleem was even de appel compote, maar daar heb ik van die 1 persoons speciale kleine bakjes White house, natural Golden delicious appelsauce voor gekocht. Die heb ik laten uitlekken in een zeef, zodat het meeste vocht er uit liep. Afijn vanmorgen vroeg al aan de slag!

Deeg maken en kneden en dan een half uur de koelkast in. Daarna appels schillen, de rozijnen wellen en de appelmoes laten uitlekken. De appels schillen was nog het meeste werk, want er gaan echt veel appels in die taart. Je moet ze ook even bakken, zodat het vocht er een beetje uitgaat en ze al wat zacht worden. Volgens mij is dat het geheime truukje waardoor de taart zo lekker is. Maarja, dit is mijn eerste echt helemaal zelf gemaakte appeltaart, dus echt zeker van mijn zaak ben ik natuurlijk niet. Daarna de springvorm vullen.

Mensen kinderen wat is die taart zwaar eenmaal gevuld. Hierna nog het kruimeldeegje er boven op en dan 50 minuten de oven in. En dan, dan is ie klaar!!!!

Petra's Dudok taart!!! Kan bijna niet wachten om er een puntje van te nemen!!!! Maar goed dat hij mee moet vanmiddag, anders hadden we de taart helemaal alleen op moeten eten. Dat zou vervelend zijn...... Het hele huis ruikt er gewoon naar. Alsof ik op de Meent in de brasserie zelf naar binnen liep. Zo lekker!

En dat was toch best moeilijk. Want..... ik moet wat bekennen.... Het is eigenlijk erg, maar was wel lekker.... De taart heeft het namelijk niet gered. Nou hij heeft het wel gered, maar niet naar de pool party. Toen Ron thuis kwam en hij ook die heerlijke geur rook en de taart zag, wilde hij ook al een punt nemen. En....., dat hebben we gedaan. Samen een punt genomen van de Dudok taart. De taart die mee moest naar de party. Erg he?

Maarja, wat was ie heerlijk!!!! Echt zoals ik me hem herinner uit Nederland. Helaas voor de buurtjes dat wel.... Want ik ben 's middag dus snel een salade voor hen gaan maken. En weten helemaal niet van het bestaan van een Dudok taart af. De volgende dag zouden we op visite gaan en daar heb ik de rest van de taart mee naar toe genomen. En heb er ook nog een stukje van ingevroren, voor een andere keer. Voor als we hoge Dudok taart nood hebben zeg maar.

Achter af was het misschien wel goed dat ik een grote salade schaal had ipv de Dudok taart, want het was erg druk op de poolparty. Er waren veel kinderen aanwezig en die doken natuurlijk gelijk op de toetjes toen het eten begon. Stel je voor zeg, hadden Ron en ik misschien geen eens de kans gehad om die Dudok taart te proeven. Echt, ik beloof het, er komt vast nog een andere keer dat onze buurtjes de taart kunnen gaan proeven. Maar nu was het nog even te vroeg. Hij moest nog persoonlijk getest worden door de kok. Zo gaat dat toch? En moesten ze het doen met de door anderen meegebrachte brownies en fruit salades. Er zijn ergere dingen in het leven niet waar?

98. John

Gisteravond had ik een leuk uitje in de planning. Ik ben namelijk samen met de buurvrouw naar een kook klas geweest. Het was bij de plaatselijk B&B. En we zouden beef Wellington leren maken. Nou heb ik alle afleveringen van Hell's kitchen gekeken en heb daar heel wat fout afgelopen Beef Wellington gezien. En vreesde al Gordon Ramsay taferelen...

En bij aankomst moest ik eerlijk gezegd even wennen (lees slikken). Want het waren echte super "kook-o-fielen" die aan de cursus meededen, zeg maar. En ik ben van het simpele recepten soort en kneep hem een beetje.
Maar na met elkaar kennis gemaakt te hebben werden we al snel aan het werk gezet door de aanwezige chef kok. En de buuf en ik werden aan "the station Salmon Wellington" gezet. Had wel binnenpretjes dat het ook echt een station genoemd werd. Net als in Hell's kitchen.

Maar wij dus aan de zalm. Verderop werd er tenderloin Wellington, pesto, salade, raspberry vinaigrette, egplant en squash gebakken en mosterdsaus gemaakt. En dat door 6 mensen en 1 chef. Best leuk, omdat je echt zelf alles ging maken. Nou was de zalm verbazingwekkend makkelijk te maken. Echt ik was er verbaasd van. Je sneed de zalm in stukken. Deed er viskruiden over en vouwde dan de bladerdeeg er over heen en plakte het geheel dicht met eigeel. Daarna ging het 25 minuten op 425 F in het midden van de oven. De verse pesto kwam er als laatste nog over heen.

De chef hielp je echt heel goed en ook de Innkeeper was alleraardigst. En het leuke van deze cursus was dat als het eten klaar was, je het ook allemaal met de medecursisten ging opeten. Als een heus diner! Aan een zeer fraai gedekte tafel en in de mooi sfeervolle eetkamer van de Bed & Breakfast.
En goh wat was het lekker!!! We hadden in die anderhalf uur tijd, Tenderloin Wellington, Zalm Wellington, Salade met rasberry vinaigrette en aardbei, gebakken squash en egplant en pesto gemaakt. Allemaal van verse ingredienten. Had echt niet verwacht dat ik het zo lekker zou vinden. Wat een smaak explosie was het! Echt super lekker! Dat hebben we toch maar weer mooi even gedaan, dacht ik. En beter nog...., ik kan het nu ook eens zelf thuis gaan proberen.

De innkeeper, John, die heel de tijd ook in de keuken aanwezig was geweest, met raad en daad, at ook met ons mee en bleek een zeer aardige en entertainende man. Had de mooiste verhalen en het was, ondanks we met allemaal vreemden aan tafel zaten, ontzettend gezellig! Afijn, na het eten kregen we nog de recepten en de eigenaar liep met ons mee de tuin van de B&B in en vertelde hier en daar nog wat. Het was echt een vreselijk aardige man. Die duidelijk op zijn praatstoel zat.

Zo bleek zijn vader een professionele honkballer geweest te zijn, uit de tijd met Joe di Maggio en Marilyn Monroe. En dat hij vroeger die twee als babysitter had gehad. Denk dat niet veel mensen dat kunnen vertellen niet?

Best leuk om dat verhaal te horen van hem. Hij kon het mooi brengen. Verder vertelde hij over de straat waar de B&B aan stond. Dat is een beetje de hoofdstraat van ons dorp. En dat hij persoonlijk meer huizen bezat in diezelfde straat. Hmm dacht ik nog, interessant, voor een innkeeper... De man had duidelijk potentieel.......

En toen vertelde hij dat hij downtown echt nieuw leven in wilde blazen. En dacht weer, hmmm, dat lukt aardig als je bijna de halve straat opkoopt, niet waar? Daarna begon hij weer over de reizen die hij had gedaan en dat hij de burgemeester van een dorpje uit Ierland in zijn B&B had gehad en dat hij samen met hem veel over het "Burgemeisteren" had gesproken. Hij zei dit speciaal in het Duits voor mij. En zei, "That's what mayors do". En toen..... toen viel bij mij pas het kwartje...... Hij zelf was de burgemeester van ons dorp! DE burgemeester gewoon! Wist ik veel???? Ik vond al dat hij zoveel over ons dorp wist.....

Och hemel, wat ben ik toch een sufferd..... Woon hier nu vier jaar en weet geen eens wie de burgemeester is? Sterker nog, ik zit gewoon ander half uur met de beste man aan tafel voor een drie gangen diner en net als ik naar huis ga, schijnt bij mij het licht pas, hi hi hi. Echt weer wat voor mij hoor.
Ik had wel de website gezien, maar had gelijk doorgeklikt naar het kookklas gedeelte, toen de buurvrouw me die gemaild had. En dus helemaal niet gelezen dat de burgemeester eigenaar is van die Bed & Breakfast. Wist ik veel. Vandaar dat hij meerdere huizen bezit en downtown nieuw leven in wilde blazen. Hij had er echt over nagedacht! Tsjonge jonge, typisch weer wat voor mij!

Maar....., ik weet nu wel hoe aardig "onze" burgemeester is en dat hij veel over het dorp te vertellen heeft, waar hij al 35 jaar woont. Want dat van die 35 jaar had ik hem zelf nog gevraagd tijdens het eten. Hij zal ook wel gedacht hebben, die Nederlanders, die zijn ook lekker direct zeg!

98. Smak....

Zondag zijn Ron en ik wat boodschapjes gaan doen. Hadden vooral het verse spul nodig. En nog wat andere dingetjes. En doordat we ook "andere" dingetjes nodig hadden en niet al te veel zin om verder te rijden, werd het de Walmart waar we naar toe gingen. Daar hebben ze alles in 1 winkel. Wel zo handig. Want na een vakantie heb ik altijd moeite om weer op gang te komen met de routine klusjes. Vooral het boodschappen doen. (En het wassen, stofzuigen, koken en zo nog een hele lijst, maar dit terzijde.)

Het was druk in de winkel. Op zondag middag gaan hele families hier hun boodschappen voor de week halen. En het liefst ben ik dan niet in de supermarkt. Maar we hadden echt wat melk en dat soort dingen nodig na onze vakantie. We liepen dus in de Walmart en hadden bijna alles wat op ons lijstje stond. Moest alleen nog sla en bloemkool hebben. En ik dook dus de groente afdeling op. De sla al snel te pakken en zo ook de bloemkool. En bedacht me dat het wel lekker was om weer een keertje komkommers in azijn te maken. En ik maakt een soort van schijnbeweging richting het vak van de Engelse komkommers. En met een enorme sliding ging ik me daar toch onderuit.... Het was iets nat in het gangpad en natuurlijk moet ik daar net over heen lopen.

Het was echt de perfecte sliding kunnen we wel stellen. Als het op het voetbalveld had plaats gevonden dan. Echter, ik lag nu languit in een overvolle Walmart. Uitermate charmant weer! Gut o gut, wat een timing. Ron stond al snel naast me en zo ook zo'n vijf andere Walmart bezoekers.... Pfffff, hoe krijg ik het toch weer voor elkaar?

Ik keek naar mijn knietje en ja hoor, prachtig geschaafd. Zo ook de bovenkant van mijn voet. Mijn voet???? Oh nee...., dat is helemaal niet goed. En het eerste waar ik aan dacht op dat moment was, dat dat gewoon niet kon, want ik moest blijven hardlopen. Dat kwam helemaaaaaal niet goed uit! Is dat wat? Spontaan was ik alle starende gezichten vergeten en voelde aan mijn voet. Kan ik nu nog wel hardlopen, was het enige wat in mij op kwam. Ik moet die nieuwbakken conditie wel bij blijven houden natuurlijk. En met een voet die niet mee werkt, gaat dat niet lukken. En die vraag bleef maar door me heen gaan. Kan ik nog wel hardlopen? Hoe moet dat nou met een zere voet? Echt, kan ik nou nog wel hardlopen? Wie had dat een half jaar geleden gedacht. Dat ik dat zo belangrijk zou kunnen vinden?

Heel lang kon ik er overigens nou ook niet over nadenken, want er kwamen allemaal vragen van "mede-groente-afdeling-shoppers" op me af. Van "gaat het"? "Moet ik iemand halen"? Uh nee zeg, het gaat allemaal wel. Ron die had ook door dat ik mijn lagere positie in de Walmart niet echt kon waarderen en reikte me daarop snel een hand toe. Een andere man greep me onder mijn oksel en huppatee, Petraatje stond weer. Pfff, wat een gedoe toch weer....

En gelukkig mijn voet deed het nog. Hij voelde wat stijfjes, maar het staan ging. Nu nog lopen. Ik bedankte de meneer die mij rechtop geholpen had. En verliet samen met Ron snel de plek des onheils..... Vooral niet achterom kijkend natuurlijk!

Thuis gekomen er toch nog maar ijs op gedaan en gelukkig leek het mee te vallen. Alles was soort van ongedeerd, behalve dan mijn "beschadigde ego". En gisteravond hebben we dan ook weer hard gelopen en het ging best aardig. Ondanks de geschaafde knietjes.

99. **Whoooieee!!**

Ik en al mijn vrienden.... Dat gevoel had ik een beetje van de week bij het zwembad. Nou ja van de week. Het heeft van de week aardig geregend hier, maar gisteren beloofde een mooie dag te worden en dus was ik 's morgens naar ons nieuwe zwembad van de wijk getogen. Het was er echt dringen weer... Niet dus....

Ik had het zwembad weer helemaal voor mijn eigenste ikje alleen. En kreeg dus ter plekke het "Ik-en-al-mijn-vrienden" gevoel. Om twaalf uur werd de bezettingsgraad dan toch met 100% verhoogd. Want toen kwam de lifeguard ook. Die houdt het toezicht bij de waterglijbaan en zette deze dan ook aan en ging er op zijn stoel naast zitten. Over makkelijke baantjes gesproken. Hij nam zo nu en dan zelf ook maar een duik en ik lag mijn boekje te lezen op een ligbedje.

Vond het eigenlijk wel een beetje zielig dat hij niks te doen had en dacht zal ik dan maar van die glijbaan af gaan. Dan heeft hij tenminste wat om in de gaten te houden. Maar net toen ik zat te twijfelen kwamen er twee meisjes het zwembad binnen en alweer een stijging van 100% in de bezettingsgraad. Deze meisjes maakte wel gebruik van de glijbaan, dus was er eindelijk werk aan de winkel voor de lifeguard.

Dus besloot ik niet van de glijbaan af te gaan. Denk dat het eigenlijk niet zo gepast of in ieder geval niet cool is om als 39 jarige gillend van die glijbaan naar beneden te gaan. Toch was er steeds dat stemmetje in mijn hoofd, dat zat te zeuren. "Kom nou....., ik wil van die glijbaan". En dat stemmetje hoorde ik niet **één** keer. Nee, dat was een terug kerend stemmetje. En zowaar heb ik de dag er na, toen Ron en ik weer alleen waren met de lifeguard, me er aan gewaagd.

En ik vond hem leuk!! Echt heeeeeel leuk... Whooooieeeee!!!! Bovendien..., ben niet **één** keer geweest, nee wel vier keer!!! Nog meer Whoooieeee! Drie grote bochten zitten er in voordat je beneden bent en Petraatje vindt hem leuk!

En ja als er dan toch niemand is, kijk dan durf ik wel. Dan durf ik zelfs vier keer, zeg maar. Eerste keer was nog een beetje tricky, want ik ging zitten in dat ding. Maar nooit gedacht dat er zoveel kracht achter die waterstroom zat op ons glijbaantje.... Dus mijn lichaam was al in de afdaling, maar mijn linkerbeen nog niet. Ja, heel charmant weer. Daarom alleen al ga ik van zo'n ding af als ik een prive glijbaan heb, laten we duidelijk zijn.

Uiteindellijk die eerste keer toch keurig rechtop zittend naar beneden gekomen. Beetje voorzichtig, met hier en daar wat proberen te remmen met mijn handen. Die tweede keer ook zittend en al iets meer genietend. En zonder remmen. De derde keer dacht ik doe gek, ga liggen. En de afdaling ging goed, landing iets minder. Want mijn hele neus schoot vol met water. Nou ben ik niet bedeeld met een kleine versie daarvan, dus echt veel moeite hoefde ik daar niet voor te doen. Maar toch, geen fijn gevoel. De vierde keer was ik slim. Want de vierde keer, ging ik liggend EN met een dichtgeknepen neus naar beneden. Voelde me zo weer een jaar of negen. Terwijl er in werkelijkheid een stuk of dertig jaartjes bij moeten inmiddels. Maar leuk!!!

Whooooooieeeee!! Echt, zo'n soortig geluid kwam er ook nog uit! De adrenaline gierde toch wel een beetje door mijn lijf. Ben namelijk altijd bang dat ik uit de bocht vlieg. En dat dan mijn linker of rechter been, net zoals even ervoor, weer eigenwijs is en ineens buiten boord bengelt tijdens de afdaling. En dat is geen fraai gezicht natuurlijk. Daar zit zo'n lifeguard ook niet op te wachten. En onze glijbaan heeft wel drie bochten, dus drie keer kans op uitbraak. Die eerste twee gaan best nog wel, maar die derde.... Dan ga ik toch echt wel hard hoor. De zwaartekracht doet dan zeker zijn werk. Want jazeker, ik ging volgens mijn beleving weer hard, heeeeeeel hard. Net zo hard als dat ik hardloop en motor rij, in die categorie. Niet zo heel hard dus, maar met "Petra's snelheid!" Maar leuk.... Whooooooieeee!

100. **Mevrouw Knoop**

Ik heb vandaag een Mevr. Knoop ontmoet. Nouja, zo heet ze eigenlijk niet. Ze heet hier conform een Engels knoop. Mrs. Knott dus. En Mrs. Knott is mijn lerares voor de curus Medical Front office assistant die ik vandaag begonnen ben. Elk jaar moet ik van mezelf iets nieuws leren, zo blijft je geest jong niet waar? Voorlopig houdt ik het al een aantal jaren vol en dit jaar bedacht ik dat ik medische terminologie wilde gaan leren. Maar net als destijds, toen ik Spaans wilde gaan doen, zag ik deze cursus in het Wake Tech cursus overzichtsboekje op de bladzijde ernaast. Toen stond er naast Spaans, cake decorating en leek me dat leuker. Nu stond er naast Medische terminology, Medical Front office assistant. Wat een beetje te vergelijken is met dokters assitente in Nederland. Vorig jaar was het nog motorrijden geweest. Waar ik overigens ook de cursus bij Wake Tech voor had gedaan. Toen 1 weekend lang cursus motorrijden. Dit jaar had het trouwens ook hardlopen kunnen zijn, maar vond dat niet echt "geleerd". Dat heb ik mezelf, dan wel met behulp van Evy, geleerd. En zodoende werd het deze cursus die vandaag zou beginnen.

En zo ging ik vanmorgen naar Wake Tech college in Cary. Naar het zelfde school gebouw, waar ik de Cake decorating cursus had gedaan. Ik was er vroeg, want je kon er niet voor inschrijven, deze cursus. Het was wie het eerst komt, wie het eerst maalt. En er konden er maar 16 mee doen.En daar word ik altijd een beetje onrustig van. Want hoe laat ga je dan heen als de cursus om 1 uur begint. Ik had de vraag per email aan de mevrouw gesteld die dit alles coordineerd. En zij had me aangeraden om vooral vroeg te gaan. Er schijnt in deze economische tumulteuze tijden veel vraag te zijn naar dit soort cursussen. En ziekenhuizen e.d. zijn op het moment nog zo een beetje de enige die mensen aannemen. En er kunnen maar 16 mensen deelnemen in de les en voorgaande keren was de klas nog iedere keer vol geweest.

En zo was ik er om 10 uur al. Ik dacht beter te vroeg dan te laat niet waar? Het regende vanochtend en veel anders had ik toch niet in de planning. Uiteindelijk was ik dan ook de eerste en kon ik een poosje wachten. De dame achter de receptie zei me dan toch gewoon even in de kantine te wachten en dat heb ik gedaan. Had al een boek mee genomen en ben naar de kantine gegaan. Nou ja kantine is een groot woord. Kantine-tje is het meer. Maar dat was overigens nog best vermakelijk, want er waren, ondanks dat ik dacht dat het zomervakantie was, nog veel lessen gaande en de snoep automaat was kapot. Tot groot ongenoegen van de studenten. Vond het eigenlijk best grappig om te zien. Het ding nam namelijk wel het geld in, maar gaf geen snoep. Wat verschillende reacties gaf. Waarop ze naar de receptie moesten om hun geld terug te halen. Wat het nodige zucht en steun werk opleverde. Dus er was levend vermaak zeg maar.

Bovendien was er in de kantine gewoon gratis Wifi en heb ik mooi met mijn telefoontje kunnen internetten. Dat is toch wat he? De techniek van

214

tegenwoordig is zelfs in de schoolkantine te vinden!

Afijn, toen om 1 uur de les zou beginnen, bleek dat er nog 13 andere vrouwen deze cursus hadden uitgekozen om te gaan leren. En dat Mevr. Knoop onze lerares zal zijn. Mevrouw Knoop is echt HET school voorbeeld van een "juffrouw". Weet niet hoe je dat kan omschrijven, maar als ik haar in het "wild" was tegen gekomen, had ik haar direct ingeschat op "schooljuffrouw" zijnde. Sommige mensen hebben dat nou eenmaal. Gelukkig is mevrouw Knoop niet van het allersaaiste soort en maakte ze tussendoor wel een grapje wat het begin, wat vooral veel papieren tekenen is, wat luchtiger maakte.

Toen ik het idee gevat had om die cursus te gaan doen, was ik eigenlijk een beetje bang dat ik tussen allemaal veel jongere mensen terecht zou komen. Niet erg natuurlijk, maar ik ben al zolang niet meer naar school geweest, dat ik me dan toch echt wel erg oud zou voelen denk ik. Maar wat blijkt, ik ben denk ik 1 van de jongste. Is dat wat? Denk dat er 1 meisje jonger is dan ik, maar de rest is echt wel ouder. Zo zie je maar weer hoe je dat verkeerd in kan schatten.

Het klaslokaal is niet zo groot en er zijn geen ramen in. Wat het een heel stuk minder gezellig maakt. En in het lokaaltje staan 16 computers, die we zullen gaan gebruiken om het "Medisoft" software programma te gaan leren. Hiermee kun je patienten registeren, de gedane behandelingen doorsturen naar de verzekeringen, afspraken maken enz,. enz. Heel uitgebreid dus allemaal. En dit programma wordt in allerlei medische praktijken gebruikt. Van ziekenhuizen tot aan tandartsen. Het is dus een zogenaamde praktijk cursus. Er wordt ook wel medische terminologie, medische rechten, verzekerings technische zaken, billing en coding geleerd, maar het is met name gericht op de praktijk. Ben echt benieuwd wat het gaat worden, maar we gaan het allemaal mee maken. De cursus is vier middagen per week en bestaat uit drie levels. Elk level duurt 1 maand, dus we zijn voorlopig even onder de pannen, kunnen we wel stellen.

En gisteren ben ik dan naar les 2 van deze nieuwe cursus gegaan. Elke keer als je binnenkomt, moet je intekenen en ligt er ook het lesboek voor je klaar. Elk boek heeft een nummer en dat nummer moet je naast je intekenen ook op schrijven. Als je weg gaat moet je ook weer uittekenen en je boek weer inleveren. De lijst is ook om te zien of je aanwezig bent geweest die dag. Nog een hele administratie, kunnen we wel zeggen. Om deze cursus met een certificaat te beëindigen, moet je 95% aanwezig zijn geweest. Dat wil zeggen dat je 1 middag mag missen, maar daarna dus geen enkele minuut. Ook moet je minimaal 80 % scoren bij de testen die je krijgt.

En de eerste test kregen we gistermiddag. Vragen over wat er in hoofdstuk 1 stond. Op zich niet zo schokkend en super moeilijk, maar het woord "test" bracht een enorme spanning in het klaslokaal. Rollende ogen en zenuwachtige zuchtjes klonken om me heen. Na die test werden er ook de assignments uitgedeeld. Alweer zuchtjes en steuntjes. En moet eerlijk gezegd zeggen dat ik ook wel een beetje verbaasd was over de assignments. De eerste opdracht was dat je een essay moest schrijven over wat jouw carriere plan zal zijn. Nou kan ik me dat nog een beetje voorstellen. Hoe je je na deze cursus in de banenmarkt brengt en wat je kan doen om je nog meer te specialiseren. Maar je moest ook opschrijven waar je wel vrijwilligerswerk wilt gaan doen.

Huh? vrijwilligerswerk? Duidelijk dat vrijwilligerswerk tijdens de lessen er met de paplepel in gegooid wordt, zeg maar. Vanwege economische toestanden heden ten dage is het verstandiger om vrijwilligers werk te gaan doen, dan thuis op de bank te gaan zitten wachten op een baantje. Soort van bezigheidstherapie, maar waarbij je ook ervaring krijgt, aldus de juf. Toen één van de cursisten zei, dat zij ook vrijwilligers werk in een ziekenhuis had gedaan en daarbij enkel en alleen maar bedden op mocht maken, werd er knikkend en instemmend gereageerd door de mede cursisten. Ja daar leer je ook niet zo veel van. Bed opmaken kan ik al namelijk.

Mevr. Knoop was niet van slag te brengen en zei dat zij dan wellicht door moest zoeken naar een vrijwilligers baan die ze wel leuk vond. Want het ging allemaal om "networking, to get a job". Afijn, na het essay verhaal te hebben gehad, kwam de volgende opdracht. Je moest twee mensen gaan interviewen die al Medical office assistant zijn. En daarover moeten we volgende week een presentatie houden. Oftewel een spreekbeurt! Mijn hemel..... die had ik even niet zien aankomen zeg. Dat interviewen was 1, maar dan ook nog presenteren. En.... als je een powerpoint presentatie deed (dus met behulp van de computer) krijg je extra credits. Bij het woord powerpoint presentatie zag ik wat vraagtekens in de klas verschijnen, maar niemand vroeg verder hoe dat dan zou gaan.

Goh voelde me zo weer terug op de lagere school. Met mijn spreekbeurt over bijgeloof..... Pfffff...., dacht dat ik dat toch allemaal al gedaan had in het leven. Maar afijn we gaan het allemaal meemaken volgende week.
Daarna was het tijd om aan je essay te gaan werken in de les. Dit essay moet je onder de lestijd maken. Je moest via internet research doen naar de vrijwilligers baantjes en je focus om beter te worden. En dat ging allemaal op de computer natuurlijk. Het essay moet je ook in Word schrijven en per email aan Mevr. Knoop toesturen. En al die nodige programma's zitten op de computers in de klas. Echt, daar was ik nou wel weer van onder de indruk. Dat is toch wel super tegenwoordig! En binnen een tel was het muisstil in de klas, behalve het getik van het toetsenbord.

Ik dacht nog knap dat iedereen gelijk weet wat er bedoeld wordt. De computer was voorzien van Vista en dat was voor mij nog even zoeken. Ook had het Word 2007 en ik heb nog 2003. Maar gelukkig wees het nog wel voor zich. Ik had als vrijwilligers werk, maar het Pets healthcare program van Wake Med hospital hier in de buurt op gezocht, zodat ik met de hondjes verschillende

216

afdelingen van het ziekenhuis kon bezoeken. En al divers contact met patienten zou hebben gehad. En om mij nog meer te specialiseren het special CPR programma te gaan volgen voor "the Health care provider". Het werd vast een mooi verhaaltje zo bijelkaar. En dus zat ik lekker te tikken en Juf Knoop verlaat even de klas om wat te gaan kopiëren.

En toen gebeurde het, complete chaos!!!! Wist niet wat me overkwam. Ik had al gezegd dat ik 1 van de jongste was in de klas. En dat ik het zo knap vond dat iedereen wist wat ze moesten doen. Maar dat alles was dus de grootste schijn die ik ooit gezien heb. Toen Knoop dus vertrokken was, kwamen alle frustaties los en ik denk dat bijna niemand wist wat te doen op de computer......

Dat wordt nog wat!!! Allerlei vragen gierde er door de klas, echt complete chaos. Wat is knippen en plakken? Waar vind ik Word? Hoe kan ik lezen van mijn memory stick? Waar stop ik mijn memory stick in? Ik moest zooooooo lachen. De gezichten er ook bij. Grote ogen en vol paniek....

En ik maar denken wat doet iedereen het toch goed.... Ja goed toneelspelen.... Afijn, toen de voetstappen van Mevr. Knoop weer in de gang te horen waren, was het binnen 1 tel weer muisstil..... Echt? Alweer alsof ik terug was in de vijfde klas en we rekenen af moesten hebben voor dat het half vier was. Anders moest je nablijven. Dit wordt nog dikke pret, heb ik het gevoel.....

Om half 5 mochten we naar huis en moesten we wat we gemaakt hadden in die tijd, op de meegebrachte memory stick zetten en de computer afsluiten. Ja.... nu viel het niet meer te verbergen dat je niks van computers weet natuurlijk. Praatjes zat, maar nu vielen ze door de mand. Alhoewel, de vrouw naast me trok de stick er uit en drukte op de uit knop van de computer. Ja, zo gaat hij natuurlijk ook, maar heb je niks bewaard. Maar waarschijnlijk had ze ook niks om te bewaren?

En zo was ik na haar, de tweede die de klas verliet. Mevr. Knoop was met 1 dame bezig om haar werkje te bewaren. En tijdens mijn gang in het terug leggen van mijn lesboek en uittekenen, werd ik aan mijn mouw getrokken door één van de spurtelende dames.... "Hoe moet ik saven", vroeg ze me benauwd. Dus ik heb het haar voor gedaan. "Save as, deze computer en dan de f schijf kiezen". "Oja, natuurlijk" zei ze, alsof ze het even niet zag. Maar had zelf het gevoel dat het niet helemaal doorkwam. Maar zij had in ieder geval haar ding bewaard. Nu nog de computer uitzetten. Ben benieuwd hoe lang de dames er bij elkaar nog gezeten hebben.....

101. **Min 1**

Gistermiddag bij aankomst bleek 1 dame niet meer terug te keren. De dame die me bij mijn mouw had getrokken. Min 1 dus.... Waarschijnlijk zag ze het toch niet zitten. Mevr. Knoop begon de les dan ook met nadrukkelijk te zeggen, dat als je iets niet snapt vraag haar het dan. Ze zou je echt komen helpen en niet de les uit zetten. De cursus is volgens mij voor sommige dames verplichte kost en moet gedaan worden om de werkeloosheids uitkering te ontvangen. Dus misschien daarom ook die grote angstige ogen, van dit gaat me geld kosten..... Het schijnt dat nadat ik weg gegaan was het allemaal nog wel even geduurd had, voordat alles gesaved was en de computers uit gezet waren.

En zowaar vandaag werd er inderdaad gevraagd door de dames. En Mevr. Knoop had het er maar druk mee. We moesten door aan ons essay in Microsoft Word in het begin van de les. En de vrouw die naast me zit had haar essay al klaar, zei ze tegen mij. Nu moest ze het alleen nog zien te versturen. Maarja,..... waar vind ik nou dat memory stickje terug op de computer. Na een paar keer zuchten en steunen heb ik haar dus geholpen. Maar laat ik nou in eerste instantie ook niks vinden. En toen ging ze al gelijk tekeer over haar dochter, want..... die zou het allemaal gisteravond gemaakt hebben. En nou was het toch niet goed en wat nu? Grote paniek weer en haar dochter zou het wel horen vanavond. Hmmm, dat is vals spelerij niet? Je dochter je opdrachten laten maken?

Dat zei ik niet hoor, maar bedacht me wel dat als deze vrouw dan inderdaad strakjes een baan vindt met haar nieuwe diploma en dan daar achter die computer zit? Wat dan? Natuurlijk niet mijn probleem, maar volgens mij sta je dan de volgende dag weer op straat. En kan het bedrijf weer beginnen met het zoeken naar een geschikt persoon, die hopelijk geen dochter heeft die haar huiswerk gemaakt heeft tijdens de cursus....
Maar okay, uiteindelijk vond ik het bestandje dan toch. Het had iets met de verschillende versies van Word te maken en kon het spulletje toch verstuurd worden. Wat een opluchting voor mijn buurvrouw.

Tijdens deze les alweer nieuwe opdrachten er bij gekregen. Echt waar, lesdag 3 en nog meer "huiswerk". Huiswerk, wat ik al in geen jaren meer gehad had. En daar toch wel een beetje aan moet wennen. Als eerste moeten we een brochure gaan ontwerpen in Publisher voor een praktijk. En als tweede een handboek maken wat in een praktijk gebruikt kan worden. Dus bepaalde procedures vast leggen. Ja ja, echt het is puur werken! Ik ben echt "back to school". En dat alles moet eind juli klaar zijn.

Gelukkig ook nog goed nieuws want voor mijn 1e test had ik 100% gescoord, wat inhield dat je geen fouten gemaakt had. Yeah!!! Nou gaan die uitslagen tegenwoordig heel anders op school. Kreeg ik vroeger mijn ingeleverde papiertje terug met een grote krul en daarbij het cijfer. Maar nee, zo werkt dat niet meer. Dat gaat nu per computer, heb ik gisteren geleerd. Iedere student krijgt een inlog naam voor "blackboard". Blackboard kun je op elke computer die internet heeeft bekijken. Je logt in en dan zie je jouw uitslagen. En dat niet alleen je ziet ook de gemiddelde cijfers van de klas. Zo was het gemiddelde 82,5% voor deze test. En ik zag ook nog hoeveel testen er nog te gaan zijn.... En dat zijn er nog heel wat helaas. Vond die 100% wel leuk staan eigenlijk. Wilde dat eigenlijk wel zo houden, maar grote kans dat dat niet gaat lukken met het aantal nog te gaan.

En, al die testen moeten we in het vervolg ook in Blackboard gaan maken. Je moet alles digitaal inleveren. En dat is voor Knoopie natuurlijk makkelijker nakijken. Of beter gezegd, niet nakijken. De computer rekent de uitslag al gelijk uit. Want als je in de test op "Submit" drukt, heb je twee secondes erna al de uitslag. De techniek staat voor niks! Natuurlijk bracht het hele blackboard gebeuren de nodige tumult in de klas. Waar is submit? En ik zie helemaal geen vragen? En ga zo maar door. Maar, wat nou nog het ergste volgens de dames was, is dat er rechts boven in het scherm een klokje mee liep. En dat klokje vertelde je precies hoeveel tijd je nog hebt om de test af te maken. "Worden we daar even peuneveu van zeg!", aldus de achterbuuf.

Echt, het is zo gezellig met de dames! Vandaag laatste dag van de week en hebben we even pauze tot maandag. Kunnen 'we' even bijkomen van alles.

102. Test

Gisteren verliep eigenlijk vrij rustig in de klas. Toen ik aankwam, zag ik Mevr. Knoop met mijn buurvrouw in de gang staan praten. Ze waren duidelijk iets prive's aan het bespreken, dus liep maar snel door. De les ging vandaag over computers en public speaking. Dus weet nu weer precies wat RAM en ROM is in de computer. Daarover moesten we direct erna weer een test maken. En bij de uitslag schrok ik, want ik had duidelijk geen 100%. Het mooie, nou ja in dit geval minder mooie, van blackboard is dat je je test gelijk terug kan zien en uitprinten indien nodig. Want ik had namelijk 65% gescoord voor de test. Oeps..., dat is wel een heel stuk lager dan 100%. Ik daarop gelijk de test terug kijken en zag maar 1 fout, maar hoe kwam ik dan aan 65%?

Nu werd ik toch ineens een beetje peuneveu van dat Blackboard zeg. Zal je net zien, zit ik de dagen er voor over "de dames" te praten en nu heb ik gewoon zelf 65%. Wat natuurlijk nog net voldoende is. Maar ben inmiddels een Amerikaantje en ga voor die 100% niet? En 65 is duidelijk geen 100%. Daar wordt Petra niet vrolijk van.

Toen hoorde ik dat er vrouwen waren die 40% en 50% hadden. Hoe kan dat nou, dacht ik nog, zo moeilijk was het toch allemaal niet. En toen kwam het verlossende woord van Knoopie. Je kon maar max. 70% halen voor die test. Beetje raar, maar dat was nodig voor gemiddelden en een ander ingewikkeld verhaal. En er klonk een verlichtende collectieve zucht door het klaslokaal. Iedereen weer blij en dus was mijn 65% helemaal zo slecht nog niet.

Na de testen werd er zeer uitgebreid gesproken over het spreken voor een publiek. Dit alles voor de "presentation" voor a.s. dinsdag. Ik heb inmiddels mijn interviews gedaan en moet nu nog een powerpoint gedoetje in elkaar zien te flansen. Maar in de les werd besproken wat je houding moet zijn, waar je vooral op moet letten, maar ook een heel briefje waarop Knoopie je op gaat beoordelen. En dat waren er heel wat. Wordt nog een leuke middag a.s. dinsdag !

Daarna kregen we ook de uitslag van het essay. En dat kwam wel gewoon op een geprint blaadje met een cijfer terug. Geen Blackboard, maar op de ouderwetse manier. Ik had er een 98% voor gekregen. Ze vond het inhoudelijk "uitmuntend" (ja ja, Petra en inhoudelijk en uitmuntend in 1 zin) Maar, ik was een punt vergeten en ik had de vermeldde cursuskosten op zijn Nederlands neer gezet. Dus $ 50,- ipv $ 50.00. En daar kreeg ik aftrek voor. Zonde, maar moet gewoon beter nakijken, want Mrs. Knott ziet ALLES!

Want....., ze zei na afloop van het teruggeven van de essays, dat als het goed was, had iedereen hun essay terug gekregen en als dat niet zo was moest je even bij haar langs komen. En mijn buuf had hem niet terug gehad. En dus vroeg ik haar of ze dat niet even moest zeggen. Maar het bleek dat zij en Knoopie dit al besproken hadden, voor de les op de gang. En ze het essay over nieuw moest doen. Oh jeee....., zou ze gezien hebben dat haar dochter het gedaan had? Of had ze ons gehoord? Durfde het niet goed te vragen. Maar buuf was niet zo blij en kon nog meer doen van het weekend. En trok er een wenkbrauwen opgeheven gezicht bij..... Ben benieuwd....

220

103. Stress

Vandaag ook weer naar school geweest. En nu ging het over 'written communication' in de les. Over hoe je een brief moet opstellen, emails, memo's en ga zo maar door. Afijn net voor de pauze gaf Mevr. Knoop de opdrachten door. En dat was 1. een brief schrijven en daarvoor kreeg je een patienten dossier en die patient moest een verwijs brief naar de oogarts. Met daarin vermeldt haar klachten.

Tweede was een memo voor de hele fictieve praktijk, want er zou een dokter bij komen. En alle personeelsleden moesten daarvan op de hoogte gebracht worden en als laatste moest er een research project worden gemaakt in opdracht van een gespecialiseerde dokter. Dus allergoloog, neuroloog of andere "logen". En geheel naar eigen "loog" keuze.....

Afijn tijdens al deze mededelingen werd het weer doodstil in de klas. Echt muisstil. Er was niet sprake van een dominee die voorbij kwam, maar het halve klooster stond midden in het lokaal. Knooppie schrok waarschijnlijk van de bleek weg getrokken gezichten en vertelde dat we wellicht misschien eerst even pauze moesten gaan houden en daarna aan de opdrachten in de klas zouden beginnen.

En toen ze dat gezegd had leek het wel of er een waterval aan vragen zo maar in ene los barstte. Echt zo raar weer. Niet één vraag, maar alles door elkaar en al weer groot tumult alom in de klas. En de vragen vlogen door de klas, als of alle remmen ineens los geschoten waren. Zo stil als het eerst was, wat een enorm tumult was het nu weer. Er was één mevrouw die echt compleet in de stress schoot. Liep rood aan en het huilen stond haar nader. Ze wist echt niet waar te beginnen en Knoop richtte zich in beginsel dan ook op haar. Omdat die mevrouw achter mij zat en ik hen toch een soort van privacy wilde geven besloot ik om dan maar aan mijn pauze te beginnen.

En zo volgden er nog meer dames. Buiten met hen ging de stress van zo juist in het lokaal nog wel even een poosje door. Wat, hoe, wanneer, waarom en welke? Het leed was echt niet te overzien. En zo even werd ik toch wel bedwelmd met een hoog plattelands gehalte. Zouden deze dames dan nog nooit eerder een brief hebben moeten schrijven? Ik kon het me bijna niet voorstellen. Tuurlijk was het wel even wat anders, maar toch nog wel te overzien toch? Sigaretten werden tot aan het randje toe opgerookt en met lichte tegenzin droop het spul weer het lokaal in.

Eenmaal in het lokaal, was het eerste wat ik zag mijn achter buurvrouw. Niks geen weggetrokken stress gezicht, maar nu met een big smile! Hmmmm, die heeft het licht gezien, dacht ik nog. Dat had Knoopie even snel gedaan zeg, in een kwartiertje pauze. Petje af, moet ik zeggen. Ik had deze mevrouw ook een paar keer getracht te helpen van de week bij het inloggen van haar email adres.

Maar ik schoot niet echt op met haar. In de cursus omschrijving stond dat men wel de basis begrippen en wetenschap van een computer en internet moest kennen. En heel eerlijk gezegd dacht ik niet dat deze mevrouw dat had. Maar nu zat ze daar met een big smile en duidelijk een opgelucht gezicht. Wat had Mrs. Knott nou gedaan om dat voor elkaar te krijgen? Want de hele vorige week had ik niet zo'n smile bij haar gezien.

En toen ik eenmaal goed en wel weer op mijn plekje zat, kwam de aap uit de mouw. Zij en Knoopie hadden besloten dat het beter was als zij met de cursus zou stoppen en eerst een cursus Word ging doen. Ze was er helemaal content mee, dat was duidelijk. Van oor tot oor ging de smile. Ik zag mijn directe buurvrouw een beetje jaloers kijken. Volgens mij wilde zij dat ook wel, maar ergens haperde ze nog om die beslissing te nemen.

Na deze openlijke mededeling ging de rest van de groep verder met de opdrachten. Het gesteun en gekreun was niet van de lucht. Echt, ik kan me niet voorstellen, dat je dat ook achter de balie in een ziekenhuis zou doen. Wat denk je er van dat één van deze dames op de ER terecht zouden komen? Je moet er toch niet aan denken om dat aan de andere kant van een balie te treffen als je op de spoedeisende hulp terecht komt. Jijzelf in grote paniek en aan de andere kant van de balie, een zelfde soort paniek.

Ergens moest ik van binnen ook wel lachen, want ik kon me eigenlijk wel de gezichten er bij voorstellen. Wenkbrauwen die een eigen leven gingen leiden. Een zenuwachtig lachje erbij en vragende ogen, van hoe moet ik dit nou ooit op gaan lossen. Hoop echt dat ze niet aan het werk gaan bij een ziekenhuis of dokter bij ons in de buurt……

103. **Presentatie**

Vandaag was het de presentatie dag op de cursus. Ik had mijn interviews gedaan met twee assitentes en daar op Powerpoint een presentatie van gemaakt. Gelukkig was ik er al helemaal klaar mee en wilde hem vanmorgen nog even door lezen en nog één keer goed nakijken. Blijkt ineens dat onze nieuwe laptop die Microsoft office heeft, alle 2007 documenten geblokeerd heeft. En waarom? Ik kon het niet vinden. Elke keer gaf hij een foutmelding "document has been blocked". Ik dacht dus dat ik een verkeerde knop in had gedrukt ofzo. Dus ik die hele laptop op zijn kop en alles ingedrukt en nagekeken. Laptop weer aan en uit, maar nog steeds dezelfde kreet. En eerlijk gezegd, daar werd Petraatje niet blij van. De iPod en toggle keys ervaringen van weleer kwamen al weer boven en echt ik was niet te genieten. Net nu vanmorgen zeg. Moest om half 1 de deur uit en dan gaat die computer gekke fratsen uithalen.

Maar ik herinnerde me in mijn boosheid nog wel wat Ron toen gedaan had, toen het toetsen bord op die toggle keys toestand stond. Hij had toen namelijk op internet gekeken wat het zou kunnen zijn. En zo heb ik dus gegoocheld op "blocked documents". En ja hoor, er kwam een hele riedel uit. Ik was dus niet de enigste die dat over kwam. En al snel had ik in de gaten dat ik dus helemaal niet een verkeerd knopje had ingedrukt, maar dat de proef periode voor Microsoft office op onze computer verlopen was. Jemig dat is snel zeg!!! We hadden hem nog maar een maand ofzo! Lekker is dat! En dat nou net vandaag..... Zal je net zien.

Persoonlijk had ik het ernstig kunnen waarderen, als daar gisteren bij het afsluiten al een aankondiging van was geweest. Maar nee, dat gaan we niet doen, dachten ze bij Microsoft, dan weet Petra het ook! Nee we doen gewoon morgen ochtend, net voordat ze die presentatie heeft, die documenten op slot. Dan zullen we pas lol beleven! En ja dikke pret was het zeker.....!

De oplettende lezer begrijpt, dat Microsoft nu in dezelfde categorie bij mij valt als de iPod. "Niet gebruikersvriendelijk", laten we duidelijk zijn! Sjongejonge. Zat ik dan. En nu? Onze andere computer heeft de 2003 versie en die kon die 2007 documenten dus niet uitlezen. Want dat was veel te ver na zijn tijd natuurlijk. Geef hem eens ongelijk, grrrrrr. Zou natuurlijk ook te veel voor de hand liggend zijn.... Zucht....

Dus ik wat vroeger naar de les vandaag en daar op de computer voor de zekerheid nog maar een keer alles nagekeken en verder uitgeprint. Daarna alle brieven en verslagen die ik gedaan had omgezet naar de 2003 versie. Zodat ik er weer op de laptop thuis aan kan werken. Wat een gedoe zeg! Maar gelukkig is het leed geleden en is het hopelijk nu opgelost.

Afijn de presentatie dan eindelijk.... Het leek toen ik vandaag de klas binnen kwam net een kippenhok. Want al was ik vroeg, er waren dames die nog vroeger waren. Zouden zij ook computer problemen gehad hebben vanochtend? Het was een gekakel van jewelste. Zouden het de zenuwen geweest zijn? Het viel me ook op dat iedereen ineens in "pak 1" was. Oh jeetje, die had ik natuurlijk weer niet zien aankomen. Ik was gewoon in mijn "door-de-weekse" outfit. Jeetje, dat was wel weer opvallend. Eigenlijk had ik dat nu ondertussen ook wel kunnen bedenken. Niet dat ik er niet netjes uitzag, maar ja tegen een 'strak in pak' verhaal kon ik eigenlijk niet op.

Maar in ieder geval de presentaties begonnen en degene die de eerste was hield een pleidooi van zo'n 25 minuten. Allemachies..... en ook nog alles op een vrij monotone manier. Dit werd nog een lange middag. Van te voren was duidelijk gezegd dat de presentatie iets van 5 minuten mocht duren. Mocht iets langer, maar vast niet 5 keer zo lang. En zo waren er meer. Toen ze eenmaal begonnen met praten waren ze niet meer te houden. En dan ook nog twee keer 5 verschillende vragen, die uitgebreid beantwoord werden. Eén iemand ging na de vijf vragen ook nog een gehele uitgeprinte website zowat voor lezen. Daar gingen de minuten weer....

Op zich was het wel leuk om te zien wie iedereen geinterviewed had. En wat voor vragen ze gesteld hadden. Knoopje had verteld dat als je beeldmateriaal bij je had in de vorm van een brochure van de praktijk of in een powerpoint presentatie of iets anders, je extra credits zou krijgen. En er waren dus diverse brochures te zien. Maar zo was er ook de oudste vrouw in de klas die het wel heel leuk bedacht had, vond ik. Ik moet altijd wel om haar lachen. Ze kan goede zelfspot geven en dat kan ik wel waarderen. En heb echt respect dat ze op haar leeftijd, omdat ze ook ontslagen was, zich wil omscholen. Heel wat voor te zeggen natuurlijk.

En zo was zij niet in "pak 1" gekomen vandaag, maar in scrubs. Scrubs, zo noemen ze hier de dokters en verpleegsters outfit. Echt heel leuk bedacht. Ze had zich dan ook vandaag gelijk de rol van verpleegster toebedeeld en dat gaf wel een extra dimensie aan de middag. Want de spanningen waren erg te voelen in de klas, dus als er hartklachten mochten komen, konden we bij die "mevrouw in de scrubs langs komen".

Bij mij ging de presentatie best aardig. Ondank dat alles in het Engels moest, wist ik me aardig te redden. En uiteindelijk kreeg ik zelfs geen aftrekpunten voor de uitspraak. Iets wat ik toch wel verwacht had. Want juist daarom had ik een powerpoint EN een brochure mee genomen. Om dat wat te compenseren, zeg maar. Wie niet Amerikaans is moet slim zijn, niet? Maar het viel allemaal meee en kreeg het volle aantal punten.

Ik had een Nederlandse assistente en een Amerikaanse geinterviewed en dat idee viel in de smaak. Bij Knoopje, maar ook bij mijn klasgenotes. Er volgde na mijn presentatie een heuse discussie over de verschillen in gezondheidszorg in de beide landen. Het grote voordeel van de powerpoint presentatie was dat het licht uit moest om het scherm goed te zien, waardoor ik zelf niet zo het gevoel had voor een klas te staan. Dus ook die hebben we weer gehad!

Verder had ik het gisteren toch goed ingeschat met de reactie van mijn buurvrouw. Ik had haar toen een soort van jaloers zien kijken, naar onze achter buurvrouw die vertelde dat ze met de cursus zou stoppen. En ja hoor, vanmiddag naast me een lege tafel. In de pauze vroeg ik aan Mrs. Knott of ze wat van mijn buuf gehoord had. En ze vertelde me dat ze vanmorgen een mailtje van haar had ontvangen, dat ook zij eerst liever een cursus Word wilde gaan volgen. Dus alweer, min 1.....

Morgen weer een nieuwe ronde, nieuwe kansen...

105. Dieogy

Ik ben halverwege! Halverwege level 1 van de cursus. Nog twee weken te gaan. Gisteren was een zeer relaxte middag, want om half 2, de les begint om 1 uur, lag het internet voor de rest van de middag eruit. We waren net aan een test begonnen en toen ik op verzenden drukte, floepte die eruit. Weg test, weg internet. Nou hadden we drie testen te maken, nog 1 op internet en eentje op de ouderwetse manier, met pen en papier. Dus ik begon daar maar aan.

Zo'n vijf minuten later in de les bleek dat het merendeel van de dames gewoon niks zat te doen. Het is echt een bont gezelschap hoor. Ga ze steeds leuker vinden. Dus Knoopje zegt, "Dames, we hebben nog een test te doen hoor!". Wat????? Ohhhhhhh, is dat zo? Heerlijk! Geweldige dames!
Maar na die test was er niet veel te doen, dan behalve te werken aan de opdrachten die we eerder gehad hadden. Dus ben ik verder gegaan aan het maken van de brochure in Publisher. Die brochure moeten we aan het eind van alle lessen inleveren.

Op zich vind ik dat hartstikke leuk om te doen. Beetje freubelen, plaatjes erbij, teksten maken. Best wel grappig en de tijd vloog om. Vandaag daarentegen een heel stuk minder. Want nu deed het internet het weer, dus die twee testen van gisteren eerst maken en daarna gingen we naar het volgende hoofdstuk, "Medical law"..... beetje droge stof eerlijk gezegd. Veel rechtstermen en ik heb geleerd dat als een patiënt een afspraak afzegd en de dokter daar geen aandacht aan besteed, hij aangeklaagd kan worden. Echt waar! Ongelooflijk niet? De patient zegt de afspraak toch af of niet? Maar nee, als hij onverhoopt wat mocht krijgen, dan is de dokter toch nog aansprakelijk. Rare gang van zaken als je het mij vraagt.

Ook hebben we alle "onsent" forms die een patiënt moet tekenen bij een arts door genomen. Uitermate interessant (lees slaapverwekkend). Maar het hoort er helaas ook bij tegenwoordig. In de pauze heb ik wel weer heel erg moeten lachen. Ik stond met een groepje dames buiten en ze weten inmiddels dat ik hondjes heb. En een andere dame uit de groep heeft er ook drie. Drie poedels. Echte rashondjes. Ze heeft ze niet zelf gekocht, maar wel zelf geadopteerd, vertelde ze me. Ze komt uit Equador en is echt hartstikke aardig en duidelijk gek met haar hondjes.

Gisteren had ze me er al over verteld, maar vandaag vroeg ik naar de namen van haar hondjes. "Baby Boy 1 en Baby girl 2", zei ze. "Of afgekort BB1 en BG2. En de derde poedel heet Dieogy". Ik moest erg lachen om de eerste twee namen, dus ik vroeg haar hoe kom je daar nou bij? Het schijnt dat de eerste eigenaresse ze zo genoemd had en zij het zielig vond om de namen te wijzigen. Want ze luisterden er al zo goed naar. Natuurlijk! Zie me al roepen. BB1 and BG2 kom es hier......

Toen vroeg een andere dame hoe je de naam Dieogy, spelde. Betekende dat wat bijzonders in Equador? "Nou", zegt ze "Gewoon Die-Oh-Gie". En toen viel bij mij het kwartje pas. Hij heet dus gewoon "Dog", maar dan Engels gespeld. Niks speciaals uit Equador, gewoon van het simpelste soort hond of dog in dit geval. Moest er zo om lachen. Ze keek er ook zo droog bij, terwijl de andere dames iets heel tropisch er bij bedachten. Zo mooi!

Daarna zijn we weer naar binnen gelopen en daar zat de vrouw waar ik van de week over vertelde, met de scrubs, de dame op leeftijd zeg maar, te vertellen dat ze die morgen was wezen solliciteren. Bij de nieuwe Harris Teeter. Dat is een supermarkt keten hier en binnenkort wordt er vlak bij ons een nieuwe geopend. Afijn, ze vertelde alles met geur en kleur. En dat de dame van de Harris Teeter erg aardig was geweest. Maar, vertelde ze er gelijk bij, waarschijnlijk kon ze niet meer zo goed concureren met al die jonge "Sexy Lexy's". En daar bedoelde ze de jongere meiden mee. Ze maakte er nog een speciaal gebaar en loopje bij ook. En dat in een North Cariolaans accent. Ik moest zo lachen, wat een mens! Ze is echt heel grappig.

Afijn tot zover de cursus perikelen. Maar er zijn nog andere perikelen gaande. In mei was ik destijds op een sollicitatie gesprek geweest bij een bedrijf, die een Nederlands sprekend iemand zocht. Nooit meer wat van gehoord. En toen ik weer een advertentie voorbij zag komen in mijn email box met die functie via de NL-club, wist ik bijna wel zeker dat ik er ook nooit meer wat van zou horen ook. Toch had ik ze nog een mailtje gestuurd om te vragen hoe en wat. Het had wel zo netjes geweest als ze je een afberichtje sturen toch? Vooral als je op gesprek bent geweest. En zowaar kreeg ik die naar aanleiding van mijn brief dan ook. Een afbericht en niet helemaal wat ik hoopte, maar helaas.

Maar, de wonderen zijn Amerika nog niet uit, want gisteren kreeg ik een emailtje van ze. Of ik nog geinteresseerd en beschikbaar was? Nou echt...., je had mijn gezicht moeten zien. Als ik een stel klompen had gehad, waren ze echt ter plekke gebroken! Die had ik dus echt niet meer verwacht! Wel leuk!

Op zich vind ik de gang van zaken wel wat raar, maar.... ik vond het echt een leuk bedrijf. Het gesprek toen was voor mijn gevoel leuk geweest. En ik had na mijn interview die middag nog een rondleiding door het pand en de afdelingen gehad en het was er echt leuk. Lekker modern en leuke aparte dingen voor de personeelsleden ook. En ik had er eigenlijk wel een goed gevoel bij gehad. En vond het echt jammer toen, dat het niet door ging. En tsja, wat nou de reden van het alles was? Ik weet het niet? Misschien toch omdat ik part-time wilde werken? Misschien is het niet zo raar om een paar maanden te wachten op reactie? Bij de bloemenschuur duurde het ook zeker drie maanden voor ik wat hoorde.
Maar vandaag ben ik dus door ze gebeld en morgen heb ik weer een gesprek, dit keer met een andere baas. Dus duimen jullie voor me?

106. **Oh Lordy**

Vandaag was weer een topper in de lessen van Knoopje. Ik heb zo ontzettend zitten lachen. Onderwerp voor vandaag in de klas was de telefoon en afspraken maken. En daarbij moesten we rollen spellen spelen. Iemand was de doktersassistente en een andere dame speelde de patiënt. Degene die patiënt was, mocht zelf verzinnen waar zij voor belde. Dat kon werkelijk van alles zijn. En er waren dan vaste regels waar je je aan moest houden. Instemmend "Uh-huh", was een no-no. En zo ook "bye-bye" aan het eind van een gesprek. Dat moest namelijk "Goodbye" zijn. En je moest pas na twee keer overgaan opnemen. Niet eerder, maar in ieder geval voor de vierde keer. Er was dan ook een echte (niet werkende) telefoon en een oud mobieltje om "net-als-of" te gaan bellen. De assistente zat voor in de klas en de patiënte achterin de klas. En Knoopje zat ergens in het midden.

De eerste dames die begonnen zaten helemaal in hun rol. Echt waar, geweldig om te zien. Want de patiënte was een oudere Afro-American dame met Alzheimer. Hoe krijg je het verzonnen. Het gesprek ging ongeveer zo: "Dr. Larsens office, this is Sharon speaking". "Sharon sweetie, my stomach aches". Sharon: "I'm sorry to hear that miss, with who am I speaking?". En toen klonk er een heel krakkemikkerig stemmetje: "Oh lordy, lordy, I don't remember my name honey". En zo wist ze haar telefoonnummer niet meer, maar haar buik deed wel pijn. "Oh lordy lordy, help me remember". Geboortedatum was ook "oh lordy, lordy sweetie" en wist ze niet meer, maar ze viel in de categorie "oud met buikpijn", vertelde ze. Echt ik moest zo lachen. Het was net of ik in een film van Eddy Murphy terecht was gekomen. Hoe kreeg ze het verzonnen. Het geheel was erg vermakelijk. En natuurlijk werd er ook nog eens opgehangen met "bye-bye" van de patiënt. Waarna de assitente dit natuurlijk precies herhaalde, terwijl dat toch echt Goodbye had moeten zijn volgens het boek.

Knoopje gaf na elk rollenspel haar mening en wat er anders had kunnen gaan, maar ook zij moest nu enorm lachen. Ik kreeg een patiënt die direct een herhalings recept wilde voor haar slaap pillen, want zonder was een ramp. Rustig blijven en maar blijven herhalen dat ik het aan de dokter zou doorgeven of de nurse als die dit ook mocht doen van de patiënt. Want die eiste de dokter natuurlijk. Ik was verbaasd hoe alle dames zo meegingen in het rollenspel. Echt mega grappig. Zo waren er astma aanvallen, Spaans sprekenden en allemaal natuurlijk ontzettend moeilijke patiënten kunnen we wel stellen. Maar 'Oh lordy' was echt geweldig.

www.ingramcontent.com/pod-product-compliance
Lightning Source LLC
Chambersburg PA
CBHW021225090426
42740CB00006B/391